哲人哲语

世界哲学大师系列

意识与品德

[德] **亚瑟·叔本华** /著

辉 浩 /译

吉林出版集团股份有限公司

图书在版编目（CIP）数据

意识与品德 / (德) 亚瑟·叔本华著 ; 辉浩译. —
长春 : 吉林出版集团股份有限公司, 2017.7
（世界哲学大师系列）
ISBN 978-7-5581-2251-4

Ⅰ.①意… Ⅱ.①亚… ②辉… Ⅲ.①叔本华(
Schopenhauer, Arthur 1788-1860)—哲学思想 Ⅳ.
①B516.41

中国版本图书馆CIP数据核字(2017)第124018号

意识与品德

著　者	[德]亚瑟·叔本华	
译　者	辉　浩	
总策划	马泳水	
责任编辑	王　平　姚利福	
装帧设计	中易汇海	
开　本	650mm×960mm　1/16	
印　张	18	
版　次	2018年2月第1版	
印　次	2020年9月第2次印刷	

出　版	吉林出版集团股份有限公司
电　话	（总编办）010-63109269
	（发行部）010-67482953
印　刷	三河市元兴印务有限公司

ISBN 978-7-5581-2251-4　　　　定　价：49.80元

序

　　亚瑟·叔本华（Arthur·Schopenhauer）在世时，他的哲学整整沉寂了30多年。终于，他像一个从一场长期艰苦的战争中凯旋归来的英雄，顿时名噪全欧、誉满天下。各国人士络绎不绝地去拜访他；全国的报章杂志不断地登载他的名字；他的信徒们三番五次地为他画像、雕像，之后当神一般的供奉在屋中，顶礼膜拜。说来也令人难以置信，这其中竟然还有两位太太曾去造访过他。这位素来被称为极忧伤、极悲观的哲学家，最后大概是"乐极"地躺在沙发上溘然辞世。

　　近代，有许多大的思想家、文学家、艺术家如尼采、瓦格纳、托玛斯·曼等人，无不直接或间接地受到叔本华哲学的影响，其中尤以尼采所受的影响最为突出。这位狂傲不羁的存在主义的先驱者，在回忆购买、阅读《作为意志和表象的世界》（叔本华的代表作）的情景时，是这样写的："一个不知名的鬼灵，悄然地对我说：赶快去把这本书带回去！我一回到家，随后就把我的宝贝翻阅起来，我屈服在他那强力、崇高的天才魔力之下了。"他花了14天的时间读完了此书，几乎是废寝忘食的沉浸在那本书中了。之后他又说："我像一般热爱叔本华的读者一样，在读到最初一页时，便恨不得一口气把它全读完，并且，我一直觉得，我是很热心的注意倾听由他的嘴唇里吐出来的每一个词句。"因此，尼采在1874年发表了一篇论文，题目就是《教育家叔本华》。把叔本华视为教育家，是因为他使一切现代人得以发现"真正的自我"。叔本华对尼采的影响究竟有多深？我们从尼采致友人P.托伊生的信中所述，不难窥其一斑。信中，尼采是这样写的："你想知道叔本华对我的帮助吗？我只有这样来回答你：他让我有勇气并自由地面对人生，因为我的脚发现了结实的地盘。"尼采之所以能面对现实——冷漠、丑恶而充满悲惨的现实，实在是得之于叔本华的教训，尼采也由此建立了他自己的思想和哲学的基础。

叔本华的哲学为什么会有这样深远的影响，如此的魅力呢？这首先应归功于他独树一帜的"意志哲学"，其次，他那超群的语言才华也功不可没。

叔本华于1788年2月22日生于但泽（即今天波兰的格但斯克），父亲是一个大银行家，母亲是一个颇有才气的女作家。由于父母的性格不合，所以时常借着娱乐活动来减少相互间的摩擦，旅行就更是他们的家常便饭。就这样，叔本华从小不得不时常随着父母四处出游。据说他的父亲相貌长得令人不敢恭维，且脾气也很暴躁，而他的母亲则聪明美丽，且富文学才华，外国语也说得很流利。叔本华自己也曾说过："我的性格遗传自父亲，而我的智慧则遗传自母亲。"这大概正是他自己特色的写照，如果确定是这样的话，那么，叔本华在先天就已经播下了"怪癖"和"天才"的种子了。

叔本华8岁那年，随父母游历，途经法国，在巴黎近郊滞留了一段时间，其父为了儿子能彻底学会法文，便把他托付给一位商业上的朋友，自己则携妻返回到汉堡。叔本华在此处生活、学习了差不多两年。据他自己称，这是他一生中最最愉快、最值得回忆的一段欢乐时光。之后，他回到了汉堡的父母身边，并在父亲的刻意安排下，进入到一所商业学校读书，以便将来能继承父业。由于叔本华的父亲是商界名流，母亲又与文艺界人士素有往来，所以他家中常有名人雅士来往。也许就是因为这种环境，使得叔本华开始嫌恶商业生活的庸俗和那种世俗味道，心里从此便埋下了做学问的种子，就连学校里的老师，也从这位小小年纪的人的身上发现出他的哲学天才来。于是，叔本华的父亲坚信文人多穷的观念，坚持不让其独子弃商从文。直到1804年秋，他的父亲去世后。叔本华才在其母亲的应允下，脱离开囚役般的从商生活，真正踏上了学术研究之路。

叔本华除了本行哲学之外，还兼习医学、物理学、植物学、天文学、气象学、生理学、法律学、数学、历史、音乐等诸多学术领域，而且行行都有其独到的见解，且行行他都能以一丝不苟的态度去对待，都能显出他独特的个性来。正如叔本华本人所说："人类的问题不能单独研究，一定要和世界的关系连带着研究，……要把小宇宙与大宇宙联系起来看待。"然而，叔本华的哲学命运并不是一帆风顺的，在其代表作《作为意志和表象的世界》出版之后，并没有引起他所预想的轰动，一年半的时间内只卖出去了140本书，其余的都报废了，这使得他心灰意冷，非常伤心，于是他变本加厉地攻击他的哲学对手黑格尔、费希特和谢林。之后，他还去柏林大学（即黑格尔教学的地方）去讲授他的哲学体系，可惜听者寥寥。 1831年8月的一场鼠疫迫使叔本华逃离了柏林，这一沉寂便是 20 个春秋，直到 1851 年，人们在读到他的最后一部著作《附录和补充》时，才恍然大悟，认为叔本华说出了他们的心里话，于是，叔本华的形象在他们的心目中一下子高大起来，叔本华热一下子便席卷了全德的中产阶层。可是，这时候的叔本华已是一个古稀之年的老人了。1860 年 9 月 21 日，他起床洗完冷水浴之后，像往常一样独自坐着吃早餐，一切都是好好的，一小时之后，当佣人再次进来时，发现他已经倚靠在沙发的一角，永远睡着了。

归纳、总结叔本华的哲学思想，可以由下面几句话来描述：人生即意欲（或称之为意志）之表现，意志又是无法满足的渊薮；而人生却又总是去追求这种无法满足的渊薮。所以，人生即是一大痛苦。叔本华，这样一位一生不为吃、喝担忧、奔走挂虑，不为仕途操心的哲学家，却把人生描绘得如此灰暗，把幸福看得如此一钱不值，着实让人感到惊奇。那么，他究竟有什么样的内心世界呢？

叔本华的哲学以及一切细节，都在他的那本代表作：《作为意志和表象的世界》里有了充分的说明。尽管此书的出版时间是在 1818 年尾，但是，这本书的基本概念却早在差不多 4 年前就已经在叔本华的脑海中形成了，1816 年，叔本华正值 28 岁。可是，纵观他后来写的一切东西，我们不难看出，都是在证实或解释他在《作为意志和表象的世界》里的哲学思想，在那些著作中，这种哲学思想始终没有变动，既没有增加点什么，也没有减少点什么。到了 70 岁的时候，他心里仍然让 28 岁时的观念全部给占据着，虽然他在这数十年中，仍然不断地获得新的更多的知识，但都丝毫没有改变过他内心的一切。那么，他在这本书里是怎样来表达的呢？这就是我们这本书里的主要内容之一。我们将在叔本华的这部代表作里读到叔本华哲学思想的4个主要方面，这就是：唯我主义的唯心论、唯意志论的哲学体系、反理性主义的哲学立场和悲观主义的人生观。

本书的另一个内容就是叔本华的《悲观论集》。在《作为意志和表象的世界》一书里，叔本华全心全意的主要关心的对象就是形而上学，而他创造的一种新的形而上学系统并建构一种新的宇宙模式的最终目的，就是让人了解并证明他的悲观倾向。以往众多的悲观主义者中，没有一个人能像他那样用这么大的学问来证明悲观主义的看法是正确无误的，同时又说明生命本身是不幸的。由于他早年生活体验的结果，在他心目中成长、存在着的这种对生命的悲观主义态度，影响了他的一生，直到生命结束都没有改变过。

本书的另外一个内容，即是叔本华的伦理学方面的著作《伦理学的两个基本问题》。这是丹麦皇家科学院悬奖征求一篇讨论道德渊源或基础的论文时，叔本华参加所写的论文，可是，虽然提出论文的只有他一个，却没有被丹麦皇家科学院接受，所以，在1841年，叔本华便以现在的这个题目将它们出版。他的这种伦理学，是叔本华的主观因素，同时也是决定性的因素：这种伦理学可能引起的问题要比它所解决的问题更加多些。

本书的最后一个内容就是：《论充足根据律的四重根》，于1813年出版，1847年作了修改之后就又出版了一次。这是叔本华的一篇学位论文，一直被看做是他哲学的"第一阶段"。然而，无论是什么样的情况，都只是为《作为意志和表象的世界》一书做的准备。

不管怎么说，叔本华最后还是一个成功者，他在西方哲学史上的地位和作用是不容忽视的。他之所以会取得这样的成功，归纳起来有这样几个因素：首先，悲观主义容易使人感动，这是无需赘述的原因；第二，叔本华摆脱了传统的宗教情操，他以悲观主义重新解释基督教。在他的意志和观念世界里根本没有上帝，不必使世界的邪恶与上帝的存在调和——那是另一个大安慰；第三，是他的所谓意志为主，智慧为次的理论，人类的行动决定于"意志"而不决定于"理性"；第四，是他的基本观念的简单性，他写东西的时候，很少使用术语，只用少数易于了解的无可避免和无可代替的专门名词就够了；第五，叔本华的文体是19世纪德国人的典型文体，他不是一个创新的人，但是他的方法是适当地运用流行的习惯语并证明在德国可以用一种非专家的普遍读者所能了解的方式来讨论形而上学的问题。总之，他替许多人明白表示出一种感觉，这种感觉过去一向是隐而不现的，因此也是一知半解的。这种感觉还告诉我们，19世纪的进步并不是走向太平盛世的黄金时代。只有在这个时代，那悲观主义的解释者和证明者才会发现自己的听众。因此，叔本华成功了。

叔本华是资本主义进入帝国主义阶段前后兴起的唯意志论哲学流派的先驱和主要代表，他的理论不仅奠定了唯意志论的基石，同时对马赫主义、实用主义、生命哲学甚至对弗洛伊德的精神分析学说都有一定的影响，无疑也是西方近代哲学史研究的主要方面。希望此书的问世，能对我国的西方哲学史的研究贡献绵薄之力。

目录

一　论道德

（一）论康德道德学的基础

道德学的命令形式是一窃取论点，它是直接与康德偏爱的一个观点相联系的，对此，我们可以原谅，但是不能采纳。有时我们见到一位医生因使用一定药物取得明显疗效，便几乎对所有疾病都开这一药方；可以把康德比做这样一位医生。在人类的知识中，他把先天的东西和后天的东西分开，这是他对形而上学堪以夸耀的最为显赫而富有意义的发现。彼时以后他便设法到处应用这一方法。这两种形式分开的方法，也使道德学包括两部分，一个是纯粹的、即先天可知的部分，另一个是经验的部分，这有什么奇怪的呢？他认为，为了给道德学奠基，这两部分中的后者是不可靠的，应予摈弃。《道德形而上学的基础》一书的目的，就是勾画出前者的轮廓，并且单独地加以展示，于是他把这部著作表述为一门纯粹先天的科学，使用的方法完全和他陈述《自然科学的形而上学导论》（*Metaphysische An-fangs B Grundeder Naturwissenschaft*）的一样。事实上他在断言，他没有根据、不经推演或任何证明而设定存在的道德法则，还是一个先天可知的、不以任何内在或外在的经验为转移的法则；它"完全建立于纯粹理性的概念上，而且应被认为是一个先天综合命题"。（康德语）但是根据这一定义，立即可推得这一含义：这样一项法则，像任何其他先天可知的事物一样，只能是形式的，因此和行为的形式有关，和它们的本质无关。请想想这是什么意思！康德又强调地补充说："不论主观地在人的本性中或客观地从外界状况中，寻求它都是没用的"，"与它有关的不论什么东西，都不能从对于人的知识，即人类学中借取丝毫"。他又重复说："我们切不可以任何理由，错误地又企图从人性的特殊性质推导出人的道德原则。"他还认为，"从人的特殊自然禀赋，或从某些感情与癖好，或甚至从人性独具的，而不必定视之为每一个有理性者的意志之特殊倾向推导出来的任何原则"，都无法为道德法则提供一个基础。这些话语绝对肯定地表明，康德并不说这所谓的道德法则是能用经验证明的一个意识的事实（这就是后来自诩为哲学家的人们，个别或集体地希望把它搪塞过去的方法），他在抛弃每一个道德经验的过程中，拒绝接受一切内在的经验，而且更加断然拒斥一切外部的经验。于是他把他的道德原则——我特别指出这一点——不建立在任何可证明的意识事实上，诸如一个内在的自然禀赋，也不建立在与外部世界、事物的任何关系上。不行！那样一来就成为一个经验的基础了。与此相反，纯粹的先天概念——即迄今不包括任何得自于内在或外部的经验，因而纯粹是没有肉核的空壳的诸多概念——则被用来构成道德的基础。让我们仔细考虑一下这种见解的全部意义。人的意识和整个外部世界，以及它们所构成的一切经验与一切事实，都完全被从我们脚下扫除净尽。我们无物可站于其上。我有什么可依附或坚持之物？什么也没有，只剩几个完全抽象、完全非实体的概念，和我们自己一样地在空中游荡。一项道德法则就从这些概念，或者更正确地说，从它们和做出的判断的关联之纯粹形式中，被宣告产生了，这一法则根据所谓的绝对必然性被认为是有效的、力量强大的，足以对人欲的汹涌聚集、对情感的激动、对自私心的巨大力量加以控制和约束。我们将要看看情况是否如此。

康德偏爱的另一个观念是与这一先入之见密切相连的，这一观念即认为道德学的基础必然而严格地是先天的，完全和所有经验的事物无关。康德说，他设法要建立的道德原则，是一个由纯粹的形式内容组成的先天综合命题，因此，仅仅是个纯粹理性的问题；就这点而论，这种道德原则不只对人来说，而且对一切可能的有理性者来说，都是有效的。确实，他宣布"单纯由于这个原因"这道德原则就适用于人类，即：因为偶然性，人类才归入有理性者的范畴。他不把道德原则建立于感觉上，而建立于纯粹理性（它只不过了解其自身及其反题的陈述）上，其原因就在这里。这样，这种纯粹理性便不再被看成它实在的与唯一的特质——一种人类的智能，而是被看成一个自存的实在的本质，可连最小的权力也没有；这样的榜样和先例的有害影响，已充分在当今可怜的哲学中显露出来了。确实，这种不是为了作为人的人而存在，而是为了一切有理性者而存在的道德学观念本身，对康德来说，是一个如此牢固的原则，是他如此喜欢的观念，以致他一有机会就再三讲它，从不感到厌倦。

但相反，我则坚持认为，我们绝没有资格把我们仅仅在单一的种中知道的东西，提升到一个属。因为我们能带进我们关于这属的观念，只不过是我们从这一个种中已抽象出来的东西。因此，我们断言为这属的属性，终归只能被理解为是这单一的种的。而如果我们企图从思维中除掉（没有任何根据）人类的特殊属性，以便形成我们的属，我们也许应移开这准确的条件，利用这种条件，才使剩余的属性可能实体化为一个属。正如我们一般承认智力是动物的存在物的一个属性，因而认为它存在于动物本性之外，并且独立于动物本性，这种说法是绝不对的；同样，我们承认理性是人类独具的属性，但也毫无权利设想理性存在于人类之外，并随之创立一个属叫做"有理性者"，不同于其单一的众所周知的种"人类"；我们更没有理由为这样想象的理论上的"有理性者"制定法则。谈论外在于人类的有理性者，就像谈论外在于物体的重的存在物一样。人们不能不怀疑，康德当时正有点儿想到可爱的智慧天使，或者至少期望它们能使读者信服。无论如何，这一学说心照不宣地假设，有一种完全不同于敏感性格与植物性格的有理性的性格，它死后仍然存在，而彼时确实不过是理性而已。在《纯粹理性批判》中，康德自己已经明确而精心地除去了这最超验的实体。然而，通常在他的道德学中，尤其在《实践理性批判》中，似乎背地里总有这种思想逗留徘徊，即人的内在的与永恒的本质是由理性构成的。关于这一个只是偶尔出现的问题，我简单地表示一下相反的意见就行了。理性，确实就智能整体说来，是次要的，是现象的一种特性，实际上是由有机体所制约的；其实人之中的意志才是他的真正自我，是他的唯一的属于形而上学、因而是不可毁灭的部分。

康德把他的方法应用于哲学理论方面，获得了成功，这导致他也把这一方法扩展到实践方面。在这里，他也力图把纯粹先天知识和经验的后天知识分开。为了这一目的，他设想，正如我们先天地知道关于空间的、时间的与因果性的诸法则一样，我们也同样地或以类似的方法，得出了我们行为的道德准绳，它是在我们所有经验以前就给予我们的，并且是在一个定言令式中显示出来的，一个绝对的"应该"。但是，在这个所谓的先天道德法则和我们关于空间、时间与因果性之先天的理论知识间的区别，是多么大啊！后者只不过是我们智力的诸形式，即诸功能的表述，只有靠它们我们才能够把握一个客观世界，而且只有在那里，它才能得到反映；所以世界（正如我们认识它那样）是绝对地受这些形式制约的，并且所有经验必定总是准确地和它们相一致——正如我透过一片蓝色玻璃看到的一切东西，必定看来是蓝的一样。可是，前者，通常所说的道德法则，则是经验在每一步都要嘲笑的东西；确实，正像康德自己说的，人们在实践中是否真正有一次曾遵循道德法则，都是可疑的。在这里通通被归类于先验性概念下的这些事物，是多么不同啊！此外，康德忽视了这一事实，按照他自己所说，在理论哲学中，恰是我们关于时间、空间与因果性的知识的先验性——因为这是独立于经验的——严格地把这种知识仅限于现象，即仅限于反映在我们意识中的世界图景，并且使知识对于事物的真正本质，即对于任何独立于我们理解它的能力而存在的事物，完全无效。

同样地，当我们转到实践哲学时，康德所谓的道德法则，如果它在我们之内有一个先天的根源，那么它也必定是现象的，而且完全不触及事物的主要本质。不过，这一结论则与事实本身发生极尖锐的矛盾，与康德对事实的看法发生极尖锐的矛盾。因为正是我们之内的道德法则，他到处都表述是与事物的真正本质联系最密切，甚至是直接与它接触着的；并且在《纯粹理性批判》的所有章节中，只要这神秘的自在之物稍微清楚地出现，它便显示它是和意志一样在我们之内的道德法则。但是他对此未加以重视。

康德从神学的道德实践或教诲中大量接收伦理学的令式形式，即关于责任的、法律的与义务的概念；与此同时，他不得不留下这一问题而不论，即在神学领域，唯一能使这些观念有力量、有意义的，究竟是什么，他并没有论述。但他感到这些观念需要有某种基础，于是他甚至要求，义务概念本身也应当是履行义务的根据，换句话说，它自身应是它自己的强制力。一个行为，他说，除非是单纯地当做一种义务，为了义务的缘故，不是感觉喜欢它而去做的，便没有真正的道德价值；并且，如果一个人，他心中没有同情心，对别人的痛苦漠不关心，在气质上对人冷漠无情，只要他完全出于可怜的义务感而施惠于人，只有这种性格才开始具有价值。这一断言是违反真实的道德情操的；这种把无爱尊为至上的观念，恰恰是和基督教的道德教义相反的，后者把爱置于万事之首，并教导说，没有爱，仍然于我无益。这种愚蠢的道德迂腐之论，席勒（Schiller）曾用恰切的两首讽刺短诗加以讥讽，诗的题目是《良心的顾忌》（*Gewissensskrupel*）与《决定》（*Entscheidung*）。

完全与这方面相配合的《实践理性批判》的一些章节，似乎是引发席勒这两首诗的直接原因。例如，"服从道德法则，一个人感到义不容辞，这不是建立在自发的爱好上，也不是建立在甘愿努力做上，没经任何必须服从的命令，而是建立在一种义务感上。"是的，必须命令！多么奴性的道德！"怜悯的感情与温柔的同情，实际上会使思想正确的人感到烦难，因为这些情绪扰乱了他们审虑中的格律，所以意欲逐渐发展以摆脱它们，而只服从能立法度的理性。"现在我毫不犹疑地主张，支配上述漠不关心别人痛苦的、无爱的施惠者的，只不过是（如果他没有另外动机的话）对诸神的奴性的恐惧，不管他称他的崇拜物是"定言命令"还是菲茨利普兹里（*Fitzlipuzli*）都是一样。因为除恐惧外，别的还有什么能打动铁石心肠呢？

再者，我们发现，根据上述观点，康德认为，一个行为的道德价值，不在于导致这一行为的意向，而在于行为遵循的格律。而我的观点与此相反，请读者考虑：只有意向才决定行为之道德价值的有无，因此同一个行为，可根据决定做出该行为的意向，得到惩罚或赞赏。所以无论何时，人们讨论涉及道德上相当重要的行事做法，总要考察行动的意向，并且只有根据这一标准，才能判断这种说法；同样地，如果一个人认为他的行为被误解，他只能在行为的意向方面寻求正当理由辩护，如果他的行为结果有害，他也只能以此寻求宽宥。

我们终于看到义务的定义，它是康德的整个道德学体系的基础概念："义务是出于对法则的敬畏的一个行为之必然性。"但是，必然的事物是确定要发生的；而以纯粹义务为基准的行为，则一般根本实现不了。不止于此，康德承认，完全由纯粹义务决定的行为，我们举不出任何确实的范例来。他说："从经验中绝不可能确实知道，是否的的确确曾有过一个唯一实例以显示：一个行为虽然也出于义务，但是纯粹建立在义务的观念上的。"那么，在什么意义上必然性能被归因于这样一种行为？鉴于对一位作者的词语总要给予最有利的解释才是公正的，我们愿设想他的意思是，一个出于义务的行为客观上是必然的，但主观上是偶然的。只有这种解释才能自圆其说，因为，这一客观必然性的目标究竟在哪里呢？我愿不抱任何成见，但不能不认为，这一表达式——一个行为的必然性——只不过是对"应该"一词的一种强行隐藏、很不自然的释义。如果我们注意到，在同一定义中用"敬畏"这个词代替"服从"的意思，这一点就看得更清楚了。与此类似，我们读到："Achtung（敬畏）仅意谓我的意志服从一项法则，法则之直接决定意志，以及这样被决定的意识——这就是敬畏的意义。"在德语中，应当用的词是 Gehor-sam（服从）。但是，用"敬畏"这词来代替"服从"这词，实际上很不恰当，这样做总不能是没有理由的吧？这样做必定适合某一目的，显然是为了掩盖这个令式形式及义务概念都得自神学的道德观念这一事实。正如"一个行为的必然性"，用这个表达式代替 Soll（应该）一词是多么勉强而别扭，但却单单选用它，因为"Soll"是《圣经》十诫的准确用语。上述定义"义务是出于对法则的敬畏的一个行为之必然性"，应该用自然的、不伪装的、明白易懂的语言解释为：

"义务意谓出于服从法则而应该做的一个行为。"这就是"这狮子狗的原形"。①

那么现在谈谈这个法则，它是康德道德学的真正基石。它包括些什么？它是写在什么地方的呢？这是我们要探究的主要问题。首先请注意，我们研究两个问题，一个与原则有关，另一个与道德学的基础有关——两件完全不同的事情，虽然它们时常（有时甚至是有意的）被混为一谈。

一个道德体系的原则或主要命题，是它所规定的行为路线的最简短、最准确的定义；如果它没有命令的形式，就是它认为具有真正道德价值的行为路线的最简短、最准确的定义。因此，它包括以一般术语对一单一原则的阐明，即从该体系推演出来的、循德行之路而行的指向。换而言之，它是德行之所是德行的原则或本质。而任何道德学的理论基础是德行存在的理由、应尽责任的理由、给予劝诫或称赞的理由，无论其理由能在人性中找到，还是在世界的外在条件中找到，或在任何其他事物中找到，都是可以的。正如在一切科学中那样，在道德学中也必须清楚地把所是与所以然加以区别。但是大部分道德学教师却故意混淆这一区别：很可能是因为这所是（是什么）很容易说明，而这所以然（这理由）极难说明。所以他们喜欢设法以前者之丰补后者之欠，

---

① "这狮子狗的原形"，见歌德《浮士德》(Faust) 第一部——《书斋》。叔本华意指，他的分析已揭明康德用语的真义，正如浮士德用他的驱妖术迫使装作狮子狗的梅菲斯特 (Mephistopheles) 恢复他的原形。

使富者与贫者喜结良缘，① 把它们一同放进一个命题里。其做法一般是：从能够表述这熟悉的所是或原则的简单形式中，把这所是或原则取出来，并且强行把它放进一个人为的公式，在该公式中，它反而被推演为已知前提的结论；于是这种做法使读者错误地感到，似乎他不仅已了解这事物是什么，而且也了解了它的原因。我们通过回忆极为熟悉的道德学原则，可以很容易相信这一点。然而，我无意模仿这种卖艺者的把戏，而想完全诚实坦率地进行论述，我决不能把道德学的原则和它的基础等同起来，必须使两者截然分开。因此，我这所是——即这原则，这基础命题——对于其本质，所有道德学的教师看法确是一致的，尽管他们很可能给它穿上不同的服装，我将立即用我认为可能是最简单、最正确的形式表述，即不要害人，但应尽力帮助人。说实在话，这就是所有道德写作家竭尽全力试图说明的命题。它是这些人得出的深度、广度大大不同的推论的共同结果，它是仍被探寻的这所是之所以然。这是结果，它的原因还没有。因此它自身只不过是所与，需要知道的与它有关系之物，则是所有道德体系，也是本有奖征文的问题。解决这一谜将揭示道德学的真正基础，它像哲人石一样，亘古以来人们就一直求索。前面我对这所与、这所是、这原则的解释，是最正确的表达。这一事实可以由此说明，它支持道德学的一切其他训诫为已知前提的结论，因此构成它所想达到的目标；所以一切其他道德命令，只能被视为上述简单命题的释义，

----

① 叔本华肯定正想到柏拉图的《会饮篇》（Symposium）中第 23 章的著名神话，爱神厄洛斯（Eros）被描绘为贫与富的后代。

视为其间接的或伪饰的陈述。例如，这甚至可适用于那老一套但显然是基本的格律：你不愿意别人如何待你，你也勿要如何待人。[①] 这里的缺点是，这种措词仅涉及法律加给的义务，与德行所要求的义务无关；但这容易补救，去掉"不"和"勿"即可。这样改动以后，这句话的真正意思不外是：不要损害人，但要尽力帮助人。但是这种意义仅仅是通过转弯抹角的词句得出来的。这公式从表面上看似乎已显示它自己的终极基础，它的所以然；然而，情况并非如此，因为一点儿也不能由此得出，如果我不愿意别人如何待我，我就不应该如何对待别人。上述情况也适用于道德学迄今提出来的所有其他原则或最主要命题。

现在我们转回到前面提出的问题：康德所说的"义务是出于对法则的服从"，这法则的内容是什么？它建立在什么基础上？仔细思考，我们将发现，我们这位哲学家，像大多数其他人一样，已经以一种极虚伪的方式，把道德学原则和它的基础紧密地联结在一起。我再请读者注意一开始我曾考察的事情，即康德主张道德学的原则必须是纯粹先天的和纯粹形式的，确切地说，这是个先天综合命题，因此不能包含什么物质之物，也不依赖于什么经验之物，不论是外在世界中的，还是在意识中的情感、爱好、冲动等，都不能包含在内。康德完全意识到这一主张的困难所在，因为他还说："在这里我们将看到，哲学确实已处于一个不稳固的立场；尽管它的立场无论在天上或是在地上，均无所依傍或凭

---

① H. 格劳修斯（H.Grotius）认为，这句话是罗马皇帝塞维鲁（Severus，193—211 在位）说的。

借，它却应当是稳固的。"所以，我们将以更大的兴趣与好奇心，等待他对自己提出的问题所给的答案，即某物是如何从无中产生的，也就是说，从不包含任何经验或物质之物的纯粹先天概念中，有形的人类行为的法则是如何发展出来的。这一过程可以当做化学的象征，我们知道，在化学中，三个无形气体（氮、氢与氨），就这样在显然空无一物的地方，却在我们眼前产生了固体的氯化铵。

然而，康德对他完成这一困难任务的方法的解释并不清楚，我愿意比他解释得更加清楚。我的说明之所以更加必要，因为人们似乎很少正确认识他做了什么，几乎所有康德的追随者都错误地认为，他直接把他的定言命令表明为一个意识的事实。但在那种情况下，这一定言命令的根源应是人类学的，而且，由于建立在经验上，即便是内在的，也应有一经验的基础：这一见解直接违背康德的观点，他再三加以驳斥。例如，他说："这种定言命令是否到处存在，是不能够由经验决定的。"他又说："这定言命令的可能性，必须完全以先天为根据加以研究，因为我们在这里用任何经验的证据，都无助于了解其真实性。"甚至于赖因霍特（Reinhold）——他的第一个门徒，都忽略了这一点；因为我们看到他所著《19世纪初期哲学评论》（*Beitragezurueber-Sichtder Philosophieam Anfangedes 19.Jahrhunderts*）上写道："康德设想这道德法则是一个直接而确定的实在，一个原初的道德意识的事实。"但是如果康德曾真想把这定言命令当作一个意识的事实，从而给它一个经验的基础，他一定是能够提出来的。可是他恰恰没有这样做。就我所知，这定言命令第一次是在《纯粹理性批判》

中出现，完全出人意料，没有任何初步事实，便只用一个完全不合理的"所以"把它和前一个句子连接起来。只是在《道德形而上学的基础》（我们在这里特别注意的一论文）中，才第一次明确、正式地介绍这定言命令是一定的概念的一个推论。而我们在赖因霍特的《与批判哲学一致的准则》一文中，我们竟读到以下句子："我们把道德的自我意识与经验分开，前者作为一个超越一切知识的原初事实，是和后者在人类意识中分不开的；并且我们根据这种自我意识，把义务的直接意识，也即我们不得不承认——不管令人愉快或是令人不愉快——的意志的合法性，理解为刺激以及为自己运作的尺度。"

这可真正是"一篇迷人的论文，除此之外还有一个很美丽的假说"。（席勒语——作者注）但是严肃地说，我们看到此文把康德的道德法则发展为一种多么荒谬绝伦的窃题论证！如果赖氏的话是正确的，道德学无疑就会有一个无比坚实的基础，并且也不需要为有奖征文出什么问题，鼓励朝这个方向探索了。但是最令人奇怪的是，难道人们为寻求道德学的基础，热情、坚韧地辛苦了漫长的几千年，才发现这样一种意识的事实？康德本人对这一可叹的错误负怎样的责任，我将在下文说明。无论如何，人们对他的追随者中大多数人都犯的这一严重错误，不能不感到惊愕。难道当他们写作关于康德的哲学专著时，就从来未注意到《纯粹理性批判》第 2 版经过修改，已损毁得面貌全非，成为一本无逻辑的、自相矛盾的著作吗？这种情况似乎现在才明朗化；但我认为，这一事实已由罗森克朗获所编《康德著作全集》第 2 卷的前言正确地分析过了。可是，我们应记住，许多学者不停地忙于教师与作家的工作，没有什么多余时间从事私人的和精深的研究。可以肯定，我从教书中学习并非是无条件的；确实我们有时候试图把那句话歪改为：总教书，我什么都学不到。甚至狄德罗（Diderot）借拉摩（Rameau）① 的侄子之口说出的话，也并非全没有道理："'而就这些教师来说，你认为他们懂得他们教授的科学吗？一点儿不懂，我亲爱的先生，一点不懂。如果他们拥有教授它们的足够知识，他们便不教它们了。''为什么？''因为他们会宁可一辈子只研究它们。'"利希滕贝格（Lichtenberg）也说："我看到的却是，有专门职业的人时常恰恰是学问并非最好的人。"但是回到康德的道德学：大多数人，若得出的结论与他们的道德感情相宜，便立刻认为，在结论推导中不会找到任何缺点；而如果这推证过程看来困难的话，他们也不为此自找许多麻烦去研讨，而是愿意相信学术专业团体。

因此，康德给予他的道德法则的基础，绝不是能以经验说明的一个意识的事实，他既不把它奠基于诸道德感情，也不奠基于"绝对的设准"（Absolutes Postulat）掩盖下的窃题论证。宁可说这一基础是由一种很精巧的思想方法制作成的，康德两次提出这一方法或过程，现在我将着手把它弄清楚。

---

① 拉摩（1683—1764），18 世纪法国著名音乐理论家、作家，其羽管键琴曲（古钢琴曲）流传至今。主编《百科全书》的卢梭与狄德罗等作家，起初是拉摩音乐的热心支持者。

（二）论康德道德学的主要原则

在前一节里，我们已经检验了康德道德学的基础，现在转而检验奠基于其上之物——他的主要的道德原则。后者和前者的关系非常密切；确实，从某种意义上说，它们是一同发展起来的。我们已看到，表述这原则的公式如下："只按照你能同时意愿也能成为一切有理性者的普遍法则的那项格律去行动。"这可真是个奇怪的行事方法：一个人，根据假定，正在寻找决定他应该做什么和应该不做什么的法则，却被教导首先要去探寻一个适合于管理一切可能的有理性者行为的法则。但我们愿意放过那个问题，只要注意这一事实就足够了：康德提出的上述指导规则中，显然我们并没有得到道德法则本身，得到的仅仅是个指路牌，或应向何处去找寻它的指示。打个比方说，钱尚未支付，但我们握有它的一张汇票。那么谁是出纳员呢？马上告诉你实情吧：关于这事的一个发款员。人们当然根本意料不到，他不多不少正是利己主义，我下面即将说明。

据说，这一诫令，是我希望它是所有人的行为指南的，它本身就是真正的道德原则。我所希望之物是已给的指示赖以旋转的枢纽。但是我真正希望什么，不希望什么？显然，为了决定关于正讨论的我希望什么，我还需要另一个标准；因为没有这种标准，我永远找不到理解这来得像密令一般的教导的钥匙。那么，在哪里可以发现这个标准呢？当然不在别处，只能在我的利己主义中，它是一切立志作用的离我们最近的、永远现成的、原始的和活的标准，并且在任何情况下，它有权成为一切道德原则之首。寻找真正道德法则的方向，它是包含在康德的定则中的，事实上，是建立在这心照不宣的假设上，即我只能渴望那对我最为有利之物。于是，因为我在架构一个要人们普遍遵循的诫令，我不能把我自己看为总是积极的，而必须考虑偶尔扮演一回消极角色；所以我的利己主义是根据这一观点做出对公正与仁爱有利的决定的，不是出于什么要实践这些德行的意愿，而是因为它很想要体验或感受它们。这使我们想到有这么一个守财奴，在听了一个劝人行善的说教以后，喊道：

"想得多好，好极了！——

我几乎要喜欢乞讨了。"

这便是理解康德的道德学主要原则中的指向的不可缺少的钥匙；他自己本来也不能不提供这钥匙。只是在他提出他的诫令，唯恐我们感到震惊时，他没有这样做。为了防止这一事实真相立即暴露，他在正文较后面的位置表明，不顾他的堂皇的先天建筑，利己主义正坐在审判官席上，手持天平。进一步说，直到他根据偶然消极的观点做出决定以后，才感到这一见解对积极的角色也一样适用。因而他说："我决无法意愿有一项说谎的普遍法则，因为那样人们就不再相信我，要不就会报复我。"又说："这样一项法则的普遍性，即是说，每个人均可承诺他喜欢承诺之事，而无意信守诺言，定会使承诺本身以及承诺时不可能怀有的其他的目的成为不可能；因为没有人会相信它。"关于冷酷无情的格律，他表示："一个决定这么做的意志会自相矛盾；因为毕竟可能发生这些情况：此人需要他人的爱与同情，而由于他凭借一种从他自己意志所产生的自然法则，将使自己完全无法寄希望于他所期待的协助。"同样地，在《实践理性批判》中我们能够读到："如果人人都对他人的疾苦熟视无睹，而且你属于这样一个制度下，那么你的意志会同意你安居其中么？"人们能回答说："我们是多么轻率地批准一项不公正的法律，我们将自食其果！"这些段落充分表明，应如何理解康德公式中"能意愿"这一短语的意义。但是在《道德学的形而上学原理》中，他的道德学原则的这种真正本质陈述得最为清楚。我们读到："因此每个人均希望有人帮助。可是，如果他用言词表达他不愿意帮助别人的定则，那么所有的人拒绝帮助他，就应当是合理的。因此这个自私自利的定则自相矛盾。"应当是合理的，他说，应当是合理的！于是，就在这里，再明确不过地宣布了：道德责任是纯粹而且完全地建立在预先假定的互换利益上的；因为它是完全自私的，只能以利己主义解释，这种利己主义在互利互惠条件下，做出一种妥协，聪明得很。如果这是制定国家或组织的基本原则的问题，这种做法是很适当的，但是当要构建道德学的基本原则时，这种做法就不合适了。在《道德形而上学的基础》中有这样的话："始终按照你能同时意愿其普遍性为法则的那项格律去行动，这是唯一使一个意志永远不会自相矛盾的条件。"依据上面所述，"自相矛盾"一词的真实含义，显然可以这样解释：如果一个人赞成不公正与无同情心的格律，设若他扮演一消极角色，他就会因此而想起这一格律，于是他的意志会与其自身矛盾。

从这一分析可以看得十分清楚，康德著名的重要原则不是——像他不遗余力再三坚持认为的那样——一个定言的，而实际上是一个假言的命令；因为它预设这一条件，即确定我做什么的法则——因为我使它普遍化——也将是一个人们对我做什么的法则；并且因为在这种条件下，我作为较偶然的非积极的参与者，不可能意愿不公正与无同情心。但如果我勾销这一附带条件，而信赖我超群的身心力量，自认为总是积极的，永不消极的；那么在我选择可能普遍有效的格律时，如果除康德的法则以外不存在道德的基础，我完全有理由意愿不公正与无同情心应该是普遍的定则，并且因此命令世人：

"根据这简单的计划，谁有权力照理可以攫取，

并且谁能保留照理可以保留。"

——华兹华斯（Wordsworth）[1]

我们已证明，康德的道德学主要原则，缺乏一切实在的基础。现在可清楚地看到，在这个别缺点上，必须加上另一个缺点，纵然康德的明确辩护与此相反：这一原则的隐蔽的假言的本质，在于它的根据原来不过是利己主义，后者是它所包含的指向的秘密解释者。进一步说，把它纯粹当做一个公式，我们发现，它只是对这一著名定则"你不愿意别人如何待你，你也勿要如何待人"的一个释义，一种模糊而伪装的表达方式；说得更精确些，假若我们取消"不"与"勿"这种限制，并把由爱教导及法律规定的义务包括进去，就是了。因为显而易见，这是我能意愿其应当规范所有人行为的唯一格律（当然，这是从我可扮演的可能消极角色观点说的，在那里，关系到我的利己主义），这一定则也不过

---

① 华兹华斯（1770—1850），英国诗人，又译渥兹渥斯。

是"不要损害人，但要尽力帮助人"这一命题的绕圈子的说法，或者如果喜欢的话，称之为其前提，这一由我设计的命题，对于一切道德体系一致要求人们应有行为的最简最纯的定义，即"不要损害人，而就你所能帮助人"。道德信念与原则的真正而实在的本质就在于此，而决非任何他物。但它以什么为基础呢？给予这个命令力量的又是什么？这是人们今天仍然面对的古老而困难的问题，因为，在另一方面，我们听到利己主义高声喊叫：谁也不要帮助，如果损害别人会给你任何好处，宁可损害他们。不止如此，邪恶则用另一种方式向我们说：宁可以你所能损害一切人。把一个相当于或稍优胜于利己主义和邪恶加在一起的竞争对手，列入名单，这是一切道德学的任务。这里是罗德斯岛，你就在这儿跳吧！① 人们长期以来承认人类义务分为两类，无疑这两分法起源于道德自身的本质。我们有：(1) 法律所规定的义务（又称为完全的、应尽的、较狭隘的义务），(2) 那些由德行规定的义务（又称为不完全的、较宽泛的、善意的义务，或者说是由爱教导人们去履行的义务更好）。康德想要进一步证实他提倡的这一道德原则，试图从它导出这一分类法。但这一尝试是如此勉强，如此明显地糟糕，以致看来它不过是极力地否认他的见解的正确性而已。因为按他说，由法令规定的义务是建于诫令之上的，

---

① 意即："这里是试验的地方，让我们就在这里看看你能做什么吧！"此拉丁谚语得自伊索寓言，一个吹牛者自夸有一次在罗德斯岛跳跃，曾跳到令人惊奇的高度，并要求目击者出来作证，于是，旁观者喊道："朋友，如果这是真的，你不需要目击者证明；因为这里就是罗德斯岛，你就在这儿跳吧！"

与之相反者，被当做一项普遍的自然法则，被宣称决无法没有矛盾；同时把德行谆谆教诲的义务当做依赖于一项格律，其对立面能被视为一项普遍的自然法则，但却是不可能期望的。我请读者考虑，不公正的定则，有强权无公理的统治，这在康德看来甚至无法想象为一自然法则，但实际上，这不仅是动物界，而且在人类中，也是占统治地位的状况。文明民族中确实已经设法凭借国家政府的一切手段，减少这种状况造成的有害后果；但只要这些尝试——不论于何处，或属于什么性质——一旦中断或放松，自然法则马上恢复其支配作用。确实，国与国之间，这种状况绝未停止过；谁都知道，关于公正的常见口号不过是外交官方的辞令，实际主宰者是野蛮暴力。另一方面，真正的，即自愿的公正行动，毫无疑问，也确实出现，但这不过是普遍法则的例外而已。进一步说，康德想用上述分类方法作为例证，确立法律所规定的义务，首先通过所谓的对自己的义务——如果痛苦多于愉快，个人不应自动结束个人生命的义务。因此，自杀的通例甚至看作不能够想象的一项普遍的自然法则。与此相反，我认为，既然这里不可能有政府管理的干涉，恰恰是这个通例可证明为一项实际存在的、未受抑止的自然法则。因为绝对无疑的是（正如日常经验所证明），绝大多数情况下，当人们固有的维持生命本能的巨大力量被沉重痛苦压倒时，他们便诉诸毁灭生命本身。如果认为有什么思想，在如此强有力而又与一切生物本性紧密相关之死亡恐惧以后，会起一种阻止作用，这种想法已表明它是无力的；换而言之，认为存在一种比这一恐惧更有力量的思想是一种鲁莽的设想，当我们看到这一思想是如此难以发现，连道德学家尚未能精确确定它究竟为何物时，那就更是鲁莽的设想了。无论如何，这一点是肯定的，康德提出反对这类自杀的论据，却迄今一直未能阻止任何厌世的人自杀，哪怕是一会儿呢。这样一来，一项无可驳辩地存在而且每天都在起作用的自然法则，却被康德宣告为根本无法没有矛盾的，而且完全是为了使他的道德原则成为诸义务分类的根据！在这一点上，我不能不承认，我是以满意的心情，期待我以后将对道德学的基础加以阐明。从这一基础十分自然地产生由法律规定的义务，以及由爱教导人们应尽的义务，或者，分为公正与仁爱的义务更好，这一区分原则仍然是由论题本质决定的，完全出于其自身具有鲜明的分界使然。所以我将提出的道德基础，实际上我已准备好交来那一证明，而康德为了支持自己的见解，对该证明提出的是一种毫无根据的主张。

二 论意志

（一）在自我意识面前的意志

如果一个人想要，那他也是想要某物，他的意志动作总是针对着某一个对象，而且只让人在与这样一个对象的关系上来设想它。那么，什么叫做想要某物呢？这就是，最初只是自我意识对象的意志动作本身，是在属于他物意识的某物，即认识能力的客体的诱发下产生的，在这种关系之中的这一客体被称作动机，同时也是意志动作的材料。这是由于意志动作是以此客体为对象的，也就是说，其目的是促使这一客体发生一种变化，也就是对此作出反应，因此它的全部本质也就在于这一反应。由此已经可以清楚地看出，意志动作如果没有某物是不可能会发生的。这是因为这样一来，它既缺少诱因又缺少材料。但只是有这样的问题：如果这一客体是为认识能力而存在的话，那么，意志动作是否必然会发生，或更可能会推延，或根本就不能形成，或形成一个完全不同的甚至完全相反的意志动作？这就是说，那种反应是否也会推延，或者在完全相同的情况下会发生不同的甚至相反的反应呢？简言之，意志动作会必然地被动机所唤起吗？或者，当动机出现于自我意识之中时，意志还能保有完全的想要或不想要的自由吗？因此，这里使用的"自由"概念是在上面讨论过的，被证明在这里是唯一可用的抽象意义上的"自由"概念，即作为必然性的纯粹否定，这样一来，我们的问题就确立了。但我们必须在直接的自我意识里找到解答同一概念的事实，并将在本文结尾处精确地考察它的陈述，只是不会像笛卡儿那样，快刀斩乱麻似的用一种简单扼要的裁定解决问题。笛卡尔草率地主张："相反的，我们如此清楚地感觉到了我们的自由和非规定性，以至于我们对任何他物的把握都不如对它们这样清楚完整"[1] 这一主张的站不住脚，莱布尼兹（Leibnitz）已经指出来了，但他自己在这一点上只不过像随风倒的芦苇，而且在做出了十分矛盾的说明后，最终竟得出了这样的结论："意志虽然是受动机的影响，但并不是被它所强制的。"莱布尼兹还说："一切行为都是被决定的，决不会不受影响的，因为总有一个理由存在着，尽管它并不强迫我们，但却使我们有所倾向，使我们是这样去行动，而不是那样去行动。"[2]这促使我注意到了那种处于上面提到的两种可能性之间的中间道路是靠不住的，人不能根据喜好就一知半解地说，动机只在一定程度上规定意志，意志受动机的影响，但只限于一定的程度，然后它就可以摆脱它们的影响。因为只要我们承认一种既定的力量

---

① 见笛卡儿《哲学原理》。

② 见莱布尼兹《自由论》。

有因果性，即承认它能起作用，那么只需要在遭到某种抵抗时，按这种抵抗的程度增加力量，它就可以完成它的作用。比如，用10块金币不能买通一个人，但他却已动摇，那么用100块金币就可以把他打倒了。

因此，我们将我们的问题求助于直接的自我意识，而且是我们在上面提出的意义之上，现在这一自我意识给了我们关于那个抽象的问题什么样的陈述呢？这个问题就是根据既定的，即表象于知性面前的动机而出现的意识动作的必然性这一概念究竟可用还是不可用，或关于意志动作在这种情况下，其推延究竟可能还是不可能。如果我们想从这个自我意识获得关于一般的因果关系和特殊的动机的表示，以及关于这二者相伴随的某种必然性的彻底而深刻的说明，那我们就将感到十分失望。与其说因为这个自我意识，如同所有人都具有的，是一个过分简单而有限的事物，以至于它对于这一问题不能加以说明；倒不如说，这些概念是从那顺应外界的纯粹知性中汲取来的，而且首先要在反思的理性领域面前才能谈论这些概念。而相反，那个自然的、简单的、素朴的自我意识根本就不可能理解这个问题，更谈不上解答这个问题了。它那关于每个人都可能在他自己内心窥见的意志动作的陈述，如果撇去一切奇谈怪论和无关紧要之点，而追溯它那赤裸裸的内涵的话，那么大概是这个样子："我能够想要，而且是在我想要有所动作的时候；一旦我想要，我的躯体的活动的四肢就会立即去完成之，而且一刻也不拖延。"简言之："我能做我所想要的。"无论人们怎样变换这种陈述和以什么方式提出问题，那直接的自我意识也不会有更进一步的陈述了。因此，它的陈述始终只涉及

"按照意志而行"，但这也就是一开始就提出的经验的、原初的和通俗的自由概念。按照这一概念，自由就意味着"按照意志"。自我意识将无条件地加以陈述的就是这种自由，但这并不是我们所要探究的自由。自我意识陈述的行为的自由是以想要为前提的。但想要的自由却是要加以探究的，那就是我们要研究想要本身等于动机的关系，但那种"我能做我想要的"陈述却并不包含这种关系。我们的行为，即我们躯体的动作，对我们意志的依赖性，固然由自我意识加以陈述了，但是完全不同于我们的意志动作对外界情况的依赖性。后一种依赖性或许将构成意志自由，但自我意识并不能对此有所陈述，因为这不在它的范围之内。这是由于后一种依赖性涉及外部世界（作为关于他物的意识而赋予我们的外部世界）和我们的决定的因果关系，但自我意识却不能评估完全处于它的范围之外的东西与其范围之内的东西的关系。因为没有一种认识能力能设定一种某一方面不在它范围之内的关系。但正是规定意志动作的想要的对象，显然是在自我意识的界限之外，是在他物意识之中；只在他物意识中的意志动作本身和那些对象与其相互的因果关系是我们要探究的。自我意识的事情仅仅是意志动作及它对肢体的绝对的控制，这种控制实际上可看作是"我们想要的东西"，而且首先也是这种控制的运用，即行为，使躯体当然是为了自我意识归于意志动作之下。当意志动作还在酝酿的时候，它叫愿望（Wunsch）；如果成熟了，就叫决心（Entscheid）；但它是否到了这一步，还要行为向自我意识加以证明。因为直到行为发生之前，它还是可以变化的。现在，我们就已经在那确实不能否认的假象的主要源泉那儿了。一个不怀偏见的人，即哲学上的外行，依靠这一假象认为，在某个既定场合，相反的意志动作对他来说也许是可能的，并夸耀他的自我意识能如他所以为的那样说明这一点。实际上，他把愿望和想要混为一谈了。他可以愿望相反的东西，但想要，他只能有一个，而这个想要是个什么样的想要，也首先要由行为向自我意识来宣示。正由于自我意识等行为的结果只能完全后天地加以体验，而不能先天地知道，因此它并不保证使那相反的愿望中只是这一个、而不是那一个成为意志动作与行为的合法的必然性。相反的愿望及其动机在自我意识面前此起彼伏，交替重复，它对于每一个愿望都表示，如果愿望变成意志动作的话，愿望也就变为事实了。虽然这后一种纯主观的可能性是每个愿望都具有的，但是这种可能性恰恰就是"我能做我想要的"。这种主观可能性完全是假定的，它只是说："如果我想要此物，我就能做它。"只是为了达到想要所需要的规定并不寓于其中，这是因为自我意识只包含想要，并不包含决定成为想要的理由，后者寓于他物意识之中，也就是认识能力之中。相反的，客观的可能性却有决定性的作用，但它却在自我意识之外，在客体的世界中，动机和人作为客体都属于这个世界，因此它与自我意识是异在的，是属于他物的意识。那个主观可能性和寓于石头之中可以发出火焰的东西是同一类的东西，然而却要由黏附于钢铁之上的客观可能性来决定。关于这一点，我将在下一节从另一个方面返回来加以论述。我们将不再像这里一样，从内部去观察意志，而是从外部去观察，也就是说将研究意志动作的客观可能性。这个问题，当它从两个不同的方面并通过例子被阐明以后，就会变得十分清楚。

所以寓于自我意识之中的"我能做我想要的"感觉一直伴随着我们，但也只是说出了。决心，或我们意志决定的动作，尽管源于我们内心黑暗的深处，然而每一次都立即进入直观世界之中，这是因为我们的躯体和一切他物一样，都是属于这个直观世界的。这种意识构成了内部世界和外部世界之间的桥梁，不然的话，它们之间就隔着一道无底的鸿沟。如若这样，在外部世界将只有独立于我们一切感觉的作为客体的纯直观物，在内部世界则只有毫无成果和纯粹被感觉到的意志动作。如果问一个毫无成见的人，那么他对于那个是直接意识（即常常被看做是被误解了的意志自由的直接意识）大概会这样说："我能做我想要的：如果我想要向左走，那我就向左走；如果我想要向右走，那我就向右走。这完全取决于我的意志，我因而是自由的。"这种陈述固然是十分真实和正确的，只是在这种陈述中，意志已经寓于前提之中了。也就是说，这一前提是假定意志已经作出了决定，因此关于它自身的"自由存在"可能是无关紧要的了。因为这种陈述全然没有讲到意志动作本身发生的依赖性或独立性，而是只讲到了这一动作发生时的效果，或者确切地说，只讲到了它成为躯体动作的不可推延的现象。但作为那种陈述的基础的意识却是绝对唯一的使无偏见的人，即哲学上的外行（虽然在别的学科中，他可能是个大学者）把"意志自由"看作某种完全直接、确定无疑的东西，以致他把它说成是无可置疑的真理。他们全然不能相信，哲学家居然会一本正经地去怀疑它，而且他们还在内心思忖，关于这一问题的一切空谈都是学校辩论的口才训练，完全是在开玩笑。但正因为由那个意识所给定的十分重要的确定性总是就在眼前，以及因为人首要的和本质的就是实践的动物而非理论的动物，所以他对他的意志动作的积极方面，即其有效性方面，比对其消极性方面，即依附性方面的感觉就要清楚得多。因此，想要使哲学外行理解我们问题的真正意义，并使他明白，现在要探究的不是他的每一次想要的结果，而是其原因，那就很困难了。他的行动虽然完全取决于他的想要，但现在人们却要求知道，他的想要本身究竟取决于什么，或者根本就不取决于什么。当他想要时，他确实能够做某件事，同样，当他想要时，他也能做另一件事；但现在他应该寻思一下，他是否能够既想要做这一件事，又想要做另一件事？如果照这样的意思向人提出这样的问题："你确实能够在你心中升起的相反的愿望中，既依顺这一个，又依顺那一个吗？例如在两个互相冲突的财产对象中，既选取这一个，同时又选取另一个？"那他就会说："也许对我来说，选择是困难的，然而我究竟想要选择这一个还是那一个，却是完全取决于我的，而不是别的什么力量。我有完全的自由来选取我想要的那一个。这时，我将完完全全顺从我的意志。"但如果有人这样说："但你的想要本身，又取决于什么呢？"那他就会从他的自我意识回答说："除了我以外，就没有别的了！我能想要我所想要的东西，我想要的东西就是我想要的。"在他说后面这句话时，他并不是故意要重复同样的意思，或者也只是在他意识的最深处是依仗同一律的，只有依靠这同一律，后一句话才是真的。他讲的是一种他的想要的想要，就好像他讲到一种他的自我的自我。他这样讲的时候，看来是极其尴尬的，人们将他赶回到他的自我意识的核心中去了。他在那儿发现他的自我和他的意志是无法区分的，但也没有剩下什么东西可以来评估这二者。因为在这里，他的人格与选择的对象被假定为是既定的，所以在做那种选择时，是想要这一个而不是想要那一个的想要本身，是否有可能和最后的结果不同呢？或者通过刚才列举的事实，他的想要的结果是否就像三角形中最大角的对边总是最大边一样是必然无疑的呢？这是一个问题，它同天然的自我意识离得是这样远，以致它根本就不能理解这个问题，更不要说能有一个成熟的答案；或者哪怕只有不成熟的意见，只需要朴素地将它提出来就可以了。因此，在特定的情况下，一个无偏见的、但在哲学上是外行的人，面对这一问题必然带来的困惑，如果他是真的懂得这个问题的话，就总是要躲到那种直接的确信后面去。这种确信如上面已说过的，就是"我能做我想要的，和我想要我所想要的"。他始终会重复这样做，因此很难使他面对这个他总是力图回避的问题。这也不能责怪他，因为这个问题确实是一个极其困难的问题。它的探究的手段深入人的最内在本质。它想知道，人是不是也和世界上所有其他生物一样，是一种由其素质本身一劳永逸地决定了的生物。这一生物是否像自然界中每一个别的生物一样，有着它的特定的不变的性质，由于这些性质，它必然对正在形成的外界的诱因做出反应，这些反应因此带有它们的从这一方面来讲不可改变的特点，其结果就是，能使反应发生某些变化的就只能是外界的诱因；或者人是否是整个自然界中唯一的例外？如果最终能使他面对这个如此困难的问题，并使他清楚地知道，这正是他的意志动作的起源及其形成的规律，那么他就会发现，自我意识在这儿并不包含任何信息。这是由于没有成见的人这时自己避开了这个问题，不再寻求解释，从而使自己摆脱了束手无策的境地。对这个问题的解释，他或者可以从自我或他人的经验中获得，或者可以从普遍的知识规律中获得。但是就在他进行这些尝试时，表现出来的没有把握和摇摆不定就说明，他的直接的自我意识对正确理解的问题是不予答复的，这和他以前对错误理解的问题的态度是一样的。归根结底，这是由于人的意志是他真正的自我，是他的本质的真正核心，因此就是这个意志构成了他的意识基础，这是一个绝对既定的东西和现存的东西，他并不能越出这个范围。这是因为他自己是什么样的人，他就怎样去想要；并且他怎样去想要，也像他是什么样的人。因此问他是否也能成为一个不同于他自己的人，对此他是不知道的。正因为如此，和那个哲学外行的区别只在于训练上不同的哲学家，如果他想把这个难题弄个水落石出，也必须求助于他的提供先验知识的知性，求助于思索这种知识的理性，求助于他的和别人的行为向他提供的用来说明和检查这种知性知识的经验。上述知性、理性和经验作为最终的和唯一有力的"法庭"，其裁决虽然并不像自我意识的裁决那样容易、直接和简单，但却是接近事实的、充分的。人的大脑既已提出问题，就必须解答问题。

此外，直接的自我意识对那个深奥的、思辨的、疑难的问题，不能提供任何答案，对此我们也不必感到惊讶。因为首先，它是我们全部意识中一个十分狭隘的部分，它的内部是昏暗的，它以它的全部客观的认识力量完全顺应着外部世界。所有它的完全可靠的，即先天确知的认识只涉及外部世界，它因此能依照某些植根于它自身的普遍法则有把握地做出判断：什么在外界是可能的，什么是不可能的，什么是必然的，并以此方法先天地造成纯粹的数学、纯粹的逻辑学，乃至纯粹的基本的自然科学。其次，它将它那先天知觉的形式应用于在感官感觉中得到的事实上，这一应用为它提供了直观的、真正的外部世界，连带着还有经验。此外，它又将逻辑学和作为它的基础的思维能力应用于那个外部世界，这一应用提供了概念，即思维的世界，由此又产生出科学及其成就等。因此，在它的眼里，外部世界是十分光明和清楚的，但内部却是黑暗的，就像一副很好地涂黑了的望远镜，没有一个先天的命题能够照亮它的自身内在的黑夜。相反的，这种灯塔只照向外界。如上所述，在所谓的内在感官面前的，除了自己的意志外，没有别的东西，连所有所谓的内在感觉实际上也必须回溯到意志的运动上。但是，意志的这种内在知觉所提供的一切，就像上面指出过的那样，又都溯源于想要和不想要，以及受到褒奖的确信："我能做我们想要的。"这实际上就是说："我的意志的每一个动作，我都马上（以一种对我来讲是完全不可把握的形式）把它看做是我躯体的一种动作。"确切地说，这对于认识主体来说，是一个经验的法则。除此之外，在这里再也找不到别的东西。因此，对于提出来的问题，有关的法庭是无权受理的，甚至可以说，就这个问题的真正意义来讲，根本就不能被提交给这个法庭，因为法庭并不理解它。

现在，我将我们在自我意识方面得到的答案再简洁地叙述一下。任何一个人的自我意识都十分清楚地说，他能做他想要的事。由于我们也可以设想完全相反的行为是他想要的，因此，如果他想要的话，他也能做相反的事。现在，头脑简单的人误解了这一点。他以为在某种特定情况下，他也能想要相反的东西，并把这叫做

"意志的自由"。只是他在某种特定的情况下能想要相反的东西这一点，根本就不包括在上面的陈述之内，而只包含有这样的意思：在两种相反的行为中，如果他想要这一种，他就能做这一种；如果他想要那一种，他也同样可以做它。至于他在这种特定的情况下，能否既想要这一种又想要那一种，却是不肯定的，是更深层次研究的对象，不是单纯的自我意识所能决定的。对于这一结果最简短的（尽管是经院式的）公式则将是：自我意识的陈述只有后一部分涉及意志；相反的，自由的问题则属于前一部分。因此，自我意识的那个不可否认的陈述"我能做我想要的"根本就不包含判定意志自由的东西。而意志自由就在于，在个别的个体情况下，即在既定的个人性格方面，每一次的意志动作，并不是必然地由这个人这时所处的外部环境所决定的，而是在这时既可以产生这样的结果，也可以产生那样的结果。但是自我意识对此却完全哑然不语，因为这件事情完全处于它的范围之外，是建立在外部世界与人的因果关系之上的。如果有人问一个智力健全而没有哲学修养的人，他根据他的自我意识的陈述而坚决主张的"意志自由"究竟在哪里，那么他就会答道："就在于只要我不是天然地被阻碍时，我能做到所想要的。"因此，他所讲的始终是他的行为对他想要的关系。但这就如同前面已指出的那样，仍只是自然的自由。如果有人进一步问他，在既定的情况下，他是否想要一件作为其对立面的事情呢？那他虽然会十分热心地加以肯定，但一旦他开始明白问题的意义时，他也会开始怀疑，最终必将陷入不安和迷惘之中。为了摆脱这种情况，他又会十分乐于躲到他的命题后面去："我能做我想要的。"并以此抵御一切理由和论证。

但对于他的命题的正确答案，则是："你能做你所想的，但在你生命的每一既定的时刻，你只能想要一确定的东西，而决不能是别的什么。"

经过本节的分析，科学院的问题现在实际上已得到了解答，而且是否定的解答。但是，现在对于我们的否定的解答，在一种情况下，还要做一番检查。这就是如果我们现在将这个问题提到那个唯一有权审理此事的机关去，即转向纯粹的知性，转向对知性的事实加以反思的理性，以及必随二者而来的经验，它们的判定也许会是这样的：一种"意志自由"（意志的自由决定）一般来讲大概不会存在，倒是人的行为会像大自然中其他的一切，在每一种既定的情况下，是一种必然要产生的结果。这样，我们就更会确信，可以证明被探究的意志自由的事实根本就不可能存在于直接的自我意识之中。据此，依照不可能即无效的结论（这结论是确立先验否定的真理的唯一可能的途径），我们的判定在迄今已提出的经验证明的基础上，又将获得一种合理性的证明，并因而变得加倍可靠。因为不能假定，在自我意识直接的陈述和由纯知性的原则及其经验的应用而产生的结果之间，会发生严重的矛盾。这样一种说谎的自我意识不可能成为我们的自我意识。这时要注意的是，即使是康德对这个问题提出的二律背反，即使在他自己那儿也并不会由于下述说法而成立，即正命题与反命题来自不同的认识源泉，一个大约来自自我意识的陈述，另一个大约来自理性和经验；而是正命题和反命题二者根据所谓的客观理由进行诡辩。但在这时，正命题不以别的为基础，只以懒惰的理性为基础，这就是说，懒惰的理性在欲求面前后退，总有一次会静止下来；相反的，反命题则真的具有一切客观的理由。

但是，现在着手在认识能力和呈现于眼前的外部世界的领域里进行的这种间接的研究，将同时反过来对迄今为止所进行的直接的研究给以许多说明和补充。这是因为这一间接的研究将揭露那种自然的错觉，这种错觉产生于自我意识的那种极简单的陈述所引起的错误理解之中，这是在自我意识陷入他物的意识（他物的意识就是认识能力，而且和自我意识一起扎根于同一个主体）的冲突时发生的。是的，只有在这一间接研究结束时，我们才能对那个陪伴我们所有行为的"我想要"的真实意义与内容，以及原初的和专横的意识（借助此意识，那些行为才成为我们的行为）有所明白。只有这样，迄今所进行的直接的研究才能得以完成。

（二）在他物意识面前的意志（1）

如果我们带着我们的问题转向认识能力，那么我们事先就知道，由于这一认识能力从根本上来讲是顺应外界的，因此意志对它来讲不能成为它的直接知觉的对象，就像意志对于无权受理我们的事情的自我意识的关系一样，这里只能考察具有天赋意志的生物。在认识能力面前，它们是客观的与外部的现象，即经验的客体，从现在起，它们也是作为这样的东西而被研究和评价的。在研究和评价时，部分地是按对经验来讲是一般的、依据其可能性而确立的、先天无疑的法则；部分地是按已取得的真正存在的经验提供的事实。因此，我们在这里已不再像以前一样，只向内在感官显现的意志本身打交道，而是同想要的、为意志所驱动的外部感官的对象打交道。这样一来，尽管我们现在只能间接地和从比较远的地方来考察我们特有的研究对象，从而陷入了不利的一面，但却有如下的好处：我们在研究时可以运用一种比阴暗的、片面的、直接的自我意识，即所谓的内在感官完善得多的工具。这工具就是用全部外部的感官和所有的力量装备起来的，以求客观地把握的知性。

我们把因果律看做是这个知性的最普遍、最根本的形式，因为只有通过它的中介，现实的外部世界的直观才有可能。在直观时，我们把我们的感官所获得的刺激和变化立即并完全直接地把握为"效果"，并且（不用指导、传授与经验）马上从效果过渡到它们的"原因"，这些原因后来也是通过知性的过程显现为空间中的客体。① 这就无可辩驳地表明了，因果律是被我们先天地觉知的，因此，就一切经验的可能性而言，是作为一种必然的法则被我们觉知的。我们并不需要康德为这一重要的真理提出来的间接而艰深的甚至是不充分的证明。因果律是先天地固有的，作为普遍的规律，外部世界一切实在的客体都无一例外地要服从这一规律。这种无例外性恰恰是由于它的先天性。这一规律仅仅与变化有关，并且表明，在客观的、实在的、物质的世界中，有某种东西或大或小地、或多或少地在变化着；在这以前，也必然有某种其他的东西发生过变化；而且随着这一其他的东西的变化，在它之前又有一个其他的东西曾发生过变化，就这样以致无穷，

---

① 读者可以在《充足理由律的四重根》中找到对这一学说的详细论述。

根本就看不到那充满时间的变化（就像充满空间的物质）的这种回归序列的起点，哪怕是设想一下都不可能，更谈不上作为前提了。因为那反复不断地提出的问题"什么东西引起这种变化？"决不允许知性有最后的终点，尽管它会为此而疲于奔命。因此就像时间的起点或空间的界限一样，最初的原因同样也是完全不可思议的。因果律充分表明，如果较前的变化（即原因）出现了，由此而引起的后来的变化（即效果）就必然要发生，也就是必然地会随之而来。因果律就是通过这种必然性，使自己保持了理由律的形态。理由律是我们全部认识能力的最一般的形式。它在真实的世界中，表现为因果性；在思想的世界中，表现为认识理由的逻辑法则；在空无的但先天地被直观的空间中，则表现为同一空间的各部分状况的严格而必然的相互依存的法则。几何学的唯一任务就是对这种必然的依存关系做专门而详细的证明。因此就像在开始时就已说明了的，"是必然的"和"是既定的理由的结果"乃是互换的概念。

因此，在客观实在的外部世界的客体身上发生的一切变化都服从因果律；因此，不管这些变化是在什么时候、在什么地方发生的，每一次都是必然地和不可避免地要发生的。在这方面不可能有任何的例外，因为这一规律是先天地为经验的所有可能性所确定的。关于可否将这一规律用于某一既定的场合，那么只要问一下，这是否涉及一个在外部经验中既定的实在客体所发生的某种变化，只要是的，那么它的变化就要服从于因果律的应用，也就是说，它的变化一定是由某种原因引起的，因此也就是必然会发生的。

如果我们现在用我们一般的、先验可靠的、因此对于一切可能的经验毫无例外地有效的规律来更深入地考察这一经验本身和在这经验中既定而实在的客体（我们的规律是与它们可能发生的变化有关的），那么我们不久就可以在这些客体身上看到某些深刻的基本区别，它们由于这些区别早已被分门别类了，这就是：一部分是无机的即无生命的客体，一部分是有机的即有生命的客体；而这后一部分又被分为一部分是植物，另一部分是动物。我们更看到，虽然动物在根本上是彼此相似的，而且符合动物的概念，然而就完满性而言，则有一种极其复杂和细致划分的阶梯，从与植物还十分相近、很难加以区分的动物起，直至最完善、最符合动物概念的动物止。在这一阶梯的最高层，我们看到的是人，是我们自己。

但如果现在我们不为这种杂多性所迷惑，而把所有这些生物整个儿地只看作是经验上客观的、实在的对象，并因此把我们的可用于一切经验的先天固有的因果性应用于发生在这些生物身上的变化上面，那么我们就会发现，尽管经验普遍地符合先天确定的法则，然而对于所有那些经验的客体本质上的巨大差异，也有一种在种类上发生的与之相应的变化以对应之，就好像因果律有权在它们身上起作用似的。更进一步地讲就是，为了适应无机体、植物和动物这三种差别，那导引它们的所有变化的因果性也表现为三种形式，即狭义的原因、刺激或动机，但这种差别丝毫也不损害因果性的先天有效性，以及由它所造成的效果的必然性。

狭义的原因，就是经验对象的一切力学的、物理的与化学的变化借以发生的原因。它在任何地方都通过两个特征表明自己的性质。第一是通过在它身上牛顿的第三定律"作用力与反作用力相等"得到了应用，这就是说，叫做"原因"的先行状态经历了一种和叫做"结果"的后续状态相同的变化；第二是通过牛顿的第二定律，即效果的程度总是和原因的程度完全相应，因此后者的增强也会引起前者相同程度的增强，以致如果我们知道了效果的种类，那么从原因的强度马上就可以知道和测算出效果的强度，而且也可以反过来。在有经验地应用这第二个特征时，我们不能将固有的效果和它的表面现象相混淆。例如，在压缩一个物体的时候，我们不能要求它的大小随着压力的增加而不断地缩小。因为受我们挤压物体的空间在不断缩小，结果是反抗也在增强。因此现在尽管固有的效果（即物体的缩小）真是按照原因的程度在增强，就像马里奥特定律（MarioffeschesGesefz）①所阐明的那样，然而我们不应该从那种表面现象上去理解这个问题。此外，在许多情况下，在作用达到一定程度时，全部效果的种类一下子改变了，这完全是由于反作用的种类发生了变化，而这又是由于在一个有限大小的物体身上，反作用的迄今一直使用的种类已穷尽了。例如，加于水的热力只有在达到一定程度时才使水沸腾，超过时只能使水迅速蒸发，但在蒸发时，又出现了原因程度与效果程度之间的相同的比例，这在许多情况下都是如此。这种狭义的原因是引起一切无生命的物质即无机体变化的原因。对这种原因的认识和假定导致人们去观察所有那些变化，这些变化是流体力学、

---

① 马里奥特（约1620—1684），法国物理学家；波义耳（Boyle，英国物理学家）。马里奥特独立发现以他们两人名字命名的波义耳—马里奥特定律。

物理学和化学的对象。因此，无机的或无生命的物体固有的和主要的特征就在于它们是由这种原因所确定的。

第二种原因是刺激，也就是这样的原因：首先，物体根本就不接受一种与它自己的作用成正比的反作用；其次，在它的强度与效果的强度之间绝不会产生一种均衡性。因此效果的程度是不能根据原因的程度加以测算和事先规定的，稍微加强刺激就会引起效果的很大的增强，或者反倒把以前的效果完全取消，甚至还会引起一种相反的效果。例如，众所周知，通过加热或在土壤中掺杂石灰，就能使植物特别快地生长，这是由于那些原因起到了刺激植物的生命力的作用；但如果这时适度的刺激稍微超过了一点点，其结果就不是提高与加速植物的生长，而是导致植物死亡了。同样，我们也能用酒或鸦片使我们的精神兴奋度显著地提高，但一旦过量，就会适得其反。这种原因，即刺激，决定着生物体的一切变化。植物的所有变化和发展，以及动物的一切纯机体的和生长的变化或机能，都是由于刺激而发生的。光、热、空气、食品、各种药品、各种接触、受精等，都是用这种方式作用于生物体的。我马上就会讲到动物的生活还有一个完全不同的领域，而植物的全部生活则相反，是完全根据刺激来进行的。植物所有的同化作用，生长、顶端的向光、根部趋向较好的土质、受精、发芽等，都是受到刺激而发生的变化。个别的几种植物还有一种特有的、迅速的运动，那也是由于受到了刺激而引起的。它们因此被称作敏感的植物。众所周知，这主要指的是含羞草、岩黄耆和捕蝇草。完全地、毫无例外地由刺激所决定的，乃是植物的特性。因此，一个物体，只要它那特有的、符合本性的运动和变化总是且仅仅是由于受到刺激而引起的，那么它就是植物。

第三种起推动作用的原因是表示动物特性的原因，那就是动机，即由于认识而引起的因果关系。在生物的阶梯上，它是在这样的阶段出现的：即有着较为复杂的、繁多的需要的生物，它的这些需要已不再像所希望的那样，仅仅依靠刺激的引发就能得到满足，而是不得不选择满足的手段，把握之，甚至寻找之。因此，在这种生物身上，对动机的感受性，即一种表象能力，一种智力（Infellekt），代替了对刺激的单纯的感受性和因此而做的运动，这种智力的完善可分为无穷的级别，在物质上则表现为神经系统和大脑，并因而表现为意识。植物的生活只是因刺激而进行，它乃是动物生活的基础，这是众所周知的。但一切动物作为动物所完成的运动（这些运动正因此是依附于心理学上叫做动物的机能的东西）的发生是由于一个已知的客体，即动机的结果。因此，一个物体，如果它的固有的、符合其本性的、外部的运动和变化总是由于动机，即一定的、已显现于它的前定的意识内的表象的话，这个物体就是动物。在动物这一系列中，表象的能力，以及随之而来的意识，也有着无穷的等级。因此，在每一种意识中，动机显现和促使意识运动的情况也就一样多，这时，在从现在起存在的自我意识看来，内在的动力（其各种表现是由动机引起的）就是我们用"意志"称谓的东西。

但是，现在一个既定的物体究竟是因为刺激还是因为动机而运动，对于从外部进行的观察来说（在这里，我们是从外部进行观察的），是决无疑问的：刺激的作用方式和动机的作用方式有着明显的区别。因为刺激始终是通过直接的接触，或者是通过向内的接受而起作用的，尽管这种接受并不像空气、光、热的刺激那样是看得见的，然而这种接受还是通过如下的途径表现了出来，那就是效果和刺激的持续和强度具有一种不难看出的比例，这种比例在刺激的程度各不相同时，并不始终是相同的。而动机则相反，当它引起运动时，所有这些区别都不复存在了，因为这时起作用的、特有的和最切近的媒体不是大气，而只有认识。作为动机起作用的客体只需要被知觉，被认识，而且不论这种知觉是持久的，还是或远或近的，抑或是清楚明了的。这时，所有这些区别就全然不改变效果的程度，只要动机一被知觉，它就以完全相同的方式起作用，但有一个前提条件，那就是它是这时必须产生的意志的一个决定性原因。因为包括物理的、化学的原因还有刺激在内，都只有在受到刺激的物体能够感受它们的时候才起作用。我刚才说过"这时必须产生的意志"，这是因为就像已经提到过的，真正使动机起作用的力量，即由动机引起的运动的秘密发条，在这时向生物本身内在地和直接地显现为"意志"这个词描述的东西。对完全是因刺激而运动的物体（植物），我们把那种持续的、内在的条件称为生命力；对完全是因狭义的原因而运动的物体，我们把那条件称为自然力或素质，但各种解释总是把它假定为无法说明的东西，因为生物的内部没有可以直接理解那种条件的自我意识。但是现在，在这些无意识的甚至是无生命的物体身上所含有的对外部原因做出反应的这种内在条件（如果有人从现象出发，想要研究条件称之为物自体的东西的话），就其本质而言，是否就像近代有个哲学家确实想向我们指出的那样，和我们把我们身上称作意志的东西相一致？这一点我想暂且不论，因为我确实不想和他发生冲突。①

与此相反，我却不能不探讨一下，因人的意识优于任何一种动物的意识，而在动机作用方面所造成的差别。这一优点实际上就是用"理性"这个词来表示的。他就是说，人不像动物一样，只能直观地理解外部世界，而是能从外部世界抽象出一般概念，为了能把这些概念积淀于他的感性意识之内，他又用词语去描述它们，并因此构造了无数的组合。这些组合，虽然始终和他们那些概念一样，和直观地被认识的外部世界有关，然而实际上，却构成了人们称之为"思维"的东西，并因此使人类较之其他一切族类而独有的巨大优点成为可能，这些优点就是语言、深思熟虑、对过去的回忆和对未来的担忧、意见、计划、许多人的有计划的共同行动、国家、科学、艺术等。这一切都是以具有非直观的、抽象的、一般的表象这种独有的能力为基础的，人们把这种表象称为概念（即物的本质），因为每一个这样的概念都包括了许多个别的东西在内。动物，即使是最聪明的动物，都没有这种能力，它们因此只有直观的表象，据此它们也只认识当前的现实，只生活在"现实"之中。驱动它们的意志的动机因此必须每一次都成为直观的与当前的。其结果就是，它们可做的选择极少，也就是只能在它们有限的视野和理解能力范围内直观地知觉的东西，因此是在时空中现有的东西之间做选择，这时较强的动机马上就决定了它们的意志，动机的因果关系在这里也变得十分明显。动物

---

① 很清楚，我指的就是我自己，只是因为必须隐姓埋名，因此我不能用第一人称来指称这个哲学家。

训练是一种表面上的例子，它是由习惯做媒介造成的恐惧。真正例外的是本能，依靠这种本能，动物就其整个行为方式而言，并不是真的由于动机，而是由于内在的冲动而活动，但就个别动作的细节及每一瞬间而言，进一步规定这种冲动的确实又是动机，因此又复归于常规之中。而人则相反，他依靠非直观的、得以思维和反思的表象能力，而具有一种把握不存在的、过去的和未来的东西的无限广阔的视野。他因此较之局限于狭小当前的动物、对动机作用，因而也对选择有格外大的领域。一般地讲，决定他的行为的不是他的感性直观所面临的东西，不是在时空中的现在之物，而是纯粹的思想，他的脑海中总是萦绕着它们，而且使他独立于当前的印象。如果思想不这样做，那么人们就会说，他的行为不合理性；如果他的行为完全按照深思熟虑的思想，因而是独立于直观的当前的印象的，那么就会被誉为是合理性的。人受到一种动物所没有的、特有的表象（抽象的概念思想）的驱动，这种情况即使从外部也是可以看到的，这是由于这种情况使他的所有行为——甚至极不重要的，甚至是他的一切运动和步骤——都烙上了故意的、有目的的特点。人的行为与动物的行为也因此有这样明显的不同，以致人们完全可以看到，人们的运动是由如此细微的、看不见的线索（即纯思想组成的动机）所操纵的，而动物的运动则是由直观的当前之物的粗糙可见的绳子所牵引着的。就像直观一旦可以对眼前的意志起作用时，就变成了动机一样，动机也变成思想。但是，一切的动机都是原因，所有的因果关系都具有必然性。人依靠他的思维能力可以想象他感受到的影响他的意志的动机，任意地、交互重复地加以想象，以使它们面对着意志，这就叫做思考。人是有思考能力的，并依靠这种能力，有可能比动物做更广泛的选择。因此，他确实是相对自由的，即不受直观的、当前的、作为动机而作用于他的客体的直接的强制，而动物却是完全屈从于这种强制的；而人则相反，他独立于当前的客体而做出决定，并依照是他的动机的思想来做决定。这种相对的自由也确实就是受过教育然而并不进行深思的人们所理解的人显然要优于动物而拥有的意志自由，然而这纯粹是一种相对的自由，即是对于直观的、当前的事物而言的；这种自由也纯粹是一种相比较的自由，即是和动物比较而言的。但是只有动机作用的方式由于这种自由而发生了变化，而动机作用的必然性则并没有被扬弃，或哪怕只是减少了一些。抽象的、寓于纯粹的思想的动机，是一种外在的、决定意志的原因，它和直观的、寓于实在的、当前的客体的动机毫无二致，因此它是一种原因，就像任何一种别的原因一样，而且甚至像所有别的原因一样，始终是一种真实的东西，一种物质的东西，只要它最终总是要以一种在某一时间、某一地点获得的来自外部的印象为基础的。它的优越性只在于导线的长度上。我想这样来描述它：它并不像纯粹直观的动机那样，被囿于时间和空间的某一近处，而是通过最远的距离，经过最长的时间，并经过概念和思想的中介，以一条长长的锁链的方式在起作用。这是某种器官的性质及其杰出的感受能力的结果。这个器官首先体验到了和接收到了动机的作用，这个器官就是人的大脑或理性。然而这一点也没有扬弃它的因果性及与它一起被确立起来的必然性。因此只有极肤浅的观点会把那种相对的、比较的自由看做一种绝对的、毫无例外的意志自由。事实上，这种意志自由产生的思考能力只表明动机的冲突常常是痛苦的，是犹豫不决的，其斗争范围是人的整个身心和意识。也就是说，这种冲突使各种动机反复地把自己的力量使出来，在意志那儿互相交锋，结果使意志陷于和这样一种物体一样的境地：在这个物体的身上，各种力量以反方向作用于其上，直到那最强的动机将别的动机都击出了战场并规定了意志为止。这样的结局就叫做决定，并且总以完全的必然性作为斗争的结果而出现的。

现在，让我们对因果关系的形式的整个序列再做一次概览。在这一序列中，先是最狭义的原因，然后是刺激，最后是动机，动机又分为直观的和抽象的，清楚地互相分列着。这时，我们就将发现，如果我们从这一角度将事物的序列从上往下数，那么原因及其效果就会逐渐地互相分离，就会越来越明显地区别开来，这时原因就变得越来越是非物质的和不可捉摸的，因此在原因方面似乎就显得越来越少，而在效果方面则似乎越来越多，总而言之，因果间的关系就变得不能直接加以把握和理解了。上面所讲的这一切，极少会是机械的因果关系的情况，因此机械的因果关系也就是所有因果关系中最好理解的那一种。由此在上一世纪就产生了一个错误的企图，这种企图在法国至今仍保持着，近来在德国也开始了，那就是将所有其他的因果关系都归于机械的因果关系，并将一切物理的、化学的现象都用机械的原因来加以解释，而又用物理的和化学的原因来解释生命过程。撞击的物体推动静止的物体，传递了多少运动，就失去了多少运动。我们在这里看到了原因转化为效果，二者是完全平衡的，是可以通约的，并且是可以感觉到的。实际上，所有纯机械的效果都是如此。但是，我们也将发现，随着我们的眼光往上升，如果我们在每一层上都考察一下因果间的关系，那么这种情况就越来越少了，相反的倒是出现了上面说过的那种情况。例如，热是原因及其不同的效果（如膨胀、炽热、熔化、蒸发、燃烧、热电气等）之间的关系，或者蒸发是原因和冷却或结晶是效果之间的关系，或者摩擦玻璃是原因和发电及其罕见现象是效果之间的关系，或者金属板的慢性氧化是原因和产生的电及其所有电的、化学的、磁的现象是效果之间的关系，等等。因此，原因与效果越来越分离，变成越来越不一致了，它们的关系变得越发不可理解了，效果似乎比原因能供给它的包容得更多了，因为原因的物质性和可把握性变得越来越少了。当我们转向有机物时，这种情况就显得越发明显。在这些物体身上，单纯的刺激，一部分是外在的，如光、热、空气、土地、饮食等的刺激，一部分是内在的，如体液和各部分之间的刺激，这些都是原因，它们的效果就是生命，极其错综复杂，种类无数，显现为动物世界和植物世界的各种各样的形态。[①]

但是，现在随着原因与效果之间的关系出现的越来越多的差异，由这种关系规定的必然性是否也在减少呢？一点也没有。就像滚动的球必然使静止的球滚动一样，莱顿瓶用另一只手触及时也必然会放电，砒霜也必然会毒死每一条生命，在干燥地带保存的种子经过千余年也必然没有什么变化，一旦把它放到适宜的土壤里，施以空气、阳光、温度、湿度的影响，就必然会发芽，生

---

① 对原因和效果的这种差异的详细论述，可参看《自然界中的意志》中的"天文学"部分。

长成为植物。原因越复杂，效果就越不一样，但是发生的必然性却丝毫不减。

在植物的生命和动物的植物性生命方面，刺激和由它引起的有机作用虽然在各方面都极其不同，二者是明显地区分开来的，然而它们还没有真正分开，它们之间还不得不存在一种联系，尽管这种联系是十分细微和看不见的。完全的分开首先出现在动物性的生命方面，其动作是由动机引起的，那迄今还和效果一直有着物质关系的原因，这时就完全和效果分开了，具有完全不同的性质。首先它是一种非物质的东西，是一种纯粹的表象，因此在引起动物运动的动机中就具有原因和效果之间的那种差异，二者的相互分离，二者的不一致，原因的非物质性，以及原因包容的效果好像太少，等等，这一切都达到了最高的程度。如果我们对这种因果关系也像对其他的因果关系一样，只从外部去认识，那么这种关系的不能把握性也就绝对化了。但是，在这里有一种完全不同的认识，一种内在的认识，来补充这种外部的认识。在这里根据已经出现的原因，作为效果而发生的过程，我们也是知道的，我们用一个确定的概念"意志"来指称这个过程。当然，我们也要说，在这里就像在上面提到的刺激一样，因果关系的必然性并没有丧失，只要我们把它看作因果关系，并且用这种对我们的知性来说是根本性的形式来思维的话。此外，我们还发现，动机作用和上面论述的因果关系的另外两种形态极其相似，它只是这些形态逐渐演化而达到的最高阶段罢了。在动物生命的最低阶段，动机与刺激还很近似，像植虫、放射虫类、软体动物中的无头类，只具有一种微弱的意识的曙光，其程度只达到了为了如下目的而必需的程度，那就是感知食品或掠夺品，并将它们拽到自己一边来，以及当有食品和掠夺品时，将自己移向有利的位置。因此，在这种低级阶段，动机的效果就像刺激的效果一样，对于我们是那么的明显、直接、决定性和无异议。小的昆虫会被光亮引进火焰中去，苍蝇泰然地坐在正贪婪地盯着自己同类的蜥蜴的头上，这时，谁会梦想自由呢？在比较高级、聪明的动物身上，动机的效果变得越来越间接，动机和动机引起的行动的分离较为明显，以致人们甚至可以用动机与行动之间距离上的差别用来衡量动物智力的高低。在人那儿，这种差别变得不可量度。相反，在最聪明的动物那里，成为它们行为的动机的表象，也始终是一种直观的表象，即使在它们那儿已有选择的可能，也只能是在直观的当前物之间进行。一只公狗在它主人的呼唤和一只母狗的注视之间犹豫不决，较强的动机将决定它的动作，然后它就像一种机械的效果一样必然地发生了。如果我们观察一个因这种效果而失去了平衡的物体，在一段时间内，它交替地向这一边和那一边晃动，直到做出决定，把重心放在哪一边，这时，它就投向那一边。只要动机作用还只局限于直观的表象，它同刺激和一般的原因之间的近似性，还会由于下述情况而变得一目了然。那就是作为动因的动机必须是一个实在的东西，一个当前的东西，甚至必须经过光、声、味，尽管是十分间接的，然而却是有形地作用于感官。此外，这时原因就像效果一样，如此明显地存在于观察者的前面：他看到动机出现了，动物的行为也毫不迟延地发生了，只要这时没有另外一个同样醒目的动机或动物训练在起作用。想要怀疑这两者的关系是不可能的，因此也没有人想到，要把一种"无限制的意志自由"，即一种不是由原因决定的行为加到动物的身上。

但如果现在意识是一种理性的意识，因此是一种长于非直观的认识，即长于概念和思想的意识时，那么动机就会完全不依附于当前，不依附于真实的环境，并因此对于观察者来说是隐秘的。因为它们现在是纯粹的思想，它们萦绕在人的脑海之中，然而它们却形成于人脑之外，甚至还往往远离于人脑，也就是说，有时形成于过去年代的自身的经验，有时是通过语言文字从外面流传来的，甚至来自远古。由于它们是这样产生的，所以其渊源也总是真实的和客观的。虽然由于复杂的外部环境的复杂的组合，动机中往往含有许多错谬；或者由于是流传而来的，动机中含有许多错觉；结果也就会含有许多愚昧。此外，人常常在别人面前掩盖其行为的动机，有时甚至对自己也是如此，即在他害怕认识到究竟是什么使他干这干那的时候。与此同时，人们看到了他的行为，就想通过猜测来探索他的动机。这时，人们就像假定看到的无机体每次运动的原因一样，坚定不移地假定这些动机，并且确信，此者和彼者一样，没有原因是不可能的。与此相应的，人们也反过来，在考察自己的计划和行动时，肯定要考虑到动机对人的效果，就像人们肯定要计算机械设备的机械效果，两者是完全一样的——如果人们对在这里行为的人的个体的性格，就像对设备钢梁的长度和厚薄、轮子的直径和货物的重量等一样，有着十分清楚的了解的话。每个人都遵循这种假定，只要他把目光投向外界，只要他同他人有往来并追求实践的目的，因为人的知性是被这些目的所规定的。但如果他企图从理论上和哲学上来评价一件事情，而恰恰地的智力实际上并不是为此而被规定的，或者他把他自己作为评价的对象，那么他就会被抽象的、由纯思想产生的动机的（因为它们并不受当前和环境的束缚，而且只能在作为反动机的纯思想中重又找到它们的障碍本身）、刚才描述过的非物质性质引入深深的迷误之中，以致他会怀疑动机的存在，怀疑其效果的必然性，并认为要做的事情同样也可以中止，没有什么原因，意志自己就可以决定自己，而每一个意志动作是由此引起的一系列无穷变化的起点。我曾充分考察了自我意识的那个陈述："我能做我想要做的。"对它的错误解释现在完全支持了上述的迷误，尤其是在许多个动机起鼓动作用和互相排斥的动机发挥作用的时候，这一陈述还要喧嚣，那就更是如此了。总而言之，这就是错误借以产生的那种自然的错觉的根源。在我们的自我意识中，似乎确有这样一种意义上的意志自由，这时意志能够违反所有纯粹知性的和自然的规律，是一种无充分理由的自我决定的东西，在既定的情况下，在同一个人的身上，它的决心既可以是这样的，也可以是相反的。

为了专门和最清晰地阐明这种对于我们的论题是如此重要的谬误的形成，并以此补充对自我意识所进行的研讨，我们想假定有这样一个人，他站在胡同里对自己说："现在是晚上 6 点钟，白天的工作已经结束。现在我可以散一会儿步；或者我可以到俱乐部去；我也可以登上塔楼，观看太阳落山；我也可以到剧场去；我也可以去拜访这一个或那一个朋友；甚至于我还可以跑出城门，到广阔的世界里去，永不回来。这一切都取决于我，我有着充分的自由；我也可以什么都不做，自由自在地回家去，回到我太太的身边。"这就仿佛水在说话一样："我能掀起巨浪（是的！是在海洋起风暴时）；我能急速地往下流（是的！是在河床之中）；我能泡沫飞翻地冲下去（是的！是在瀑布之中）；我能自己像光线一样射进空气之中（是的！是在喷水池中）；最后，我甚至能被煮干和消失（是的！是在热到 80° C 的时候）。然而这一切我都不干，我依然自由自在地、安静地、清澈地留在如镜的水池中。"就像水只有在决定做这个或做那个的原因出现时，它才能做上面的那一切一样，那个人同样除了做在同样条件下的事情外，不能做别的。在原因出现以前，他要做什么是不可能的；但是一旦出现以后，他就必须去做。这和水一旦被置于相应的情况下就必须做什么是完全一样的。他的谬误和一般由于对自我意识的错误解释而产生的迷茫，即"他能同时做那一件"的错误想法，如果我们仔细考察一下，是建立在下面这样一种情况之上的，那就是在当时他只能幻想一个图像，在这一瞬间，这个图像把其他一切都排斥了。现在，如果他设想一种造成那样一种被建议为可能的行为的动机的话，那他马上就会感觉到这一动机对他的意志的作用，意志因此而受到了请求，用世界语来说就是 Velleitas（意志冲动，德文为 Willensregung）。但是他却以为，或许他能将这种意志冲动提高为 Voluntas（意志行为，德文为 Willenshandlung），就是说，他或许可以实行被建议的行为，这就是一种谬误。因为紧接着他马上就会想起那些引向别的方面的甚至是相反方面的动机，他将看到，原先的那个动机不会成为事实，就会有对各种互相排斥的动机的连续不断的想象，内心还不断地想着"我能做我想要的"。这时，意志就像一个装在一根漆得很好的木杆上的迎风招展的风向标一样，立即转向想象力使他想到的任何一个动机上去了，不断地转向所有可能出现的动机上去了，而在每个动机面前，他都会想到，他能想要这一个，也就是说能将风向标固定在这一点上，而这纯粹是一种谬误。因为他的"我能想要这一个"实际上是一种假设，并且还有一句副句伴随着："如果我不爱要别的话"，但这句副句却把那个"能想"扬弃了。让我们回到前面举过的在晚上6点钟思考的那个人那儿去，并设想，现在他觉察到了，我站在他的身后，对他做哲学上的研究，并否定了他对所有那些他可能的行为拥有的自由。这时很容易发生这样的情况：为了反驳我，他会去做其中的一项，但这样一来，恰恰是我的"否定"及其对他的反抗精神的作用成了强迫他去这样做的动机。然而这一动机只会使他去做上面提到过的那些行动中的这一项或那一项不太费力的行动，例如到剧院去，而绝不会去做最后提到的那一项，即到广阔的世界去，这一动机对于这件事来说是太弱了。有些人会同样错误地以为，如果他手里握着一支上了子弹的手枪，他也会用它来杀死自己。要做到这一点，那种机械的实施手段是最无关紧要的，主要的是要有一个绝对强烈的、因此是罕见的动机，它有着巨大的力量，它必须有这种克服生之乐，或者更正确些说，是克服死之惧的力量。只有在这样的动机出现之后，他才会真正自杀，而且一定会自杀，除非有一个更强烈的反动机（如果这样一个动机是可能的话）来阻止他这样做。

（三）在他物意识面前的意志（2）

我能做我想要做的：如果我想要时，我就能把我所有的一切都施与穷人，自己因此也变成了一个穷人。如果我想要！但是我不能这样想：因为相反的动机对我的压力大大地高于我所能的。相反，如果我有着另一种性格，而且达到这样一种程度：我是一个圣人，那我就可能那样想，然而尽管我不能那样想，我也必然那样去做。所有这一切完全包含了自我意识的"我能做我想要的"，直至今天还有些没有思想的假哲学家错误地以为这里面就有着意志自由，并因此把它看作意识的一种既定的事实。其中最突出的是柯辛（Cousin）先生，因此在这里有必要讲一下。他在他的《哲学史讲演录》中认为，意志自由是意识中最可信赖的事实，并且指责康德只从道德法则上来证明意志自由，和把它作为一种先决条件提出来，理由是它确实是一种事实。柯辛问道："如果是确定无疑的话，为什么还要加以证明呢？"并说："自由是一种事实，而不是一种信仰。"同时，在德国也不乏无知之徒。他们把两千多年来大思想家们的有关论述都当做耳旁风，而坚持本书前一节分析过的，被他们像被许多人一样错误理解的自我意识的事实，把意志自由当做既定的事实而加以赞赏。也许我对他们有些不公道，因为也许他们并不像他们表现出来的那样无知，而纯粹是饿慌了，为了一块干面包，讲授那些能使高高在上的内阁大臣们满意的东西。

一个台球，在没有受到撞击之前，在台上很少能动一动；同样，一个人在没有一个动机去拉他或推他之前，也很少会从椅子上站起来，但一旦动机出现，他就必不可免地会站起来，就像台球在受到撞击后会旋转一样，这绝非隐喻，也非夸张，而是千真万确的真理。如果希望一个人做一件他完全不感兴趣的事，那就

二
论意志

等于希望一块木头，没有一根绳子拉它，就会自己走到你面前来一样。还有种类似的情况，有人在一个社交场合，碰到了激烈的冲突，这时如果有一个第三者突然严厉地冲着他叫了一声："房梁倒了！"他立刻就会从冲突中脱身。这一声叫喊会使冲突双方想到，一个动机是如此的强大有力，就像一种无法抗拒的机械原因一样，能把人从家扔出去。

因为人和一切经验的对象一样，是时空中的一种现象，而因果律对于所有这些现象都是先天的，因而是毫无例外地适用的，因此人也必须服从这一规律。纯粹的知性先天地就是这样说的，由整个大自然进行的类比也是这样证明的，经验也随时是这样说明的，如果人们不被假象迷惑的话。这种假象是这样发生的：由于自然物不断地升级而变得越来越复杂，它们的感受性也从纯机械的提高和精细为化学的、电的、刺激的、感性的、知性的，最后是理性的，因此起作用的原因的性质也必须随之发生同步的变化，并在每一个阶段上以合于应该受到影响的自然物的方式表现出来。这样一来，原因的可感受性与物质也因此表现得越来越少了，以致最后眼睛都看不到了，但是知性还能达到它们。在个别的情况下，知性是坚信不疑地假定它们，并在做适当的研究时揭示它们。因为在这里起作用的原因上升为纯粹的思想，它们同其他思想做斗争，直至最强大的思想发挥了决定性的作用并使人采取行动。这一切是在极严格的因果关系中进行的，就像纯机械的原因在复杂的相互关系中互相起着相反的作用，和预定的结果肯定会出现一样。在玻璃管中向各个方向旋转跳跃的、带电的软木球由于其原因是看不见的，也就会和人的动作一样，使人觉得似乎是没有原因而造成这样的、但是判断不是靠眼睛，而是靠知性。

在假定意志自由的情况下，人的任何行为都是一个不可解释的奇迹，一个没有原因的效果。如果有人胆敢把这样一种无限制的意志自由提出来，那么他马上就会明白，知性本来对此是无能为力的，它没有思维这种东西的形式。因为理由律，即现象的普遍规定和相互依存的原则，是我们的认识能力的最一般形式，这一形式按照认识能力的对象的不同，自身也具有不同的形态。但在这里，我们应该设想某物，它规定但并不被规定，它不依附于他物但他物却依附于它，现在，它不用强迫，也就是没有原因就作用于 A，同样它也能作用于 B，或 C，或 D，这就是，现在 A 并不包含什么东西，使它拥有先于 B、C、D 的优先权（因为这个优先权就是动机作用，即因果关系）。这里，我们就又被拉回到了一开始时作为问题提出来的绝对的偶然这一概念上了。我想重复说一下：对此知性本来就是无能为力的，如果人们只能求助于它的话。

但是，现在我们也想一想，原因究竟是什么？它是先行的变化，是使继起的变化成为必然。在世界上，决没有任何一个原因可以完完全全地产生它的效果，或从"无"中产生出效果来。我们不如说，每一次总有某物存在着，原因作用于它，而且只在此时此地，和在这个确定的物体身上引起一种变化，这种变化总是符合物体的本质，因此，造成这种变化的力量必定已存在于这一物体之中。因此，每一种效果都来自两个因素，一个内在的和一个外在的，即受作用物体原来的力量和决定性的原因，后者迫使前者在这时这里表现出来。原来的力量从决定性的原因中来设定各种因果关系和各种解释，因此原因从来也不能解释一切，而总要留下一些解释不清的东西来。这种情况，我们可以在全部物理学和化学中看到。在它们的解释中，总要假设有自然力，自然力表现在现象中，全部的解释都要追溯到它们那儿。自然力本身并不服从任何解释，但却是所有解释的原则。同样的，自然力本身也不服从任何一种因果关系，而又恰恰是那赋予每一种原因的因果性，即起作用的能力的东西。自然力本身是所有这种效果的共同的基础，而且表现在每一个效果之中。因此磁现象要归溯于一种原来的力量，即所谓的电。关于这一点，解释却沉默不语，它只指出那些条件，在这些条件下，有那样一种力量，即引起它的效果的原因显现出来。天体力学的解释假定万有引力是决定天体运动的各种原因借以起作用的力量。化学的解释假设有秘密的力量，它们按化学计算的一定比例表现为亲和力，所有的效果最终都是以它们为基础的，而效果是由人们指出的原因所引起并准时出现的。同样，生理学的所有解释则假设有生命力，它必定对特殊的、内在的与外在的刺激做出反应。情况到处都是这样。就连很容易了解的力学所研究的原因，如撞击和压力，也都是以不可穿透性、凝聚性、坚固性、硬性、惰性、重力、弹性为前提的，它们和上面提到的那些力一样都是神秘莫测的自然力。因此原因到处所决定的，无非是原来的无法解释的力在何时何地表现出来，仅在假定有这些力量的情况下，原因才成为原因，就是说，它们必定会造成一定的效果。

这就是狭义的原因和刺激的情况，动机的情况也相差无几。由于动机作用和因果性并无什么根本的不同，而只是因果性中的一种，即是通过认识的媒介的因果性。因此在这一方面，原因也只是造成一种不能深究到原因、因此不能进一步说明的力量表现出来。这种力量，在这里就叫做意志。但是我们对这种力量不像对别的自然力一样，仅仅是从外部去认识，而是依靠自我意识，也从内部直接地加以认识。以意志为目标的原因，在这里被称做动机，只有在如下的假设下才起作用：这样一种意志是存在的，并各具一定的特征。意志的这种专门、各自不同的特性，使得相同的动机在每一个人身上的反应都不一样，这种特性构成了我们所称的性格，而由于性格不是先天的，而是只能通过经验去认识的，因此又被称作验知的性格（Emperischer Charakter）。不同的动机对一定的人的作用方式首先是由性格决定的。就像普遍的自然力是由狭义的原因引起的效果的基础，和生命力是刺激的效果的基础一样，性格也是由动机引起的一切效果的基础。它和自然力一样，也是原初的、不变的和不可说明的。在动物那儿，每一种属的性格各不相同；在人那儿，每一个人的性格都不相同。只是在最高级的、最聪明的动物那儿，尽管种属性格占绝对的优势，但却已表现出一种个体性格。

第一，人的性格是个体的，它在每个人身上都不同。虽然种属性格是所有人性格的基础，因此基本特点在每一个人身上重复出现，但在一定程度上有明显的差别，在特点的结合和变化上有差别，以致人们可以做这样的假设：性格的道德差别和智力的差别是相似的，这有点言过其实，但这两种差别肯定要比巨人与侏儒、阿波罗（Hpollo）与忒耳西忒斯（Thersites）① 之间躯体上的

---

① 忒耳西忒斯，希腊军的一个普通士兵。荷马在《伊利亚特》中将他描写成饶舌、凶狠、丑陋、可笑的人物。近代文学中仍保留了他的这种形象，把他比喻为粗鲁、凶恶、乖僻的人。

差别要大。因此同一个动机对不同的人的作用是完全不同的，正如日光使蜡变白但使氯化银变黑、热使蜡变软但使陶土变硬一样。因此，我们不能只根据对动机的认识来预言行为，而必须对性格也有深刻的认识。

第二，人的性格是验知的。人只能从经验中去认识它，不但对他人是如此，对自己也是如此。因此，如果人们发现，他们所具有的这一种或那一种特点，如公正、无私、勇敢等并没有达到他们最善意地设想的程度，这时，他们常常会像对别人一样，对自己也感到失望。因此在面临困难的选择时，我们自己的决定也像别人的决定一样，是一个秘密。我们时而觉得应该做这样的选择，时而又会觉得应该做那样的选择，而这都依据是这个动机还是那个动机更靠近认识的意志，并试着向它施加压力。这里，"我能做我想要的"这一陈述就会造成一种意志自由的假象。最后总是较强的动机使自己的力量对意志产生了作用，而做出的选择也常常会和我们当初的猜想有所不同。因此最后也没有一个人会知道，在还没有处于某种特定环境中时，别人和他自己会如何行动。只有在经过试验以后，他才能对别人以及他自己有把握，然后他才能说，经过考验的朋友、试用过的仆人是可靠的。一般地讲，我们对待一个熟悉的人，就像对待任何一种我们已经知晓其特点的事物一样，并且能够预知从他那儿将能得到什么和不能得到什么。谁曾经干过什么，在同样情况下就会再干一次，而不论好坏。因此，需要大的、特殊帮助的人，就会求助于经过考验证明是品德高尚的人；而想雇一个杀手的人，就会在那些手上沾了血迹的人中去寻觅。根据希罗多德（Herodot）的记载，西拉古地方的盖罗不得不把一大笔钱完全托付给一个人,这个人应该在不受任何监督的情况下,把这笔钱带到外国去。在卡德茂证明自己具有罕见的、甚至是闻所未闻的诚实和负责的品格后,被选中完成这一任务。他的可靠得到了充分的证明。同样,只有从经验中,以及当时机来临的时候,我们才能认识我们自己,而信任和不信任就是建立在这种认识的基础之上的。随着对自己的认识,我们对自己是满意还是不满意,也要根据我们在某种情况下是否表现得深思熟虑、忠实可靠、守口如瓶、细致入微以及这种情况可能要求的品格而定的。只有对自己的验知的性格具有充分认识,才能拥有我们称之为修养的性格(crworbenerCharakB ter)。具有这种性格的人,对自己的特点,无论好的还是坏的,都会有深刻的认识,并且知道,他可以相信和要求自己做什么和不做什么。他扮演自己的角色。在此之前,他只能扮演一种自然主义的性格(naturalB isirterCharakter),即根据本性来扮演,而现在则可巧妙地、有计划地、坚定不移地、从容不迫地去扮演,而不会像从前那样,就像人们说的那样任性了。任性始终表明,一个人在某种场合下,对自己也曾错看过。

第三,人的性格是不变的,人们的一生始终是同一种性格。同一个真实的人,就像螃蟹藏在它的壳中一样,藏在他的年龄、他的状况、他的知识和观点变化着的壳中,却始终是同一个人。他的性格只在方针和材料方面经受着一种表面的变化,这种变化是年龄及其需要的不同造成的。人绝不改变自身:他在某种情况下是怎么做的,在完全相同的情况下(即使对这些情况有正确的认识),他也会始终重新这样做。人们可以从日常的经验中获得这一真理的证明。但是这方面最令人吃惊的证明则是，人们在重新见到一个 20 甚至 30 年前的熟人，能即刻认出他还是老样子。尽管有些人嘴上否认这一真理，然而他自己则是以此为行动前提的。因为他绝不会重新相信一个他认为不忠实的人，但他却会相信那个从前证明是忠实的人。所有对人的认识和对经过考验的、守信用的人的坚信不疑，全是以这一真理为基础的。即使这种信任有一次欺骗了我们时，我们也绝不会说"他的性格变了"，而会说"我对他的认识错了"。如果我们想要评判某种行为的道德价值的话，那么根据这一真理，我们首先要弄清楚这一行为的动机，然后才加以褒贬，但是我们的褒贬并不针对动机，而是针对性格，针对由这样一个动机决定的性格，性格乃是这一行为的第二个，而且是只有人才具有的因素。根据这同一个真理，真的荣誉（并非骑士的或笨蛋的荣誉）一旦丧失，就绝难重新建立，而唯一的一次不光彩行为的污点却永远也抹不去，就像人们所说的那样，给他打上了烙印。所以就有这样的谚语："偷过一次，永远是贼。"根据这一真理，在重大的国务活动方面，也会发生希望有敌方的人背叛，因此就寻找叛徒、利用叛徒和褒奖叛徒的事，然后在目的达到后，又会明智地抛弃这样的人，因为情况会发生变化，而他的性格是不会变的。根据这同一个真理，一个戏剧作家最大的错误就是，他不能保持他的人物的性格，也就是说，他不能像大作家们那样，用一种自然力的稳定性与严格的首尾一致性来描写他的人物的性格，就像我用莎士比亚的例子详细证明的那样。[①] 是的，连良心的可能性也是建立在这同一真理之上的，

---

① 见拙著《附录与补充》。

虽然这种良心总是使我们在晚年时才指责我们青年时的恶行。例如，J.J. 卢梭（Rousseau）是在 40 年后才忏悔他控告使女玛利安偷窃一事，实际是他自己偷窃却诬陷她的。这种情况只有在下述条件下才有可能，那就是性格一成不变，因为如果不是这样的话，我们在晚年就不会对年轻时最荒唐的错误、最粗野的无知、最惊人的愚蠢感到惭愧，因为情况已经变了，这些事情是认识上的事情，我们已摆脱它们了，早已像扔我们年轻时的服装一样把它们扔掉了。根据同一真理，一个人即使在认识最清楚的时候，或者说在对自己的道德错误与罪行表示憎恶的时候，甚至在最真诚地决心改正的时候，实际上也不会改过，而是会不顾最坚定的决心和真诚的许诺，一有新的机会，又故态复萌。对此，连他自己也会感到奇怪。能改正的只有他的认识，因此他会这样想，他以前用过的这一种或那一种手段并没有使他达到目的，或者是弊多利少，然后他就去改变他的手段，而不是去改变他的目的。美国的忏悔制（Dasameri·kanische·Ponitentiarsystem）就是以此为基础的。它并不是要改良人的性格、人的心，而是要改正人的头脑，要向他指出，他因为自己的性格而刻意追求的目的，沿着迄今所走的不正当道路的话，只能比走真诚、劳动和满足的道路更难达到，而且要付出更多的艰辛、遇到更大的风险。一般来讲，只有各种改良和自新的范围与领域才寓于认识之中。性格是不变的，动机是必然要起作用的，但是动机一定要通过认识才起作用，而且是在认识作为动机的媒介时才起作用。但是，认识可以最广泛地扩大范围，可以不断地无休止地矫正，一切教育都是为此而进行的。通过各种知识和观点来培养理性，在道德上是很重要的，因为这种培养（没有它，人对动机将是封闭的）为动机打开了大门。当人还不能理解这种培养时，动机就不为他的意志而存在。因此，在外部情况相同时，一个人第二次做某事时的状态实际上会和第一次时的状态完全不同，也就是说，他只有在两次情况之间才能够正确全面地把握那些情况，动机因此在这时才对他起作用。在这之前，他并不接受它们。也就是在这种意义上，经院派哲学家所说的"目的因并不是按照它真正的本质，而是按照它被认识的本质在起作用"，① 这句话才是十分正确的。但是没有一种道德的作用能进一步扩大认识改正的程度，想用言辞和说教使一个人抛弃性格上的缺点，乃至改变他的性格本身，并改变他固有的德性，这种想法和想通过外物的作用使铅变成黄金、想通过精心栽培使橡树结出杏的计划如出一辙。

我们发现，性格不变说早已被阿普莱乌斯（Apulejus）② 当做一种不容置疑的信念提出来了。他在《论魔法》（Oratiopde magia）中，为了反对对魔法的指斥而诉诸他那有名的性格，并说道："有一个可靠的证明寓于每一个人的性格之中，从本性来讲，始终能以同样的方式从善或从恶，对于罪行的实行与否，性格提供了可靠的根据。"

---

① 苏亚雷斯（1548—1617），系西班牙神学哲学家。见《形而上学的争论》第 23 篇 第 7-8 节（Suarez, Francisco, Disputationesmetaphysicae, disp. Ⅲ, sect. 7und8 ）。

② 阿普莱乌斯（Apulcjus, Lucius, 125— 约 180），罗马作家、哲学家，新柏拉图主义者，著有《变形记》（Metamorphosen，又名《黄金驴》、DergoleneEsel 等）。

第四，个人的性格是天赋的。它不是艺术品或是偶然情况下的作品，而是本性自身的作品。它在儿童时代就已表现出来，并在小的时候表明将来变成大人时会是什么样子。因此，两个孩子，在完全相同的教育和环境之中，会十分清楚地表现出完全不同的性格。他们到老都将是这样的性格。就其基本特征而言，性格甚至是继承来的，但只承自父亲，而智慧则相反，是承自母亲。

从对个人性格的本质这一论述中，我们当然会得出这样的结论：德行与罪恶乃是天赋的。这一真理也许并不符合某些偏见和某些"妇女哲学"及其所谓的实际利益，也就是它们的那些狭隘的概念和有限的小学生观念，但却早已是道德之父苏格拉底的信念。根据亚里士多德的说法，苏格拉底（Sokrates）主张"善恶并不在于我们"。① 亚里士多德反对这一点，只能说他自己的记性太差，因为他本人也有着和苏格拉底一样的看法。他在《尼各马可伦理学》第 6 卷中十分清楚地表达了相同的意见："对所有的人来说，个别的性格特征看来都是本性早已固有的，因为正直、适度和勇敢以及其他德性与我们是与生俱来的。"如果我们看一看亚里士多德在《论善恶》（*Deviktutibusetvitiis*）一书中概列的所有德性和罪过的话，那么我们就会发现，所有这些德性和罪过在真正的人的身上只能设想为天赋的特性，而且只有作为这样的特性，它们才是真的。反之，它们如果是来自反思，如果可以随意设定的话，那么实际上就会是某种虚假的东西，就会是不真的，因此就会无法继续存在下去，在紧急情况下也不可能经受住考验。即使我们把亚里士多德和所有先人都没有谈到过的基督教的爱的德

① 见亚里士多德《大伦理学》。

性，即博爱也加到这些德性中去的话，情况也不会有什么两样。一个人不倦地向善，和另一个人不思改悔地、根深蒂固地作恶，一方面是安敦尼（Antonius）、哈德良（Hadrian）、提图斯（Titus）的性格，另一方面是卡里古拉（Kaligula）、尼禄（Nero）、图密喜（Domitian）的性格，[①] 它们竟是从天外飞来，竟是偶然情况，或纯粹是认识和教养的作品？恰恰是尼禄会以塞涅卡（Seneca）为师？这一切毋宁说是由于天赋的性格，这一整个人的真正核心，他的全部善恶的萌芽。不抱偏见的人自然而然就会有的这一信念也引导着弗来伊乌斯·帕特库鲁斯（Vellejus Paterkulus）的笔，在论到伽图（Kato）[②] 时写下如下这样的话："一个和德行结为兄弟的人，因为天性，在各方面都更近于神，而不是人。一个从来不务正业的人，为了让人把他看作一位正人君子也会这样做，但不是因为别的，而是因为他不得不这样做。"[③]

---

① 安敦尼（138—161）、哈德良（76—138）、提图斯（39—81），三人均为罗马皇帝，都曾修筑防御工事；卡里古拉（12—41）、尼禄（37—68）、图密喜（51—96），三人均为罗马暴君。塞涅卡（前4—65），罗马诗人和斯多噶派哲学家，曾任尼禄之师，后被赐死。

② 弗来伊乌斯·帕特库鲁斯，罗马公元1世纪初的历史学家，著有《罗马简史》（记载截至公元30年）。伽图（Kato，MarcasPorcius，公元前95—公元46年），罗马监察官伽图的曾孙，保守的元老院贵族党领袖，后在为保存共和国的战争中自杀殉国。

③ 这段话后来慢慢地成了宿命论者武库中的一件常规兵器。这种荣耀肯定是毕达哥拉斯这位1800年前优秀的老历史学家做梦也没有得到的。它先是受到霍布斯（Hobbes）的称赞，后来是普利斯特里（Pristley），再后又谢林在他的论自由的文章中引用了这段话，但为了自己的目的，译文有错谬。因此他并没有提到弗来伊乌斯·帕特库鲁斯的名字，而是聪明地、显得很尊重地说是"一个老者"。最后，我也不得不引用这段话，因为这段话确实符合实际。

反之，德行与罪过，或者一般来说，这样的事实，即两个受过相同教育的人，在完全相同的情况和诱因之下，却做出了完全不同的、甚至相反的事情，其根源究竟是什么？在假设有那种意志自由的情况下，是完全无法考察的。性格的事实上的、原初的基本差异与这样一种意志自由的假设是不吻合的。这种意志自由假设每一个人在任何情况下都应该同时有可能做出相反的事情来。因为这时，他生来性格就必须像一张白纸，就像洛克（Locke）所说的知性那样，不能天生就具有一种向这一方面或另一方面的倾向，因为这样一种倾向恰恰有可能会将人们就"无限制的意志自由"所构想的那种完满的平衡抛弃。因此在那种假设下，不同的人有不同行为方式的原因就不可能是由于主观的原因，但也更不可能是由于客观的原因。因为如果是由于客观的话，那么决定行为的就会是客体，那么所要求的自由就会丧失殆尽。这时剩下的唯一出路就是，将行为方式那种事实上的巨大差别的根源挪到主客体之间去，也就是使它们依据客观事物如何被主观把握，即如何被不同的人所认识的不同方式而产生。但这样一来，一切都要归结于对当前情况的正确或错误的认识。这样一来，行为方式的道德差别就会变成单纯的判断正确与否的差别，道德就变成逻辑。现在，如果自由意志的追随者最后还企图摆脱那种不幸的进退维谷的话，他们就不得不说，虽然并没有天赋的性格差别，但根据外部情况、印象、经验、例子、教训等也可以产生一种类似的差别。而性格一旦以这样的方式形成了以后，人们就可以用它解释行为的差别了。对此，我不得不说：第一，根据这种说法，性格将很晚才建立起来（而实际上早在孩提时代就可以看出性格来了），大多数人将在他们获得一种性格以前就已死去了。但是，第二，所有那些造成性格的外部情况就会完全不在我们的辖区之内，就会是偶然产生的（或者如果人们愿意的话，是由天意造成的），以及是以其他什么方式产生的。因此，这时如果性格是由这些东西产生的，并因而又产生了行为的差别，那么对行为应负的一切道德责任就完全被取消了，因为很显然，它最终是偶然或天意的作品。因此，这样一来，我们就可以看到，在自由意志的假设下，行为方式差别的根源以及道德或罪恶和责任的根源就成了虚无缥缈之物，就找不到任何立足之地。但结果就是，那种假设虽然乍看起来很合无知者的口味，但从根本上来说，不但和我们的道德信念相悖，而且如同已充分指出的那样，也是和我们知性的最高原则相矛盾的。

就像我在前面详细论述过的，动机，如同一般的原因，都是必然要起作用的，但其必然性并不是没有前提条件的。现在，我们已认识了它的前提条件，它借以立足的基础，那就是天赋的、个体的性格。在无机界，每一种效果都是两个因素（即在无机界中表现出来的普遍的自然力和造成这种表现的个别的原因）的必然产物，而人的每一个行为也是他的性格和出现了的动机的必然产物。如果已经有了这二者，那么行为就会必不可免地随之产生。如果产生另一种行为，那就必须或者有一个不同的动机，或者有一个不同的性格。如果不是因为性格是很难探测到的，如果不是因为动机常常是很隐秘的，而且总是受到人的思想范围内的、他人无法接近的其他动机的反作用的干扰的话，那么人的任何行为肯定都是可以预知的，甚至是可以测算出来的。人所刻意追求的目标已经由其天赋的性格决定了，他为此而采用的手段则是由外部情况和他对此的把握所决定，而把握的正确与否又系于他的智力及营养。到了这时，他的个别的行为，以及他将在世界上起的全部作用才作为最后的结果从这一切中产生出来。我在这里论述的关于个体性格的学说的结论，人们也可以在歌德的一段极优美的诗歌中找到，他用诗歌的形式十分正确地说道：

> "在你降生的那一天，
>
> 太阳站着受众星的礼赞；
>
> 你立即不断地成长，
>
> 循着你践世时的规律。
>
> 你必须这样做，
>
> 不得回避，
>
> 女巫这样说，
>
> 先知这样说。
>
> 时间和权力都不能粉碎，
>
> 那意气盎然的，已铸就了的形式。"①

因此，那种前提条件，是一切事物内在的本质，不论这本质只是在此事物中表现出来的普遍的自然力，还是生命力，还是意识，无论是哪一种类型的本质，总会在发生作用的原因的推动下，根据其特有的本性做出反应。经院哲学家们把世界上所有事物一无例外地都得遵从的这一法则，用这样的公式表达出来："行为源自存在。"根据这一法则，化学家们用试剂去试验人体，人

---

① 《上帝和世界，原始文学，神秘的》（GottundWelt，Vrworte，Orphisch）。

用各种考验去试探他人。在任何情况下，外部原因必然唤起的乃是潜藏在本质中的东西：因为它只能按本质上它是怎样的来做出反应。

在这里，我们必须指出，任何存在都是以本质为前提的，也就是说，每一个存在物都必须也是某物，必须具有一种确定的本质。它可以不存在，这时就确实是无，也就是如同形而上之物一样的东西，这就是说，是一存在之物，只是存在而已，而没有各种规定和特性，因此也就没有由此产生的重要的作用方式，而无存在的本质不提供一种实在（这就是康德用有名的一百塔拉的例子阐明的观点），同样，实在也不可能是一种无本质的存在。因为每一个存在物必须具有一种对它来说是根本性的、特有的本性，凭着这种本性，它才成其为它，它始终坚持这种本性，原因必然会使它表现出来。但这种本性本身绝不是那些原因的作品，而且也不会因它们而发生变化。这一切不但适用于人及其意志，而且也适用于大自然中所有其余的生物。人为了存在也具有一种本质，就是说具有恰恰是造成他的性格，和只需外界推动才显现的基本的特性。因此，如果希望一个人在相同的诱因下，这一次这样行事，下一次却完全不同地行事，那就等于是希望同一棵树在今年夏天长出樱桃来，而明年夏天却结出梨来。仔细地观察一下，意志自由就意味着一种无本质的存在，这就是说，某物是存在的，而同时确实又是无，这就又等于是说不存在，因此是一个矛盾。

对于上述看法，就像对于因果律的先天肯定的、因而是无例外地有效的一样，还必须补充一点，那就是各个时代真正深刻的思想家，虽然他们别的观点会迥然不同，但有一点却是一致的，即他们都坚持在动机出现时意志动作的必然性，都反对意志自由说。但那些没有思考能力的、赞美假相与偏见的人中的绝大多数，总是顽固地反对这一点。正因此，那些有识之士甚至把这一真理推到了极点，用最坚决的甚至是最傲慢的言辞来推广这一真理。其中最有名的要数布里丹（Briden）① 的驴子。但几百年来，人们在现存的布里丹著作中并未发现这头驴子。我手头有他的一部似乎是印于 15 世纪的《诡辩》（Sophismata），这部书既没有出版地点，也没有出版年份，也没有页码。虽然驴子作为例子几乎出现在每一页上，但我却并未找到这头驴子。拜勒（Bayle）关于布里丹的文章是所有有关布里丹文字的基础。他很不正确地认为人们只知道布里丹的一篇《诡辩》，而我却有一整部四开本的《诡辩》。拜勒十分详细地讨论了这个问题，既然如此，他就该知道那些似乎被人注意到的东西，他就该知道早在布里丹很久以前就已有了的比喻，这个比喻在某种程度上已经成了我在这里为之奋斗的伟大真理的象征和样板了。在但丁（Dante，他掌握他那个时代的全部知识，而且生在布里丹之前，他并没有说到驴子，但却谈到了人）的著作中，有这样的句子，他以这些句子作为他的《神曲·天堂篇》（Paradiso）第 4 歌的开头：

"在两种放在同等的距离，发出

同等香味的食物之间，一个人纵然自由，

也会因吃不上食物而活活饿死。" ②

其实这一点，亚里士多德也早已讲到过了。他在《论国家》

① 布里丹（前 1300—前 1350），法国哲学家，唯名论者，曾师从奥卡姆，公元前 1327 年，曾任巴黎大学校长。

② 但丁：《神曲·天堂篇》，译文参见上海译文出版社，朱维基译本。

二 论意志

第 2 卷中就说过这样的话：

"同样的则是高度饥渴者的例子，

他的饥饿感和干渴感是同样强烈的，

这时，如果他和食品与饮料的距离总是相等的话，他必会静

静地伫立着。"

布里丹的那个例子是从这些源泉中汲取来的，他只是把人改为了驴子，而这仅仅是因为，或者是用苏格拉底和柏拉图，或者是用驴子做他的例子，是这位枯燥乏味的经院派学者的习惯。

意志自由的问题实际上是一块试金石，人们可以借此来区分思想深刻的思想家与浅薄之士。这一问题也是一座界碑，这两类人就在此分道扬镳。这是因为前一类人都主张既定的性格与动机必会造成一定的行为结果，而后一类中的大多数却都主张意志自由说。也还有一类是中间派，他们感到茫然，来回徘徊，将自己和他人的目的混在一起，或躲在言辞后面，或曲解问题，直到弄得大家再也不知道问题究竟在哪里。莱布尼兹就是这样做的，他更多地是个数学家，是个饱学之士，而不是哲学家。[①] 为了使这些中间派明白问题的究竟，我们不得不这样向他们提出问题，而不是回避问题：

一、对于一个既定的人来说，在既定的情况下，是有两种行为的可能性呢，抑或只有一种呢？一切深思熟虑的人的回答是：只有一种。

---

① 莱布尼兹在这一点上的摇摆不定，最清楚地表现在他给柯斯达（Coste）的信中，见埃特曼编《哲学著作集》（*OperaphiledErdmann*），又见《神正论》第 45—53 节（Theodicee）。

二、对于一个既定的人来说，我们注意到，一方面他的性格保持不变，另一方面他受到其影响的情况，完完全全是被外部原因决定的，这些原因是必然要出现的，而且完全由同样必然的环节组成的锁链是无尽头的。他的生活经历是否在什么方面，哪怕只是最细小的方面和已经历的有所不同呢？坚定而正确的答案是：不！

从上面两点中产生的结论就是：所有发生之事从最大的到最小的，都是必然要发生的。

谁害怕这两句话，谁就必须再学习一些什么和忘掉一些什么，然后他才会认识到，它们是慰藉和恬静的最丰富源泉。我们的行为并没有第一开端，因此也就不会有什么真正新的东西存在于其中，而通过我们的所作所为，我们也只是体验到我们是什么样的人。

所有发生的事情都有其严格的必然性，对于这种信念，尽管人们认识得并不十分清楚，但却是可以感觉到的。而古人如此坚持的命运观，以及伊斯兰教的宿命论，甚至还有对预兆的一直无法根除的信仰，都是建立在这一信念之上的。这是因为连极小的偶然的事情，也是必然地要发生的，而一切事情也可以说是相互协调的，因此一切都在一切之中回响着。最后，一件事情又是和另一件事情有关联的，一个人绝非故意，而是完全偶然地伤害了或打死了另一个人，他就会一辈子为这种不幸感到痛苦，就好像欠了债似的，在别人眼里他也是个倒霉蛋，有一种丢了面子的感觉。对感受到的性格不变及其表现的必然性的信念，对基督教的神恩选择学说也并不是没有影响的。最后，我还想说一点完全是附带的看法。对于这一看法，每一个人都可以按照他自己对既定事物的想法，或加以附和，或置之不理。如果所有现象不是无区别地都是靠一条因果锁链结合在一起的，因此所有发生之事都有其严格的必然性，而是让这条锁链在无穷的点上为一种绝对的自由所打断，那么一切对未来的预知，在梦中，在能洞察一切的梦游中，在幻景中，即使是客观的结果也绝对是不可能的，因此是不可想象的。因为这样一来就不会有一种客观上真实的将来，哪怕它可能是可以被预见的，而我们现在确实只是对有关的主观条件即主观可能性不表示怀疑。而即使是这样一种疑惑，今天，在无数来自最值得信赖方面的证明确认有那种对未来的预见以后，在见多识广的人那儿，也不再有什么市场了。

对于已确立的关于一切发生之事的必然性学说，我还想补充做如下几点考察：

如果不是必然性贯穿于所有的事物并将它们组合在一起，特别是将个体的生殖辖于其下的话，那么这个世界将会是什么样子呢？一个怪物，一堆废物，一副无意义、无价值的怪相，也就确实是偶然的产物。

希望什么事情都不发生，那就等于愚蠢地在折磨自己，因为那是绝对不可能的事情，就像希望太阳会从西方升起一样是不合理性的。因为一切发生的事情，大的、小的，都是严格地必然发生的，因此再要去想引起那种事变的原因是多么渺小和多么意外，以及多么易变，那就太没有意思了，因为这是幻想，因为所有这些事变都像太阳从东方升起一样，是同样严格地必然要发生的，是以充分的权力在起作用的。对于发生的事变，我们更应该像对待我们阅读的印刷品一样。我们清楚地知道，在我们阅读它们之前，它们就已存在了。我们就应该用这样的眼光去看待这些事变。

三 论德行

（一）德行的标准

　　首先要解决这一经验的问题，即自发的公正与无我的仁爱行动，这些能够称为高尚与宽宏大量的行为，是否实际上在经验中出现。可惜，这个问题不能完全从经验上决定，因为经验恒常体会到的仅仅是行为，而行为的诱因或动机不是显然可见的。因此，这种可能性永远存在，即自私的动机在决定公正或慈善的行动中，会起一定作用。在像目前这样的理论探索中，我不会利用不可原谅的伎俩，把这问题推卸给读者的良心。但我相信，几乎不会有人对这问题抱任何怀疑，并且根据他们自己的经验，认识不到经常做出公正行为，纯粹、完全是为了防止别人因不公正而遭受痛苦。我毫不迟疑地说，我们大多数人都相信，确实有这样的人，他们公平待人的原则似乎是天生固有的，他们既不蓄意伤害任何人，也不无条件地谋取他们自己的利益，而是在考虑他们自己的过程中，也关心他们邻居的权利；有这样的人，当他们从事彼此互有责任的事情时，不只要使对方尽他的责任，而且记住他自己的责任，因为让任何和他们打交道的人受到不公正待遇，确实是违反他们的意志的。这些是真正诚实的人，是无数不公正人中极少有的公正人。这种人是存在的。同样，我认为，也应该承认，许多人乐于助人与施舍，为他人做贡献，并且克己，心中除去想帮助别人以外，毫无其他意图。当阿诺尔德·冯·温克里德（Arnold·von·Winkelried）[①] 喊道："弟兄们，忠诚我们的誓言，把它记在心头，关照我的妻子与小孩。"于是他竭尽全力用双臂紧紧夹住敌人的许多投枪。有谁能相信他有某种自私目的吗？我不能。我提醒大家注意，除非有意地和存心地玩忽事实，是不能够否认自发的公正这些情况的。显然如此，如果有人坚持不相信的确会有这种行动发生，那么，根据他的看法，道德学就会像占星术与炼丹术那样是没有任何实在对象的科学，再进一步讨论它的基础，就是浪费时间了。所以，我和这种人毫无共同之处，我只是对那些人讲话，他们承认我们正在研究的不只是一种想象的创造物。

因此，真正的道德价值只能归于上述那种行为。它的特殊标志是：它完全排除那种激起一切人类行为的另外的动机，我的意思是说各种利己的动机，这里使用"利己"这个词的最广泛的意义。因此，一个行为泄露了自私的动机，它的道德价值便降低了；如果那个行为动机赤裸裸地凸显，其道德价值则全被毁灭。所以

---

① 阿诺尔德·冯·温克里德（Arnold·von·Winkelried），瑞士民族英雄，殁于 1836 年。

没有任何自私动机就是一个有道德价值的行为的标准。无疑，有人可能反对，认为纯粹恶意与残忍的行为不是自私的。[①] 鉴于后者从种类上说，恰和现在考虑着的那些行为相反，后者显然不能是指那些行为。不过，如果坚持严格狭隘的定义的话，那么，由于这种行为的本质特征——图谋使别人痛苦，我们可以特意地不把它们包括在内。

具有真正道德价值的行为还有另一个特点，它完全是内在的，因此不太明显。我是指，它给人留下某种称之为良心赞同的自我满足；正如在另一方面，不公正与不仁慈，或者进一步说，恶意与残忍，都含有一种内心感到的自责。最后，还有一个外在的、次要的、偶然的标志，划清这两种行为之间的界线：前一种行为赢得无私的目击者的赞同与尊敬，后一种行为则招致他们的反对与蔑视。

那些带有道德价值表征的、人们决定采取并且被认可的种种行动，构成展现在我们面前的现象，对此我们必须加以解释，我们必须相应地找出来究竟是什么推动人们有这种行为。如果我们的研究成功，我们必定能使真正的道德动机显露出来；并且因为一切道德科学依赖于这一点，我们的问题即将得到解决。

（二）德行的动机

前面种种思考，为廓清问题的范围，是不能回避的、必要

① 恶意与残忍的行为是对自我的丰富的满足，所以在一定意义上是自私的。

三 论德行

的，现在我能指出潜藏在一切具有真正道德价值的行为中的真正动机了。我们将看到这一动机所独具的严肃性与不容置辩的纯真性，与迄今所有体系提出的对道德行为来源的无益分析和究微求细、诡辩、空洞无物的主张，以及先天的空有其表的东西，确实毫无共同之处。我将提出的这一动机，不是任人接受或反对的假设；我将证明，它是唯一可能的一个动机。但鉴于这个证明需要牢记几个基本事实，首先要求读者注意我们必须预设的某些命题，可以正当地把它们看作公理；最后两个命题是通过分析得出的结果。

（1）任何行动没有一个充分动机便不能发生；正如一块石头没有足够推力或拉力难以移动一样。

（2）同样，任何行动，当已知行动者的性格，一个充分动机在场时，不会中途停止；除非有一个更强有力的必然阻止这行动的相反动机出现。

（3）福与祸表示"与一个意志相一致或与一个意志相反的事物"，因此，每一动机必定与福和祸有关联。

（4）所以，每一行动都是根据一种易受祸福影响的存在物而采取的，并且以此作为行动的终极目标。

（5）这一存在物或是这行动者自身，或是另一个人，他的地位就行动而言是被动的，因为所为或对他有害，或对他有利。

（6）任何行动均以行为者自己的祸福作为行动的目标，便是自私自利的。

（7）上述关于已做出的行为的命题，同样适用于中途停止未做的行为；无论在哪种情况下，动机与相反的动机都起作用。

（8）从前一节分析可知，一个行动的利己主义和其道德价值是绝对互相排斥的。如果一个行为的动机有一自私目标，那么，根本不能给予它任何道德价值；如果一个行为具有道德价值，那么，任何自私自利的目标，无论直接的还是间接的、近的还是远的，都不可能是它的动机。

（9）我们行为的道德意义仅仅存在于对其他人产生的影响，只有它与后者的关系才是确定我们的行为有道德价值或无道德价值，并且确定它是一公正仁爱的行为还是与此相反的行为的标准。

从以上这些命题里，显然可得出下列结论：这种福与祸，作为行动的终极目标，必定是已做或未做的每件事情的基础或根据，它或是行动者自己的福与祸，或是另外某人的福与祸；对这行动来说，后者的角色是被动的。某些情况下的行为，由于它受一种自私动机驱使，必然是自私自利的。这不仅适用于这种情况，即当人们——他们几乎总是这样做——全然为他们自己的利益与好处计划他们的行为时；它同样也适用于这种情况，即当我们期望我们所做的任何事情都能够给自己带来些利益时，不论它多么遥远，不论是在今世还是来世。下面这一事实依然是自私自利的，即当我们的荣誉，我们的好名声，或者要赢得某人尊敬的愿望，旁观者的同情，等等，均是我们考虑的一个目标时；或者当我们的意图是赞成一种行为规则时（如果这一规则被普遍遵守，那么随时都会对我们自己有用），例如，公正的原则，相互救助的原则，等等。同样地，以下这种做法从根本上说也是自私自利的，即当一个人认为，服从某个不知由谁、但确系由最高权力发布的绝对命令才是一谨慎步骤时；因为在这种情况下，除害怕不服从带来不幸后果外，绝没有其他动机，尽管这些后果是能够不太清楚地想象出来的。促使我们这样做的也是不折不扣的利己主义，即我们竭力通过自己所做的某事或中途改变主意来做某事，强调我们对自己的高度评价（不论是否有清楚认识），以及对我们的价值或尊严的高度评价；因为不然就会感觉不到自我满足，伤及我们的自尊心。最后，下面这种情况仍然是利己主义在起作用，即当一个人遵照沃尔夫的原则，企图通过自己的行动奋力达到他自己的尽善尽美。简而言之，一个人可以使他所喜欢的东西成为行动的终极动机，不论路径如何迂曲，影响行为者自身实际祸福的最后手段总是这个真正的动机；所以他的所作所为是自私自利的，因此毫无道德价值。这种情况只有在这单一事例中才不会发生，即做某事或停止做某事的终极目的，明确而完全地是为了另外一个仅起被动消极作用的人之祸福；也就是说，主动一方的人，以其所为或所不为，纯粹、完全地关心另一人的祸福，并且除去设法使他的家庭不受伤害，甚至提供扶助救济使他得益以外，绝对没有其他目的时。只有这个目的才能给予已做或停止未做的事情以道德价值的特征。因此我们可以知道，道德价值特征完全依赖于个人采取或不采取某一行为，纯粹是为了另一个人的利益。如果情况并非如此，那么这一促使或阻止每一个深思熟虑的行动出现的福与祸的问题，只能和行为者自己有关系；从而行动的完成或不完成，完全是自私自利的，而且毫无道德价值。

但是如果我只是为了另外某人而做什么事的话，那么可以说，他的福与祸必定直接成为我的动机；正如通常那样，我自己的福与祸形成我的动机。这样就可以缩小我们问题的范围，现将问题陈述如下：另一个人的福与祸，怎么可能直接影响我的意志，即是说，恰恰像我自己的祸福触动它一样？对别人有利或不利的事情，实际上有时显得如此重要，它或多或少竟代替我自己的利益，而这些利益一般来说是我所欢迎的动机之唯一根源，这种事物怎么能够变成我的直接动机呢？显然，仅仅因为另一个人成为我意志的终级目标，有如平时我自身是那一目标一样；换言之，正如习惯上我为自己想要的那样，我直接地为他祈求福祉而不要祸害。可是，这必然意味着我深切体会到他的痛苦与不幸，正如大多情况下我自己所感受的痛苦与不幸，所以便急切地希望他能幸福，正如别的时候我急切地希望自己的一样。但是，为了做到这一点，我必须以种种方法同他融为一体；就是说，我自己和他之间的差距，正是我的利己主义存在的理由，必须取消，至少缩小到一定的程度。现在，因为我不能进入他的内心，只有以我对他的认识作为同他融合的方法，以求缩小甚至取消这种差距。我在这里分析的这一过程不是一个梦，不是一个缥缈的幻想；它是十分实在的，而且绝非罕见的现象。它是我们每天都可见到的同情的现象；换句话说，不以一切隐秘不明的考虑为转移，直接分担另一人的患难痛苦，遂为阻止或排除这些痛苦而给予同情支援，这是一切满足和一切幸福与快乐所依赖的最后手段。只有这种同情才是一切自发的公正和一切真诚的仁爱之真正基础，只有发端于同情的行为才有其道德价值，而源自于任何其他动机的所有行为则没有什么价值。当另一人的痛苦不幸激荡我内心的同情之感时，他的福与祸立刻牵动我心，虽然不总是达到同一程度，但我感觉就像我自己的祸福一样。因此我自己和他之间的差距便不再是绝对的了。

毫无疑问，这种作用令人惊讶，确实难以理解。事实上，它才是伦理学的真正神秘之处，它的原初现象及其界线，只有先验思辨才敢逾越一步。在这里，我们看到，自然之光（古时神学家称之为理性）彻底把存在物与存在物分开的界墙，已经坍塌，非自我和自我已在一定程度上融为一体。我准备暂时不谈对这一谜团的形而上学解释，而首先探索是否自发的公正和真正仁爱是真正从同情产生的。如果是这样的话，我们的问题就解决了，因为可以说我们已经找到道德的终极基础，并且已经证明它存在于人性自身。然而这一基础也不能成为伦理学的一个问题，但却会像其他每个终极事实本身那样，成为形而上学的一个问题。不过形而上学对这首要的伦理学现象提供的这一解答，不属于丹麦皇家科学院提出的纯属其基础问题范围的；因此我仅能提出这先验的解释作为非实质性附件列于最后，由读者自愿阅读。

但是在我转而论及这里揭示的原初动机衍生出主要德行以前，我还必须请读者注意本论题不可缺少的两点意见。

（1）为了比较容易理解，我在上文把同情简单地说成是真正道德行为的唯一的根源，有意没有考虑恶意的动机，它一方面像同情那样对自身也没有益处，但把使别人痛苦当做它的终极目的。但我们现在可以包括它，以便能够更完全而严格地陈述，证明如下：

人类行为仅有3个基本源头，并且一切可能动机都是从其中一个源头中产生的。它们是：

①利己主义：意欲自己的福利，而且是无限的。

②邪恶：意欲别人的灾祸，而且可能发展成极度残忍。

③同情：意欲别人的福利，而且可能提高到高尚与宽宏大量的程度。

每一人类行为都可归因于这些源头之一；虽然它们中的两个可能共同起作用。现在，因为我们已经假定，有道德价值的行为实际上是实在之物，所以它们必定也出自于这些源头之一。但根据前述第 8 条公理，它们不能产生于第 1 动机，更不能产生于第 2 动机；鉴于一切源于自私自利的行为在道德上没有价值，而同情的出发点本身部分地不好也不坏，因此它们的根源必定在第 3 动机，这一点将在后来凭经验确认。

（2）对另一个人的直接同情只限于他的痛苦和不幸，并不是立即由他的幸福唤起的；后者本身使我们漠然视之，不予考虑。卢梭在所著《爱弥儿》(Emile，第 4 册) 中表达同样的观点："人生的第一个格律便是：在我们的心中，不是和那些比我们更幸福的人融为一体，而是仅仅和那些比我们更不幸的人融为一体。"

这其中的道理是，痛苦或苦难，其中包括一切匮乏、贫困、需要，实施上一切意欲都是实在的、积极的，并且直接作用于意识。而满足、享受、幸福等本质，只在于消除了困苦，减轻了痛苦，它们由这里产生的效果是消极的。因此我们便可了解，为什么需要或欲望是一切享乐的条件。柏拉图很明白这一点，但把芳香气味和理智的享受排除在外。(《理想国》) 伏尔泰 (Voltaire) 说得好："没有真正的需要，就没有真正的快乐。"那么，痛苦是积极的，痛苦本身就能使人识别或体验；满足或享乐是消极的——仅仅是痛苦的排除。这一原则可以解释这一事实，只有另

三 论德行

一个人的痛苦、匮乏、危险、无助才唤起我们的同情，并且确实唤起的是同情，幸运或心满意足的人本身使我们漠然视之，不予考虑——实际上因为他的情形是消极的，他并没有痛苦、贫穷与忧愁。我们自然会因别人的成功、幸福与享受而高兴；但如果我们高兴，那是一种较不重要的高兴或快乐，是由于我们以前曾为他们的痛苦、贫困悲伤过。要不我们就不是照这样分享一个人的快乐与幸福，而是因为他是我们的孩子、父亲、朋友、亲戚、仆人、臣民等。简而言之，另一个人的好运气或享乐，纯粹这些事物本身，并不能在我们内心唤起那样纯粹因他不幸、贫困或痛苦本身必定激起的直接同情。如果那激起我们主动性的甚至仅仅是为了摆脱我们自己的痛苦（必须把一切匮乏、需要、欲望甚至无聊都计算在内）；并且如果满足与成功使我饱尝懒惰与无精打采的滋味：为什么当涉及别人时，它就会不一样？因为（正如我们已了解的那样）我们的同情建立在我们自己和他们融为一体上。确实，见到成功与享乐，纯粹就这一点而论，是很容易引起每个人都可能有的妒忌，它属于我们前面所列举的各种反道德力量之列。

在这里我已经说明同情实际起动机作用，这些动机是直接由另一个人的不幸之事引起的。联系这一解释，我借此机会反对一直不断重复的卡辛纳（Cassina）① 的错误。他的看法是，同情产生于突然幻觉，幻觉把我们自己置于受苦者的地位，于是使我们

---

① 　见卡辛纳《对同情的分析评论》(*Saggco Analiticosulla Compassione*，1788)。

想象是我们自己亲身遭受他的痛苦。一点儿也不是这种情况。他是受苦者，不是我们，这一信念一会儿也没有动摇过；确切地说，是他而不是我们亲身感受到这种使我们痛苦的不幸或危难。我们同他一起受苦，所以我们是和他一致的；我们感知他的困难是他的，并不误以为那是我们的；确实，我们越幸福，我们自己的状况和他的状况之间的差距就越大，我们就越容易受同情心的激励。不过，对这一特别现象的可能解释并不容易，也不是能通过像卡辛纳设想的纯粹心理学的途径所能解决的。解决的钥匙只能由形而上学提供；我准备在后面提出这一方法。

现在我转而考虑从我们所指出的来源衍生有道德价值的行为问题。用以检验这种行为的一般规则，因而也是伦理学的指导原则，我已经在前一部分评述过，并发表如下：不要损害任何人；相反，要就你能力所及，帮助所有的人。因为这个公式包括两个子句，所以与其相应的行为，自然也分为两类。

（三）公正的德行

如果我们更仔细地看一下这称为同情的过程（我们已说明它是首要的道德现象），我们立刻注意到，另一人的痛苦是以两种截然不同的程度，直接变为我的动机的，即可能迫使我做某事，或者迫使我放弃做某事。我们看到，当同情心抵制自私自利与怀有恶意的动机，使我们不给另一人带来可能有的痛苦，使我自己不给人增添也许会有的麻烦时，这是最低级程度的同情；当同情心积极地影响我，激发我主动给以援助时，这是较高级程度的同情。由康德以这样一种勉强、武断的方式制造出来的所谓的法律义务和德行义务（把它说成公正与仁爱更好）之间的区别，在这里则可见是完全自然形成的；由此可以证明这原则的正确性，这种区别是自然地、无误地而严格地把消极与积极、不为害与援助分开，常用的这些词语——"法律义务"与"德行义务"（后者也称为"爱的义务"或"不完全的义务"）之所以错误，首先因为它们把属与种当作同等关系，因为公正是德行之一。第二，它们错误的根源在于过分扩大"义务"这一观念的外延，下面我准备将它置于它正当范围之内，因此我用两种德行代替这些义务，一是公正，二是仁爱；并且我称它们为元德，因为一切其他德行不仅仅实际上出自这两种德行，而且是能够从理论上推知的。两者的根源在于自然的同情，这种同情是不可否认的人类意识的事实，是人类意识的本质部分，并且不依假设、概念、宗教、神话、训练与教育为转移。它是原初的与直觉的，存在于人性自身，是以它在任何情况下都保持不变，而在每块土地上，无论何时，总是出现。这就是为什么人们处处都深怀信心地呼吁同情的道理，好像呼吁是必然存在于每人心中的某物一样；并且它绝不是这"异在的神"的一个属性。因为似乎没有同情心的人被称为无人性，所以时常把"人性"当做同情心的同义词。

那么，这一自然的和真正的道德动机所显示的初级程度的同情，只不过是消极的。原来，我们都有不公正与暴力的倾向，因为我们的需要，我们的欲望，我们的怒与恨，都直接进入意识之中，因而具有第一个占有者的权利。然而由我们的不公正与暴力给予别人的种种痛苦，则间接地进入意识，就是说，通过一种心理图像的第二个通道，直到理解和体验别人的种种痛苦，以前，它们是不会进入意识的。塞涅卡（Seneca）说得好："好感绝不会出现于恶感之前。"所以，初级程度的同情反对并且阻挠藏在我内心中的反道德力量力劝我去干为害于人的勾当，它对我大声喊："停！"并且像篱笆似的把另一人包围起来，保护他不受伤害，否则我的利己主义与恶意会诱使我使他遭受这种损害的。所以从初级程度的同情产生这一规则：不要损害任何人。这是公正德行的基本原则，而且只有在这里才能找到这一德行的根源，纯粹又简单——一个真正道德的，并且没有任何外来羼杂物的根源。在其他情况下寻找到的根源，公正便必须建立在利己主义基础上，——一个归谬法。如果我的品性可能有这样程度的同情，那么每逢我想利用别人的痛苦作为达到我目的的手段时，它将帮助我不这么做；不论这痛苦是直观的还是隐性的，不论它是直接引起的，还是通过中间环节引起的，都是如此。所以，我将不攫取另一人的财富，以免给他和身体一样的精神的痛苦；我不仅自动地戒绝伤害他的身体，而且也同样小心避免使他心灵痛苦，像使人感到耻辱的事、中伤的话、焦虑与烦恼等，无疑会使他感受这种痛苦。这种同情感将阻止我为满足个人私欲而牺牲妇女的终生幸福，或者阻止我引诱另一人的妻子，或者阻止我勾引青年鸡奸以免从道德和身体两方面毁坏他们。并非在每个单一情况下就必然激发起一定的同情，确实它时常出现得太晚；而是"不要损害任何人"这一规则早出现，这一规则是崇高的思想从对损害别人的彻底认识中总结出来的，因为所有不公正行为必然损害别人，并且这种损害会因对方感到是被强迫忍受不当待遇而加剧。有这种品性的人受内省理性指导，以毫不动摇的决心实行这个原则。他们尊重每个人的权利，戒绝一切对他们的侵犯；他们为完全免除良心的自责，绝不给别人增添麻烦和苦恼；他们绝不把环境带给每个人的生活重担与忧愁，依靠势力或依靠欺诈，转嫁给别人；他们宁可自己负担他们分担的部分，以免加倍他们邻居的负担。因为，虽然概括的公式以及不论何种抽象的知识一点儿也不是道德的起因或真正的道德基础，但无论如何，这些乃是道德生活必经之路。它们是贮水池或水库，从一切道德源泉（不是任何瞬间都在流溢的源泉）中萌生的癖性可以在其中储存，在必要时，又可以从那里流出来。因此在道德方面的事物与生理方面的事物之间有相似之处；我们只需举出胆囊的例子就够了，它是储存肝的分泌物的。没有坚信的原则，我们不可避免地会受反道德动机的摆布，这些动机直接受外在影响而活跃起来；而自制恰在于坚决遵循与服从这样的原则，尽管这些动机反对它们。

一般地说，占人类一半的女性，在公正德行及其变形——真诚、认真负责等方面是次于男性的；可以解释说，女性由于推理能力弱，在理解和坚守普遍法则以及把它们当做行为指导线索方面，是颇不及男性的。因此不公正与虚伪是妇女常有的恶习，谎言是她们同有的组成部分。另一方面，她们在仁爱德行方面则超过男人，因为通常对仁爱的刺激是直觉的，所以直接引起同情感，妇女对此的感受比男人敏锐得多。对女性来说，只有直觉的、在场的和眼见为实之物才有真正的实存；那些只有靠概念才能知道的事物，例如久远、不在场、过去、将来，她们掌握它们并非没有困难。于是我们在这里像在许多别的地方那样找到了补偿，公正多是男性的美德，仁爱多是女性的美德。仅仅一想到看见妇女坐在法官席这一念头，就令人冷笑；但是仁慈的姐妹远远优于施舍的弟兄。那么动物呢？它们没有靠理性获得知识的能力，即没有构造抽象观念的能力，因而它们根本不可能有固定不变的决定，更不必说原则了；它们完全没有自制能力，不得不完全受外在印象和内在冲动的支配。这就是为什么它们没有自觉的或有意识的道德的缘故；不过，不同种类的动物性格中善与恶存在着巨大差别，并且就最高级族类来说，这些差别甚至在个体中都可以觉察到。

从前述种种思考，我们知道，在公正的人的单一行为中，同情仅仅间接地通过公式化的种种原则而奏效，而且像是潜力而不那么像是动力。很像静力学中那样，天平横杆较长的一端放置较小重量，由于它的运动力较大，能够和放置在另一端的较大重量保持平衡，当静止不动时，只是潜力起作用，不是动力起作用，可是产生一样的效果。

然而，同情永远容易变成积极的动作。所以，无论何时，在特殊情况下，确定的规则显出失灵的迹象时，那一个能够向其中注入新鲜活力的动机（因为我们当然排除建立在利己主义上的那些动机），便是从源头本身引出来的——同情。这样说不仅对个人暴力的问题是正确的，而且在所有权方面，例如当任何一个人意欲保有他发现的某种有价值物品时，也是正确的。在这种情况下，——如果我们撇开一切由处世本领及由宗教驱动的动机不谈——没有任何东西能像对失物者的困难、焦急与悲哀之理解那

三 论德行

样，能把一个人很容易地带回到公正的道路上来。因为人们感到同情这种不幸是正确的，所以当公布遗失钱财时，经常还附带保证说遗失者是个穷人、仆人等。

我希望这些思考已经说明了，虽然最初看来可能是相反的现象，可是毫无疑问，公正，作为一种真正的、自觉自愿的德行，其根源在于同情。但是，如果任何人认为这样一片过于贫瘠的国土竟无法产生这一伟大元德的话，那么请他回顾以上的论述，并请记起，在人们之中，他们真正的、自发的、不自私的、不伪装的公正是多么少啊！这真正的东西是如何仅仅以令人惊奇的例外出现，并且和它的假冒品——那种只不过建立在处世本领上而且到处广为传播的公正——的关系，无论在质还是在量方面，都是金子与铜的关系。我愿意称一个是平凡的、尘世的公正，另一个是天上的、崇高的公正。因为后者就是公正女神，根据赫西俄斯（Hesiodus）的故事[①]，她在石器时代离开尘世和天上诸神住在一起。提出像这样一个罕见的外来词，可见我们已指出的这根源是充分强有力的。

现在我们将理解，不公正或不义永远在于设法损害别人。所以，不义的概念是积极的，并且是在正义概念之前的；正义概念是消极的，仅仅表示无害于人的可行的行动，换句话说，所行并无不义之处。不难得出这一推论：不论什么行为，只要它的目的是防止自己预谋的、导致危害的行为，便都属于正义的行为。因

[①] 赫西俄斯，古希腊诗人，生于公元前 770 年，是《工作与日子》《神谱》的作者。

为不参与另一人的利害，并且对他没有同情，这能够要求我宁可使自己受他的损害，也就是忍受不义或冤屈。正义或公正是消极的、与对人起积极作用的不义相矛盾，这一理论，我们有哲学法学家 H.格劳修斯（Grotius）的支持。在他的著作《战争与和平法》（DeJure Belliet Pacis）的开端，他给正义下的定义如下："正义在这里表示的不过是那为公正的东西，并且这毋宁说是在消极意义上而不是在积极意义上说的；所以那些不是非公正的东西被认为就是正义。"正义或公正的这种消极特性，看起来可能不重要，甚至也由人们所熟悉的公式确定了："个人的东西归己。"可是，如果他有那东西，就不需要把他自己的东西归他。所以这句话的意思是："不拿任何人的东西。"公正的要求仅仅是消极的，可以靠强制达到；这些要求就是让所有的人都能够一样地实践这"不损害人"的公式。这强制的机构是国家，它的唯一存在的理由就是保护它的庶民，个人方面互不侵犯，集体方面不受外敌侵犯。这一腐败时代的少数自诩为德国哲学家的人，确实希望把国家歪曲成发展道德、教育和陶冶教化的机构。但是这样一种观点包含暗藏的这一阴险的目的，即废除人身自由与个性发展，以及使人仅仅成为一个像在庞大中国政府中的和宗教的机器中的轮子。而这就是过去产生宗教裁判所、导致对异教徒的火刑和宗教战争的道路。菲德烈大帝（Friedrichdes Grossen）表明，他至少从来绝不希望走那条路，他这样说："在我的国土上，每个人应当关心他自己的拯救，他自己认为怎么最好就怎么做吧。"虽然如此，我们仍到处看到（显然必须排除北美），国家试图提供它国民的形而上学的需要。各个政府似乎已经采取库尔提乌斯（Curtius）[1]的信条作为它们的指导原则了："统治平民百姓没有比迷信更为有效的工具了。没有迷信，他们便没有自制；他们是愚蠢的，他们是不能改变的，但他们一旦被某种无价值的宗教形式迷住，他们就会更愿意听宗教预言者的安慰话，而不愿听从前他们自己领导人的话。"

我们已经知道，"非义"与"正义"恰是"为害"与"避免为害"的同义语，并且防止损害自己包括在"正义"之内。显而易见，这些概念是独立于并且先于一切成文法律的。所以，有一种脱离一切成文法规的纯粹伦理的正义，或自然的正义，以及纯粹的正义学说。这学说的最初诸原则无疑有一经验的来源，就它们产生自被损害的观念而论是如此，但本质上它们建立在纯粹知性上，这种知性先天地具备这自明之理：原因之因即结果之因。联系这一点理解，这句话可解释为：如果任何人想要伤害我，不是我，而是他才是我被迫采取任何自卫手段的原因；所以我能够反对他对我的一切侵犯，并不冤枉他。在这里可以说，我们有了一个道德相互作用的法则。这样我们可以看到，经验上为害于人的观念与纯粹知性提供的自明之理的结合，便产生了非义和正义的基本概念，人们先天地掌握这些概念，并且通过实际试用，学习尽快采纳。经验主义者否认这一点，并拒不接收未经经验判断的任何事情，可以叫他们去查考野蛮民族的证明，后者都能够非常正确地识别非义与正义，确实时常十分准确；当他们和欧洲人

---

[1] 库尔提乌斯，公元 1 世纪的罗马历史学家。

从事易物贸易及办理其他业务或在他们船上做客时，这种情况特别显著。当他们是正义或正确时，他们勇敢而自信；但当他们得知他们是非义或错误时，他们则局促不安。在争论中，公正的解决方法使他们满意，而不公正的处理则引发战争。权利的学说是伦理学一个分支，它的功能是规定那些不得做出的行为，除非一个人想要损害别人，即是说，想要犯恶行之罪；并且在这里，考虑到了所起的积极作用。但是立法则相反地利用道德科学这一章（即理论法学），即是说，对于这问题的消极方面宣告，上述那样的行为无需忍受，因为没有任何人应该遭受非义之害。为防止这种行为，国家构建完整的法律大厦，作为积极权利的保证。它的意向是，任何人都不该蒙受非义；道德权利学说的意向是，任何人都应该不为非义。

如果我以不公正的行动损害某人，不论是对他的人身，他的自由，他的财产，还是他的荣誉造成损害，这种非义在性质上是一样的，但在程度上可能变化很大。道德家似乎还没有研究所行非义这种程度差异的问题，虽然人们在实际生活中都认识到这一点，因为对非义提出的责难总是同它给人的损害成正比。对公正行为也是一样，所行正义在质上是恒常不变的，但在量上并非如此。解释得更清楚一些：一个饿得要死的人偷了一块面包，犯了非义之罪；但是这一非义同一个富裕的所有者不管用什么方法都要掠夺一个穷人最后一文钱的行为相比，是多么微小！再者，富人向他的雇工照付工资，这是公正行为；但这一件公正的事同一个不名一文的劳苦者自愿把拾到的一钱袋黄金还给它富有的原主相比，又是多么微不足道！不过，这种公正与不公正的程度之惊人差异的分量，不是像在计量尺上那样直接的与绝对的；它像正弦与正切之比一样，是间接的与相对的。因此我给出下述定义：我的行为中的不公正程度，和我加给另一人的恶行数量除以我自己获得的利益数量成正比；而我的行为中的公正程度，和我从另一人的损害中所得的利益数量除以他因此蒙受痛苦的损害数量成正比。

我们必须进一步注意到一种双重形式的不公正行为，它与单一形式的不公正行为明显不同，相比之下后者绝不是很大的不公正。这一变种可以从这一事实察觉，即由无利害关系的目击者表现的恼怒程度永远是和承受的非义成正比的，但只有当非义行为是在目击者面前发生的，这恼怒程度才会达到最大限度。于是我们看到，这种行为如何遭人厌恶、令人反感，在它面前，似乎众神都掩面而过，连看都不愿看。

当某人在明确地承担保护他的朋友、主人、当事人等的责任以后，用一种特别方法，不但犯了未履行该义务之罪（它自然会对别人有害，所以是一种非义）；而且此外，当他改变主意攻击这个人，正在他承诺守卫的地方下手打击时，双重不公正行为就出现了。可举出不少例子：指派的看守者或向导变成一个刺客；受委托的看管者变成一个贼；本为监护人，却盗窃女主人的钱财；本为律师，却支吾其词；本为法官，却可贿赂；本为顾问，却存心给某种致命的"忠告"。所有这种行为，都是背叛行为，为人们所痛恨。因此，但丁（Dante）把背信者放在地狱的最低界，在那里可以看到魔鬼撒旦本人（《地狱篇》）。

既然我们在这里已经提到"责任"一词，在这个地方正好规定一下"义务"的概念。在伦理学以及实际生活中，都常谈到这一概念，但其意义失之于宽泛。我们已经理解，非义行为永远意味着给另一个人造成损害，不论是损及他的身体、他的自由、他的财产还是他的名誉。结果似乎是：每一非义或坏事必定意含一种积极的侵犯，所以是一具体明确的行动。有若干该做的行为，仅仅懈怠其中一个行为便构成非义行动；那么这些行为就是义务。这是"义务"概念的真正哲学定义，——这一术语，如果用来指称一切值得赞扬的行为的话（它迄今一直是这样在道德科学中使用的），便丧失它特有的特征，变得毫无价值。人们忘记了"义务"必须意谓一项欠着的债，一项誓约，因此是一个绝不能懈怠的行动，否则会使另一人蒙受损害，那就是发生了非义行为。显然在这种情况下，损害所以产生仅仅是由于这个人无视他已明确立誓或保证自己应尽的义务。因此一切义务是依由一种缔结约定的责任决定的。通常双方采取一种明确的、有时是默契的协议形式，比如，君主和人民之间，政府和其公务员之间，主仆之间，律师和讼诉委托人之间，医生和病人之间，简而言之，是任何一个答应要完成某项任务的人和他的最广泛意义上的雇佣者之间的协议形式。因而每一项义务均包含一项权利；因为没有任何人不带一定动机就承担一项责任，如果有，就是说他没有看到对自己的某些好处。我知道的仅仅有一种责任不受一项契约的支配，却完全是通过一种行为产生的；这是因为当订协议时与它有关系的其中一方尚不存在。我是指父母对他们儿女的义务。无论何人把一个婴孩带到世界上来，他就有不可推卸的供养子女的义务，直到后者能够维持自己生活为止；而且如果由于失明、残疾、痴呆症等，后者永远无法自谋生计，这项义务就永无尽期。儿女们对父母的义务则不是这么直接与迫切。它以这一事实为根据，因为每一义务包含一项权利，父母也必定对他们的后裔有某种公正的要求。这是子女孝顺的义务的基础，不过，这种义务总有一天和跟它一起产生的权利一起终止。它被感戴所取代，感激父亲与母亲完全在他们义务以外的所作所为。然而，虽然忘恩负义是一种可恨的，甚而时常是令人震惊的邪恶，但是感戴不能称为一种义务，因为懈怠感戴并不损害对方，所以不是非义。否则我们就必得先假定，在恩人的思想或感情深处，他的目的在于做个得利的交易。应该注意到，也可以把对损害的赔偿，看作一项直接由一个行动产生的义务。不过，这种义务是纯粹消极的东西，因为它不过是企图排除和抹掉一个不公正行动的后果，好像是一种根本不应该发生的事情。也请看到，公平是公正的危害物，时常同它激烈冲突；因此只应承认一定限度内的公平。德国人是公平的赞助者，而英国人则坚持公正。

决定行为的动机法则同物理因果律一样严谨，因而包含同样不可抗拒的必然性。所以非义不但可以由暴力行使，而且也可以由狡诈行使。如果用暴力我能够杀害或抢劫另一个人，或者强迫他服从我，我一样也能使用狡诈达到同样的目的；就是说，我能够使他相信虚假的动机，因此他必定做他原本并不想做的事情。这些虚假的动机通过谎言产生了效果。实际上，谎言只是作为狡诈的工具才是不合理的，换言之，是依靠动机决定行为的法则，实施强迫的工具。通常这正是谎言的功用。因为，我撒谎不能没有动机，并且这一动机几乎没有例外，一定是个不公正的动机；即企图把那些我尚无控制权的人置于我的意志之下，也就是意在通过动机法则的力量胁迫他们。在纯属夸大和失实的大话中，也有同样的目的在起作用：一个人设法靠使用这样的语言在别人面前抬高自己的地位。一项承诺或一份合同的约束力在于，如果不遵守它，它就是一个以最庄重形式宣告的蓄意的谎言，——一个谎言，它的意图（即从道德上对别人施加压力）在这种情况下就更为清楚了，因为它的动机，即它要求另一方做什么事情的意图是明明白白宣告了的。这种欺骗行为的卑鄙之处在于：在攻击受害者以前，先用伪善解除他的武装。邪恶在奸诈中达到极点，我们已看到，奸诈是一种双重不公正，永远为人们所厌恶。

那么，显而易见的是，正如我用暴力反抗暴力不是错误的或非义的，而是正当的或正义的一样，遇到不宜采用暴力的情况，我随意诉诸妙计似乎也更合适。因此，每当我有资格使用强迫手段时，如果我愿意的话，我可以用欺骗办法。例如，对付抢劫犯以及各类恶棍，我用这种方法诱骗他们落入圈套。用暴力强逼的承诺是没有约束力的，但是实际上，我利用谎言的权利尚有扩大的余地。这发生在无论什么时候有人问我不合情理的问题，人们好奇地打听关于我个人的或商业上的事情；因为回答这种问题，或甚至用"我不能告诉你"这惹人怀疑的话来搪塞，都会使我受到威胁。在这时，一句谎话乃是对付没有正当理由爱刨根问底的行为的一个不可或缺的武器，这种行为的动机很少是好的。因为，正像我有权利反对另一个人明显的恶意那样，可预先考虑凭体力抵抗可能的危险，考虑可能由此产生的身体暴力行为。例如，作为一种预防措施，我能用长钉或尖铁保护我的花园墙，夜里放狗在我院子里，如果需要的话，设置用以捕捉入私宅者的陷阱与弹簧枪，由此产生的恶果只能是窃贼咎由自取。如果我有权利这样做的话，那么，我也一样有理由无论如何要保守秘密，否则一旦被人知道，会使我完全处于受别人攻击的境地。并且我有充分理由这样做，因为在道德关系中和在自然关系中一样，我不得不假定别人的恶意是很可能存在的，所以必须事先采取一切必要的防范措施。

由是，阿里奥斯托（Ariosto）[①] 说：

"我们无论多么惯于指责谎言，

说它是远离了正义的心灵的标志，

可是无数次它造成的好结果却极明显；

它改变了耻辱与损失，

它甚至逃躲了死亡，至于说到朋友们，

啊呀！在这有限的生命中，

嫉妒充满人心，黑暗遮挡阳光，

我们并不总是倾心交谈。"

——《疯狂的罗兰》

那么，我可以用诡计对抗诡计而毫无不公正之处，并且预先采取措施防范一切对我狡猾的侵犯，即便这些侵犯只不过是很可能发生的；而且我既无须对无正当理由探问我个人情况的人说

---

① 阿里奥斯托（Ariosto，1474—1533），意大利诗人。

明，也不需以"我不能够回答这个"指给他我的秘密所在，如果秘密被泄露，那将对我有危险而也许对他有利，总之使我受他的控制："他们想要了解家庭秘密，因此使人对他们心怀恐惧。"[①]与此相反，我有理由用一个包含对他自己的危险的谎言阻止他，以免他因此犯一个对他有害的错误。确实，撒谎是对抗爱打听与可疑的好奇心的唯一手段，它是对付这种好奇心的一个必要的自卫武器。"你别向我打听，我也不对你说谎"这一格言用在这里是很合适的。虽然在英国人中，他们认为被谴责为一个说谎的人是奇耻大辱，因此他们确实比其他民族更可信赖，他们把一切不合理的、涉及另一个人私事的打听都看作缺乏教养，并用"爱打听"表示教养不好。当然每一位明达的人，尽管他是绝对正直的，也遵循以上提出的说谎的原则。例如，假设有一个人正从远方挣了一笔钱回家，一个不相识的旅客和他同路，在寒暄"到哪儿去"与"从哪儿来"以后，便逐渐询问起来他为什么到那个地方去，前者为避免被抢劫的危险，无疑将不告诉他真话。再有，如果主人发现一个陌生人在自己家中，正向自己的女儿求爱，主人问到这不速之客来这里的原因，除非这不速之客已完全丧失理智，他绝不会说出真正原因，却会毫不迟疑地编造一个借口。这种事例不可胜数，即每一个知理的人均撒谎而良心毫无顾忌。只有对这个问题的这一观点，才消除了教授的道德和甚至是最好、最正直的人每天实践的道德之间的有目共睹的矛盾。与此同时，必须严格遵守说谎是单纯为了自卫这一限制；因为若不然这一学说会被极度滥用，谎言本身就是危险的工具。但是正如在国家和平时期

①　出自尤维纳利斯《诗集》。

三
论德行

法律允许每人持有武器，并允许人们需要自卫时使用它们一样，伦理学也允许为同样目的使用谎言，可是请注意，仅仅是为了这一个目的。每句不诚实的话均是一个错误或非义，只在当抵抗暴力或狡诈以自卫的情况下例外。所以公正要求对所有的人诚实。

但是完全无条件、无保留地对谎言的谴责，好像它们的本质应受谴责似的，已充分被众所周知的事实所驳倒。例如，在有些情况下说谎是一项义务，尤其对医生来说是这样。还有心地高尚的谎言，例如，在席勒（Schiller）《堂·卡洛斯》（DonCarlos）中的侯爵夫人波萨（Posa）的谎言，或者在塔索（Tasso）《被解放的耶路撒冷》（GetusalemmeLiber—ata）中的谎言，这些谎言确实是一个人无论何时都愿意承担另一个人的罪过才说出来的。读者将记得 T. 康帕内拉（Campanella）在他的《哲理诗》（PoesieFilosofiche）中毫不迟疑地说道："说谎好，如果说谎会产生很多好处的话。"此外，现时关于必要的谎言的教导，是极度贫困的道德外衣上一块肮脏的补缀。康德对见之于许多教科书中的这一理论负有责任，这理论从人类的语言能力推知谎言的不合理性，但其论证是如此无力、幼稚而且荒谬，以致我们很想，只要能大加蔑视那些论证就好，站在恶魔一边，和塔列朗（Talleyrand）① 一起说："人已获得语言的天赋，为的是能够隐藏他的思想。"康德一有机会便表示出对撒谎的无条件的、无限的厌恶，这或是由于虚饰做作，或是由于偏见。在他的《道德形而上学的基础》论及谎言的一章，他用各种各样诽谤的形容词加之于它们，但对它们的谴责却没有提出哪怕单独一个合适的理由；提出理由才算是比较中肯不离

---

① 塔列朗（Talleyrand Charles，1754—1838），法国政治家。

题。慷慨激昂的演说比做证明容易，做诚实人比道德说教难。康德若是把他的怒气发向以看别人受苦为乐的那种邪恶就好了；是后者，而不是谎言，才真正是凶恶的。因为怀恶意的欢喜（幸灾乐祸）正和同情相反，并且简直就是软弱无力的残忍，它很喜欢看到别人忍受痛苦，但它本身不力做到，得感谢天数替它这样做了。根据骑士的名誉章程，被谴责为一个说谎者是极为严重的玷辱，只能用责难者的血洗刷掉。当时这种习惯流行，不是因为这谎言本身为非义，因为如果是这种理由的话，那么控告一个人用暴力造成伤害也会一样地被看做是残暴的，正如每个人知道的那样，情况并非如此。这种习惯流行是由于那时骑士制度的原则，实际上这一原则是把正义建立在强权上；以致不论谁，一旦企图制造祸事，便求助于谎言或欺诈，这证明他或是没有力量，或是缺少应具的勇气。每一句谎言均是他的恐惧的证明，这就是对他下致命的判决的原因。

（四）仁爱的德行

因此公正是首要的必不可少的元德。古代哲学家也公认它是这样一种美德，但把它同另外三种挑选得不合适的德行并列起来。[①] 仁爱尚未列为一种德行。柏拉图本人，跻身道德科学最高地位，却只能触及自愿的无私的公正。仁爱确实在实践中和事实上

---

① 按柏拉图教导，公正本身包括智慧、坚毅与克制其他三种德行。对于亚里士多德，公正也是诸道德之首；而斯多噶主义则认为德行表现为四种主要的并列的形式：智慧、公正、紧坚与克制。

一直存在，它全部留给了基督教——在这方面可以看到它最大的贡献——基督教对仁爱从理论上加以概括，并特意地提倡仁爱，不仅把它当作一种美德，而且当做所有德行之冠，而且甚至给敌人以仁爱。当然我们只是想到欧洲。因为在亚洲，一千年前，人们不仅规定和教导了对一个人邻居的无限爱，而且也一直在实践：《吠陀》（*Veda*）对此有充分描述；而在《法论》（*Dharma-Sastra*）、《史传》（*Itihasa*）与《往世书》（*Purana*）中也不断出现这种训教，更不必说释迦牟尼的布道了。更准确地说，我们应该承认，在希腊人和罗马人中间，可以看到劝人听从仁爱教导的迹象，例如，在西塞罗《论善与恶的定义》（*De Finibus*）第5卷，以及杨布利可（*Iamblichos*）《毕达哥拉斯传》（*De Uita Pythagorae*）第33章中都有。我现在的任务是说明我如何根据我前面提出的原则，从哲学上推导出仁爱这一美德。

前文已经证明，别人的痛苦本身之所以能直接地自行变成我的动机，其唯一的原因在于我看到它们后的同情感，虽然它的根源仍为层层神秘所笼罩；并且我们已然看到，这一过程的初始阶段是消极的。第二阶段和第一阶段截然不同，因为从这一阶段产生的行动具有积极的特性，这时同情不只是使我不损害我邻居而是激励我帮助他。并且由于我的直接参与感敏锐而深刻，而且这危难严重而紧迫，我感到这个动机（请注意，它纯粹、完全是道德的）迫使我做出或多或少的牺牲，以应付我所看到的对方的需要或灾祸；这一牺牲可能包括我体力或精力的消耗，我财产、自由甚至生命的损失。这样就在这种直接同别人共尝的痛苦中（这绝非基于任何论据，也根本不需要什么论据），发现仁爱、热爱、对上帝之爱的这一朴素根源。换而言之，那一德行的行为规则是这样的："尽你力之所能帮助一切人。"所有那些根据这一规则产生的行动，伦理学定名为德行的义务，或者称为爱的义务、不完全的义务。这样界定的行为之所以产生，完全是由直接地、本能地参与我们看到的痛苦，换句话说，由同情引起的。最低限度，当这种行为我们能说它有道德价值，也即是说，能宣告它毫无自私自利动机时，并且当它使我们感到可称之为善良、满意、仗义的良心之内在满足，又使旁观者（不能不使他自惭自咎）发出那种深为人知、不可否认的嘉许、尊重和崇敬时，它一定是由同情引起的。

但是，如果一慈善行为真有任何其他什么动机的话，如果实际上并无恶意，那么它必定是自利的或利己主义的。因为作为人类一切行为的基本源泉有三，即利己主义、邪恶与同情；所以可以把能影响人们的各式各样的动机分成三大类：（1）自己的幸福；（2）别人的痛苦和不幸；（3）别人的幸福。那么如果一种善行的动机不属于上述第三类，它自然属于第一或第二类。有时它被归入第二类，例如，如果我对某人做好事，是为了让令我敌视的另一个人恼怒，或者使后者更加痛苦；或者，可能是用以羞辱拒绝给予帮助的一位第三者；又或者，是使受惠于我的人承受屈辱。但是这种善行的动机通常是起源于第一类。事实是这样，无论何时我做某件好事，我都考虑我自己的幸福，不论它可能是多么遥远或多么间接；就是说，无论何时我受到要在今世或在来世得到报答的思想影响，或者受到要赢得高度尊重、取得品格高尚名誉的希望影响；或者还有，当我考虑现在我帮助的人可能某一天会也来帮助我，要不然也可能给我些好处与服务；或者最后，当我受"应该遵守高尚和慈善的规则惯例"的思想支配时，我想到我也可能有机会由此得利。简言之，除非我的动机是单纯地而不是别有用心地想知道我的邻居能得到援助、脱离危难或摆脱他的痛苦这样一个纯粹的客观愿望，否则它就是自私的，利己主义的。

如果这样一个目的——事实上它完全失去主观性——真正是我的目的，那么，当且仅当那时，我已给出仁爱、热爱、对上帝爱存在的证明，基督教一直布道劝人仁爱，这是它的伟大、特殊的功绩。应注意到，在这方面，四部福音书之一《马太福音》在它的关于爱的诫命以外，还加上一些训谕，例如，"不要叫你的左手知道你的右手所做的事"，等等，事实上，是建立在我已得出的结论的意识之上的，即如果我所做的事情是有道德价值的话，那么，我的动机必须完全是由别人的痛苦，未经我任何更多思虑自然地激起的。并且在同一个地方（《马太福音》第6章2节）我们看到，它以绝对真实的说明，大事夸耀自己的施舍者，"已充分得了他们的赏赐——完全失去上帝对他们的报答"。不过，在这方面，《吠陀本集》也对我们清楚明白地说明一种更高尚的教导。它们一再宣告，那些为了自己的工作想要任何报偿的人，仍然是在黑暗道路上徘徊摸索，尚未成熟到解脱的地步。如果任何人问到我，他从施舍行善中能得到什么，我的真诚回答是："你给穷人的全部救济不过很少，本来也绝对算不了什么。如果你不满意，感到这够不上是你的目的，那么你的意欲原来不是施舍，而是做一笔交易；而且你已经做了蚀本生意。但是如果你所关心的是他会感觉到贫穷的压力比较小了，那么你就已经达到你的目的；你已经减轻了他的痛苦，并且你能完全明白，你的赐予得到多么大的回报。"

可是，本来不是我自己的困难或麻烦，我也受不到它的影响，怎么可能变成似乎它是我自己的困难，激发我那样行动的动机呢？

正像我已解释的那样，这是因为，这种困难虽然从视觉或听觉等外在中介看来，仅仅是在我自己以外的某种东西；不过，我知道它是受害者的困难；我感到这困难像我自己的一样，实际上不是在我本人这里，而是在他那里的困难。因此卡尔德隆（Calderon）早有这样的话：

"因为我从来不知道，

在看到的痛苦与痛苦本身之间，

有什么距离。"

——《最坏的不总是确实的》

然而，以上所述以此为先决条件，在一定程度上我已经和他人变为同一的了，因而自我与非自我之间的障碍暂时得以打破。当且仅当那时，我直接把他的利益、他的需要、他的不幸、他的痛苦变成为我自己的利益、需要、不幸与痛苦，就在那时，我对他经验的印象消失了，我再也看不到那和我完全不同、我漠不关心的陌生人了；但我分担他那里的灾难，尽管他皮肤确确实实没有围住我的神经。只有以这种方式，他的灾难、他的忧愁才能够变为我的动机，否则我只能受我自己的动机影响。我再说一遍，这一过程是神秘的。因为这一过程理性不能给以直接解释，而且它的起因在经验范围之外。可是这却是每天都在发生的事情。每个人均感到他内心的这种作用或过程，甚至对心肠极硬的自私者来说，他也不是不了解这一点。生活里每一天，我们都在小范围单个行动，但无论什么时候，总有人情不自禁地、不假思索地帮助同胞，给以救助，有时为了他过去从未见过的人甘愿冒极大的危险；他这样做，丝毫没有考虑什么别的事情，只不过是因为他亲眼看到另一个人的巨大悲痛与危难罢了。这一过程在更广泛的范围内也被证实，心地高尚的英国国民在长期考虑以及许多激烈争论以后，用两千万英镑赎出它殖民地的黑人奴隶，令全世界人民称赞并感到欢乐。如果任何人拒不承认这种宏大的高尚行动之起因在于同情，宁肯把它归因于基督教的话，请他记起，在《圣经》的全部内容中，连一个字都没有谈到反对奴隶制，可是在那个时期奴隶制实际是普遍存在的；进一步说，迟至1860年，当北美讨论这个问题时，还有一个人求助于亚伯拉罕与雅各，为他的畜奴作证，企图为他的讼事申辩！

　　这一神秘的内在过程或作用在每一单独事例中的实际效应问题，可以留给伦理学成章成段地去分析，标题用"德行的义务""爱的义务""不完全的义务"或其他无论什么名字都可以。所有这些的根子、基础，是已在这里指出的这一个，因为这首要诫令"尽你力之所能帮助一切人"是由这根子、基础而产生的；从那里也能很容易推导出所要求的其他一切事情，正如从"不损害任何人"——我的原则的前半部分——可以推论出来所有公正的义务一样。伦理学实际上是一切科学中最容易的科学。但这只能是我们的希望，因为给自己建构伦理学是每个人义不容辞的责任，并且他自己要用藏于心底的基本法则制订适于每一情况的行动规则；因为几乎没有人有足够闲暇时间与耐心去学习现成的道德学体系。所有其他的德行或美德都是从公正与仁爱萌发出来的；因此把这两种美德称为元德是适当的，而揭示其起源也就铺设了道德哲学的基石。《旧约全书》的整个伦理内容是公正，仁爱则是《新约全书》的整个伦理内容。仁爱是一条新命令（《约翰福音》第13章34节），根据保罗《罗马书》（第13章8—10节）所说，它包括一切基督教的德行。

四 论主体的客体

（一）论主体的第一类客体（1）

该客体总述

对于我们的表象能力而言，第一类可能存在的客体是直观的、完整的、经验的。相对于纯粹思维即抽象概念，它们是直观的。根据康德的划分，它们不仅包含有现象的形式，而且包含有现象的内容，所以，它们是完整的。它们又是经验的，这一方面是因为它们不是从思维的纯粹联系中产生的，而是发自我们感觉机体中的触觉刺激，其根源显然与它们的实在须臾不离；另一方面是因为，由于空间、时间和因果律不可分离，它们都是连在一起的，在这种组合中，无始无终地构成我们的经验实在。然而，按照康德的教诲，由于经验实在并未取消它们的先验理念，因此，当我们考察它们时只涉及表象认识的形式部分。

经验实在的先验分析要点

这些表象的形式是内外感官形式，即时间和空间。但是，这些表象形式只有在被充满时才能是直观的。直观力就是物质，对此我还要进一步重述。假如时间是这些表象的唯一形式，那么，这些表象就不会共存，因此，任何东西就都没有永存和绵延。因为时间只有在被充满时才能加以直观，而且它的进程只有通过变化才能被直观，变化又只有在被充满的时间中才能发生。因此，一个客体的永恒性只有与变化相比较才能确认，而变化则是在与其共存的其他客体中进行的。但是，共存的表象不可能只在时间中，从它的完整性来看，它离不开空间的表象。因为，在纯粹的时间中，万事万物前后相继，而在纯粹的空间中，万事万物相互并置；所以，只有把时间和空间结合起来，共存的表象才能产生。

另一方面，假如空间是这类表象的唯一形式，那么这类表象就不会有变化；因为变化和改变是状态的继起，而继起只有在时间中才有可能。因此，我们就可以把时间定义为在同一种事物中发生相对状态的可能性。

这样，我们就能看到，虽然无限的可分性和无限的广延性对于时间和空间两者来说是共有的，但是经验表象的这两种形式是完全不同的，因为对于其中之一是本质的东西对于另一个却没有任何意义：在时间中并列没有意义，在空间中继起没有意义。但是，属于有秩序的实在复合体的经验表象却发生在这两者的结合之中；而且这两者的内在结合是实在得以成立的条件，在一定意义上讲，实在是由于它们才产生的，这就像一个产品产生于其各要素一样。既然是知性靠它自身的特殊功能导致这一结合而且以这样一种方式把这些异质方式联系起来，那么，经验实在——虽然只对知性而言——从它们之间的相互渗透中产生，而且是作为集合的表象而产生的，集合表象形成的一个复合体通过充足根据律的形式组合起来，只是其限度仍是一个问题。属于该类客体的每个单一表象都是这一复合体的一部分，都在其中占有一席之地，这是由我们先天认识法则所决定的；因此，其中存在着无数个共存的客体，尽管时间不断流逝，实体，即物质是永恒的。尽管空间固定不变，但其状态仍在变化。简言之，在这一复合体中，所有客观的、实在的世界是为我们而存在的。任何一个对此产生兴趣的读者从《作为意志与表象的世界》第一卷第四节中可以找到进一步的阐述，在那里更详尽地说明了知性实现这种统一并且进而为自身创造了经验世界的方式。读者还可以从同一本书"时间、空间和物质的先天知性概念"中得到非常重要的帮助，我建议读者对此能给以足够的注意：因为它特别表明时间和空间的对比如何以因果律形式在作为其产物的物质中得以均衡。

现在我们将着手对构成经验实在之基础的知性功能进行一番细致的考察；不过，我们必须以几个附带说明作为开始，以免与我所持的基本的唯心论观点发生直接的矛盾。

表象的直接存在

尽管这种统一是在把物质表象化并由此产生一个永恒的外部世界的过程中，通过对内外感官的形式加以统觉才得以完成，但是，一切直接认识只能由主体通过内感官才能获得——外感官是内感官的客体，因为外感官的直观又转而为内感官所直观——因此，对于意识中的表象之直接存在，主体作为内感官的形式，只服从时间法则，其结果是：在同一时间里只有唯一的一个表象呈现给它（主体），虽然这一表象可能很复杂。我们谈到表象是直接存在的时，我们意指，它们不仅是在由统觉（我们很快就会看到的一种直观能力）所实现的时间和空间的统一中为我们所认识，并且通过统觉才产生了经验实在的复合表象，而且是只有在纯粹的时间中作为内感官的表象才为我们所认识，正是在被此刻的中间点上它的两个流向分开。这类表象直接存在的必然条件是指发生在我们的感官亦即有机体上的因果作用，当然有机体本身也属于这类客体，也要服从在其中起支配作用的因果律，对此我们即将加以考察。一方面，根据内外世界的法则，主体不可能在一个表象上突然停止；另一方面，时间中是没有共存的，单一的表象总要消失，被其他的表象取代，这是我们先天确定的法则所不能决定的，但它依赖于我们很快就要提到的某些条件。想象和梦境可以再现表象的直接存在，这是众所周知的事实；然而，对这一事实的研究属于经验心理学的范畴。尽管在我们的意识中，直接存在的表象本质上是暂时的、分离的，但是，正如上面所描述的，通过统觉的作用，主体所握有的是关于实在的综合复合体的表象；通过这种对比，我们就能看到从属于此复合体的表象与存在于我们意识中的直接表象有着显著区别。从前者的观点来观察，它们被称作实在事物；从后者的观点出发，它们就是纯粹的表象。这种普通的物质观点，我们可以从所谓的实在论中得到了解。随着现代哲学的兴起，唯心论与实在论相对立，并且这种对立一直在逐步发展。马勒伯朗士和贝克莱就是这种对立的最初代表。康德创立了先验唯心论，强有力地推动了唯心论的发展，从此，事物的经验实在与它们的先验理念之共存成为可能，康德把这一观点表述如下：“先验唯心论要表明一切现象都只是表象，而不是物自身。”[1] 又说：“空间本身只不过是纯粹的表象，因此，

---

[1] 康德《纯粹理性批判》。

存在于其中的任何东西都肯定被包含在这种表象中。它只是在其中被表象，此外别无所有。"① 最后说："假如我们把思维主体抽掉，整个物质世界肯定消失；因为它仅仅是我们自身主体感性中的一种现象及其表象中的一类。"② 在印度，唯心论甚至成为一种流行的宗教学说，这不仅指婆罗门教，而且包括佛教；只有在欧洲，它才变得似是而非，这是犹太教本质上不可避免的实在论所造成的。但是，实在论完全忽略了这样一个事实，即所谓的实在事物存在不过是指它们被彻底表象化，或者——假如一定要确切阐明的话，那么，我们可以说，只有主体意识中的直接存在可以被称作现实性上被表象的东西——甚至仅仅是作为表象的东西而被表象的可能性。实在论者忘记了如果客体切除了与主体的关系就不成其为客体，而且如果我们抽掉了这种关系或者认为它不存在，我们就等于同时消除了一切客观存在。尽管莱布尼茨切实地感觉到主体是客体的必要条件，但他仍然摆脱不了这样一种看法，即客体是由自身而存在的，它与主体无任何联系，就是说它不是主体的派生物。因此，他原先设想客观世界与表象世界是一样的，两者并行不悖，没有直接的联系，唯一的是通过前定和谐发生外在联系；——很显然，这是最多余的一件东西，因为它不会进入直观，而进入我们直观的这个与之完全类似的表象世界却与它毫无关联。然而，当他需要进一步确定这些客观存在着的自在之物的本质时，他发现自己不得不主张自在之客体就是主体，而且，他这样立论，就为我们的意识在理智——我们借以表象世界的工具——的范围内无力发现超出主体和客体、表象者和被表象者之

---

① ② 康德：《纯粹理性批判》。

外的任何东西，提供了最有力的论据；因此，假如我们把客体的客观性抽出，或者换言之，抽出它的被表象物，假如我们把它作为客体的特性中取消，然而还希望保留点什么，那么，这个保留物就是主体。相反，假如我们要从主体中抽出主体性，还希望剩下点什么，这就会导致相反的结果，那就是唯物论。

斯宾诺莎从未彻底地探究过这个问题，因此也未得到关于这个问题的明晰概念，但他对主体与客体之间的必然联系却看得很清楚，他认为如果抛开这种必然联系，那么，主客体就是不可理解的；所以，他把它定义为在实体中认知与广延的统一。

就与这一节有关的主要观点，我想借此机会说明一下。在这篇专论中，考虑到在这有限的篇幅里尽可能简明易懂，在任何情况下都该使用实在客体，以说明那些连接在一起形成经验实在复合体的直观表象，而经验实在自身总是观念的。

生成的充足根据律

在刚描述过的这类主体的客体中，充足根据律是以因果律的形式出现的，我把它称之为生成的充足根据律。有了生成的充足根据律，就我们所说的客体状态的出现和消失，即在时间之流中运动，形成经验实在的复合体而言，所有在我们表象的整个范围内呈现自身的客体就可以联系在一起。因而我们可以把因果律表述如下：若一个或几个实在客体进入一种新状态，则某一其他状态肯定在这一状态之前存在，新状态就是从这一先前状态中必然而生的。我们把这类衍生物称之为产生；把第一类状态称为原因，第二类称为结果。例如，若一种物质着火，则在燃烧之前肯定存在一种状态,即:1.靠近氧气;2.与氧气接触;3.给予相当的温度。因为燃烧状态必然产生于这种状态,而且恰好是随着这种状态而产生的。这一伴随过程称为变化。正是由于这个原因,因果律才只与变化相关而且也只能与它相关。在任何情况下,每个结果的产生都是一个变化,它不是抢先出现的,这就毫无疑问地表明在此之前有另一变化。当它与随之而来的变化——结果相关时,它称为原因;当它与更早的变化相关时,它又必然称为结果。这就是因果锁链。它必然不能有始端。因此,每一个紧随而生的状态肯定是从先前一个状态产生的。例如,在我们上面刚谈起的情况中,就是由于物质与游离热量接触才使温度得以上升;不过,这种联系又依赖一个先前状态,如阳光照在凸透镜上;而这又依赖于云的移动未把阳光遮住;这又依赖于风;风又依赖于密度的不平衡;这又依赖于其他条件,以至无限。当一种状态除了一项条件外,还包含着产生一种新的状态的其他所有条件时,这一条件在一定意义上就可名副其实地被称为基本的原因,因为这是我们特别注意的最后的、在这种情况下起决定作用的变化;但是,如果我们不这么考虑,那么在这一因果状态中就没有一个条件在整个的因果联系的决定性上胜过所有其他条件,因为它之所以成为最后一个完全是偶然的。因此,上面的例子,燃烧可以说是发生在凸透镜把方向转到物体上之后,也可以说是在云朵飘走之后才有氧气的参与,这样,我们便知道,正是事物秩序的偶然性决定了谁才是原因。然而,我们进一步考察便会发现,正是这一整个状态才是随后发生的状态的原因,因此,对状态发生的每一个条件来说,时间顺序从所有的本质方面看都是无关紧要的。因此,在涉及一种具体情况时，一个状态最后出现的条件可被称作基本的原因，因为它使这些必然条件得以满足，它的出现就成为一种起决定性作用的变化。然而，从总体上加以考察，只有整个状态导致其后继者产生，才能被视作原因。这些单一的必然要素联合在一起形成和构造了这一原因，因此它们被称作因果要素或条件，当然，这一原因也可被再分为这些要素或条件。把这些客体本身称之为原因而不是状态是非常错误的。例如，上述例子中有人把凸透镜称之为燃烧的原因，另外一些人又把云雾称之为原因，还有人任意地、无规则地把太阳或氧气等称之为原因。但是，称一客体为另一客体的原因是荒唐的：首先，这是因为客体不仅包含着形式和性质，而且还有无始无终的物质；其次，这是因为因果律只与变化有关，即与时间中各状态的产生和消失有关，所以，因果律支配着这种特殊关系，在这种关系中，先出现的状态称为原因，后出现的称为结果，两者之间的必然联系即是一个从另一个中产生。

　　我要在这里请善于思考的读者参照我代表作中所作的说明。① 因为我们因果概念之真实确切的含义和它的有效范围应该具有明确和切实的认识，我们首先应该认识到因果律只与物质状态的变化有关而与其他无关，因此，当与因果律无关时，就不要使用因果律，这是至为重要的。因果律支配着在时间中发生的我们外部经验的客体变化，但是，这些客体都是物质的。每一变化都无例外地由另一个在它之前的变化所产生，这是法则所决定的，新的变化必然由先前的变化衍生出来。这种必然性就是因果锁链。

---

① 《作为意志与表象的世界》第二卷第四章。

我们发现，在所有的哲学著作中，从古到今，对于因果律的表述悬殊甚大，即它越是具有概括性，就越抽象，因而也就越不确定。例如，我们在一本书里读到因果律是他物据以产生的规律，在另一本书里又读到它是产生另一事物或使之存在之物，如此等等。沃尔夫说"原因就是另一事物的存在或现实性所依赖的原则"，[①] 因此很显然，在因果律中，我们只能与处在不生不灭的物质形式中的变化相联系，而先前并不存在的东西突然跃入存在状态是绝对不可能的。无疑，缺乏思维的明晰性在大多数情况下都会对因果关系产生这类看法；但是可以肯定，在有的情况下一个隐蔽的意图会潜藏在背景之中——出于神学的目的而轻浮地对待"宇宙论证明"，为此甚至不惜曲解先验的、先天的真理这一人类理智的乳汁。我们在托马斯·布朗的《论因果关系》中，即可找到这方面的一个最为明显的例子。这本书在1835年已经出到第四版，而且此后可能还出了几版。这本书尽管令人讨厌，显得卖弄学问、杂乱无章且冗长，但还算抓住了主题。这个英国人正确地认识到，因果律必与变化相关，因此，每一个结果都是一个变化。然而，虽然很可能他已经认识到，但他不愿意承认每一个原因也是一种变化，整个过程只是在时间中前后继起永不停歇的变化锁链。他笨拙地坚持把原因称作一个客体或实体，它是先于变化的。他明知这是错误的，却背着自己的良知在这本令人乏味的书中用这种完全错误的表述整个地歪曲了自己的思想，破坏了他要说明的所有内容，这都是为了使他的定义不至于给宇宙论挡道，以免

[①]　沃尔夫：《本体论》。

后人因此加以责难。但是，如若真理借此手段开辟道路，这样的真理能值几何呢？

自从康德在《纯粹理性批判》中给予宇宙论致命的一击以来，尊贵诚实的德国哲学教授们——这些视真理高于一切的先生们——对他们倍感亲切的"宇宙论"干了些什么呢？他们确实智穷计尽，因为——正如这些大人物众所周知的，虽然他们并未这样说——第一因就是自因，即使前一种表达较之后一种使用更广泛，也仍然是自相矛盾的。而且，他们在表述这种观点时，即使不说是郑重其事，也至少是很严肃的；甚至有很多人，特别是"英语国家的牧师们"，当他们煞有介事地特别提及这一自相矛盾的"第一因"时，他们昂首仰视，摆出一副诲人不倦的架势。他们知道，第一因就如同在一点上空间终结或时间开始一样是完全不可想象的。因为每一个原因都是一个变化，这就必然促使我们探究产生该变化的前一变化，如此下去，以至无限！即使是物质的第一状态，一切后续状态由之而生，但现在它已不是物质的第一状态，这也是不可想象的。因为，假如这一状态自身是后续状态的原因，那么它一定是从一个永存的存在中产生的，而当下存在的实际状态就不可能只是刚刚产生。另一方面，假如第一状态只在某一特定阶段开始作为原因，那么总有某些东西使它发生变化，使它摆脱其惰性；但是，某些东西肯定已经发生，某些变化肯定已经发生；这又促使我们追求它的原因——在它之前的变化；这样我们就又一次陷入因果锁链之中，驱使我们一步步地向前探索，越来越甚，直至无限！（这些绅士们无疑会对我谈论物质始于无！假如他们这么说，他们可供使用的推理是无限的。）因此，因果律不像出租马车那样方便，要用时招之即来，到达目的地后挥之即去。相反，它倒像歌德诗中小巫师所唤醒的那把魔法扫帚，一旦动起来，就不停地来回奔跑、打水，只有大巫师才有法力使它安定下来。然而，这些绅士们之中并没有大巫师这样的人物。那么，当哲学真理显现时，这些无时不警觉、以追求真理为己任的高贵者们做了些什么来宣告这于世有益的真理的降临呢？他们根本不可能从那些徒有其表的人的著作中移开视线，而是对其谬误狡猾地加以忽视、卑鄙地加以掩饰，抢先承认它们的价值，这跟愚蠢宣称热爱至上的智慧有什么区别？他们帮助老朋友——已经痛苦不堪、行将就木的"宇宙论证明"又做了些什么？噢，他们的手段可精着呢！"朋友，"他们说，"由于你必然会遇到寇尼斯堡那个固执的老人，因此，你才处境艰难，不过，你的兄弟本体论的和物理—神学的证明也步履维艰。请不要介意，我们不会抛弃你（你知道，我们拿钱就是干这个的），不过你得改名换姓——这是不得已的——因为，如果我们直呼你的真名，人们就会拔腿就走。相反，如果改名换姓，我们就能挽着你的胳膊，堂而皇之地再次步入社交界；只是，正如刚说过的，得用化名！这一招准行！首先，你的论据从此以后必须被称为'绝对'。因为它有一个既新颖又庄严，而且高贵无比的光环；对付德国人就得摆架子，这一点谁也没有我们清楚。当然，所有的人都知道，而且会因此而洋洋自得。但是，你本人必须用省略三段论的形式乔装打扮一下。还有，那些演绎推理和前提，就是你以前用来吃力地把我们拖上长梯顶点的玩意儿，可一定得留下，因为每个人都知道它们是多么的毫无用处。板起面孔，摆出神气十足的样子，好像一个沉默寡言的男子汉，这样，你只要一跃，即可大功告成。大声呼喊（我们也会响应）：'该死的，绝对，要么就是绝对，要么就是什么都不存在！'这时，你还得用拳头狠敲桌子。'绝对'从何而来？'这是一个多么愚蠢的问题！难道我没告诉你这是'绝对'的吗？'——这就成啦，绝对没错！这肯定能成！德国人习惯于用语言而不是用思维来满足自己。难道我们不是从摇篮起就这样训练他们的吗？不信只瞧黑格尔主义！除了空洞、虚伪、令人作呕的蠢话之外别无其他！然而，这个见风使舵的哲学贩子一生是多么辉煌！几个唯利是图的人只不过抢先吹捧了这种玩意儿，便立即得到无数个无知的蠢蛋的喝彩声——这种喝彩声不断地回荡，扩大——好不热闹！一个智力平庸的书生、一个普通的骗子一下子就成为卓绝的思想家。因此，振作起来！另外，我们的朋友和保护人，我们还要从其他方面保护你，因为说真的，没有了你，我们怎么谋生？一向吹毛求疵的老头康德，不是老在批判'理性'，剪断它的翅膀？好吧，我们就创造一种新的'理性'，一种前所未闻的'理性'——不可进行思维，但可直接直观——可透察'理念'（一个夸张词，用来产生神秘感），透察实体；或者，直接领会你和其他人想方设法要证明的这个玩意儿；还可以说，对所有的这一切都有预示——这最后一点对于那些不肯大幅度地让步，但又很容易满足的人来说，可是很合胃口的。因此，让我们把从前经常使用的、流行的概念遮盖一下吧，这可是为了这种新的'理性'的直接启示，也就是为了天赐的灵感。至于那个陈旧的'理性'，既然已经在批判中名誉丧尽，我们不妨给它降职处理，称之为'知性'，也算是适当地给它安排了一个工作。

那么，真实存在着的'知性'又是什么呢？我们究竟该将它置于何地？——你不置可否地微笑着；但是，我们了解我们的听众以及这些在场的人，我们看到这些人就坐在我们面前的学生座椅上。维鲁兰男爵培根在他活着时就说过：'年轻人在大学里要学会相信。'在这方面，他们从我们这里要学多少就能学到多少，我们手头上有许多关于信仰方面的文章。假如你还为任何疑虑所困扰，请记住我们是在德国，别的地方不可能的事情在这里却是不难办到：一个迟钝、无知、冒牌哲学家，他的难以言喻的空洞赘语彻底长久地扰乱了人们的头脑，一个劣等的作家——我所指的就是受人爱戴的黑格尔——不仅被实实在在地宣称为永远正确的深刻思想家，甚至引不起任何嘲笑，而且还为大家欣然接受。是的，这个虚妄的故事在过去 30 年中确实没有人置疑，而且到今天仍在相信的也大有人在！因此，你一旦帮助我们获得'绝对'，就会十分安全，还怕康德及他的'批判'？这样，我们就可以用崇高的语调，通过最异质的演绎，不厌其烦地——顺便一提，这是它们唯一的相似点——从'绝对'中推出'宇宙'，并使之哲学化。我们把世界称为'有限'，把'绝对'称为'无限'——使我们的胡言乱语悦耳动听——只谈上帝，解释如何、为什么通过有意或无意的途径他就可以创造或造就这个世界，说明他在或不在这个世界中，等等，仿佛'哲学'就是'神学'，仿佛这是为了追求认识上帝的启蒙方法，而不是宇宙的！"

我们这里不得不牵扯到的宇宙论证明，上文对此已有评论。现在的问题是，我们可以恰当地说，宇宙论证明在于主张生成的充足根据律或因果律必然会导致一种摧毁并宣判它死刑的思想。

因为第一因（绝对）只有通过延长了的无限系列不断地从结论到根据的上溯，才可抵达；但是，在没有宣布充足根据律的无效之前，就立即停留在第一因上，这是不可能的。

在扼要地表明了"宇宙论证明"的彻底无用之后，赞同我的观点的读者也许希望我论证"物理—神学的证明"的无效，因为它似乎更加有理。然而，就其本性而言，它属于哲学的另一个不同的部门，因此，不宜在这里论证。请读者参考康德的《纯粹理性批判》及《判断力批判》，在那里他专门讨论过这个问题；同样，作为对康德纯粹否定过程的一个补充，请读者参考我本人的一本著作《自然中的意志》，这本书篇幅不大，但内容丰富、材料翔实。至于漠不关心的读者，尽可以把这本书及我的所有其他著作未经阅读就传给子孙后代。这对我来说无关紧要；因为我不是为一代人著述的，而是为许多代人。

既然因果律是为我们先天认识的，因此是一个先验法则，适用于每一种可能的经验而无例外；而且，因果律决定了在某一确定的相对的第一状态之后，第二状态必然同样确定地根据法则产生，即总是随后产生；因果间的关系是必然的，因此，因果律引导我们形成假设判断，表明自身是充足根据律的一种形式，所有的判断都以此为基础，所有的必然性也都以此为基础，对此将会进一步加以说明。

我把这种形式称之为生成的充足根据律，因为它的运用总是以产生新状态的变化为先决条件，因此是一种生成。它的一个本质特征是：在时间里原因总在结果之前，在因果这两种状态组成的密切相连的因果锁链中，只有据此我们才能获得唯一的最初标准来区别哪一个是原因，哪一个是结果。相反，在某些情况中，我们要通过先前的经验才能认识因果锁链；但是，不同的状态依次更迭的速度如此之快，以致我们难以捕捉到状态发生的前后顺序。这样，我们须借助于因果律前后相继这种特性才能彻底明白，例如，我们可以推论火药的点燃在爆炸之前。①

从因果和继起之间的这种本质联系来看，我们得知，"相关"这个概念严格地说没有意义；因为它假定结果是它的原因之原因，即结果同时又是原因。在《康德哲学批判》中，作为对我的代表作的补充，我详尽地表明了这个受人偏爱的概念是不能令人接受的。② 我们可能注意到，作者求助于它恰恰是悟性每况愈下时，是由于这个原因它才被广泛使用的。特别是作用在其概念行将罄尽时，"相关"这个词较之别的更容易出现；事实上，它可被看作一种预警枪，以此警告读者，作者已经到了山穷水尽的地步。另外值得注意，"Wechselwirkung"这个词从字面上应作"相关作用"解释——或者我们宁愿把它译为"相关"——这个词只能在德语中才能找到，其他语言的日常用语中找不到完全与之对应的词。

从因果律中必然可以延伸出两个结果，若把落脚点放在其根源上，这两个结果都被看做是先天即被确认的，因此也就被看做是毫无疑问且无一例外的。它们是惯性定律和物质不灭定律。前者表明，物质可能存在的每一种状态——就是说既是静止的又是

---

① 请读者参阅《作为意志与表象的世界》。

② 请读者参阅《作为意志与表象的世界》。

运动的——如果没有什么原因意外发生，使之改变或取消，那么它将毫无变化地永远存在着，既不缩小也不膨胀。但是，后者则可用来证明"物质"的永恒性，它来自于这样一个事实：因果律只运用于物体的状态，像静止、运动、形式和性质，因为它统辖着存在状态的生灭变化；但是，它完全不能运用于承受这些状态的存在本身。我们把存在称为实体，这是为了确切地表明其自身是没有生灭变化的。"实体是永恒的"，意指它既不产生也不消亡，因此，在宇宙中它的存在量既不增加也不减少。我们是先天认识到这一点的，这可由不容置疑的意识来证明。虽然我们看到一个物体消失——无论是通过变戏法、不断地分割、燃烧、挥发，还是任何其他途径——但是，我们都坚定地相信，它的实体，即物质在量上恒定不变地存在于某处，尽管形式可能已经改变；同样，当我们发现某个位置突然多了一个物体时，那它一定是由某些组合在一起的不可见的微粒——例如，通过沉淀——产生或形成的，但是，它的实体不可能彼时才开始存在，因为这是完全不可能的，也是无从想象的。我们据以对上述现象预先（先天的）加以设定的确定性来自于这样一个事实：我们的知性绝对不拥有任何可以知道物质起始的形式。因为如前所述，因果律——我们能够认识变化的唯一形式——只运用于物体的状态，在任何情况下都绝不能运用于所有变化背后的存在：物质。这就是为什么我把物质不灭定律置于因果律的推论中的原因。而且，我们不能后天地获得"实体是永恒的"这样一种认识，一部分原因是在大多数情况下不能经验地确定，另一部分原因是任何经验认识都毫无例外地由归纳法而来，这种认识只具近似性，其结果是不确定的，因而不可能是绝对可靠的。因此，我们对于这一原则之信念的确定性与对于从经验中获得的自然法则之精确性的信念，在类别和性质上是不一样的，因为前者与后者完全不同，前者的确定性根深蒂固。其原因是，这一原则表达了先验认识，即在一切经验之前决定和确立了我们整个经验范围内可能存在着的任何东西；而且，也正由此把经验世界变为仅仅存在于我们大脑中的现象。在不具先验性的自然法则中，即使是那最具普遍性、最没有例外的引力定律法则，由于来源于经验，因此也不能保证其具有绝对的普遍性，对它的怀疑会时而产生，超出太阳系其有效性如何更令人生疑；天文学家认真地观察他们可能碰到的足以证明其为可疑的迹象，这就说明他们把引力定律看作纯粹经验的。当然，有人可能会提出这么一个问题，即引力定律在被绝对真空分开的两个物体间是否有效呢，或者它在太阳系的作用是否以某种以太为媒介呢，并且在恒星之间仍起作用呢？像这类问题只允许给予经验的问答，这就证明了这里与先验认识无关。另一方面，假如我们承认康德和拉普拉斯的假设是最为可能的，每一个太阳系都是从原始星云中不断凝聚发展而来，也绝不能设想那种原始实体可能会从无中产生：我们不得不假定，在某个地方它的粒子已先在，并以某种方式被聚集到一起，这正是由物质不灭定律的先天本性决定的。在《康德哲学批判》[①] 中，我详尽地表明了实体只不过是物质的另一个代名词，实体这个概念离开物质就无从想象，因此它源于物质。我还要特别指出，这个概念的形成是如何用于一个完

① 《作为意志和表象的世界》。

四　论主体的客体

全不可告人的目的。像许多其他的确定真理一样，物质的这种不朽性（被称为实体的永恒性）对于哲学教授来说是一枚禁果。因此，他们只是羞涩地斜瞟一眼就匆匆而过了。

由于无休止的因果锁链指导着所有的变化而从不超出它们的变化，因此还有两个存在着的东西未被触及，这正是由于它的作用范围是有限的：一方面是物质，我们刚说明过；另一方面是自然中原始的力。前者（物质）不受因果锁链的影响，因为它在所有变化的背后，或者变化在它身上发生；后者（原始的力）亦同，因为只有通过这种力变化或结果才成为可能，只有这种力才使因果转为原因，即一种操作能力，这种操作力对于原因来说犹如封邑里的臣民。原因和结果是发生在时间中由前后相继的必然性联系在一起的变化，任何一个原因都借助于自然力才发生作用，而自然力是不变的；因此，在这种意义上，自然力不在时间之内，但是也正因为这样，它们无处不在、永不枯竭，一旦有机会就随时准备着在因果系列中表现自己。同结果一样，原因永远是一个单一的变化；而自然力却是普遍的，没有变化的，无时无处不充斥在时间中。例如，琥珀吸引线，现在看来是结果，它的原因是此前的摩擦和琥珀与线的接触；在其中起作用、掌握着这个过程的自然力就是电。在我的代表作[①]中对此也有说明，我阐明了在很长的因果锁链中差异最大的自然力如何相继在其中起作用。经过这种解释，瞬息万变的现象和在其中起作用的永恒形式之间的区别昭然若揭，因此这里只需简单地概括说明即可。自然力借以在

---

① 即《作为意志和表象的世界》。

因果锁链中展示自己的法则——即把力与因果相联系的环节——是自然的规律。但是，自然力和原因之间的混淆时有发生，这对思维保持清晰是有害的。似乎还没有一个人在我之前真正搞清这些概念间的区别，尽管对这种区别的要求长久以来非常迫切。自然力不仅被表达为"电、重力等等，被作为某某的原因"，而且甚至也常常被那些探求"电、重力"等的原因的人当做结果，瞧，多么荒唐。然而，把一种力归入另一种力，从而达到减少自然力数量的目的，这是一件完全不同的事情，例如，现在人们就把磁力归为电力。每一个真正的力，也就是确实是最初的自然力——而且每一种根本的化学性质都属于这种力——本质上都是超自然的质，即不能从物理上，而只能形而上学地加以解释，换言之，是一种超越现象世界的解释。在混淆原因与自然力或者说把它们视为同一方面，曼·德·比兰在他的《物理学与道德学新论》一书中可以说走得最远，因为这个问题是他的哲学的基本问题。另外值得注意的是，当他谈到原因时，他几乎不单独使用"原因"这个词，而是说成"原因或力"，这很像斯宾诺莎在同一页里提到"理由或原因"8次之多的情形。这两个作者显然意识到，他们在把两个根本不同的东西等同起来，以便于根据不同的场合对它们随意使用；为了达到这个目的，他们要不断地在读者的脑海里呈现这种同一。

因果律作为每一种变化的统辖者，以三种完全不同的形式在自然中表现自己：作为这个词之最严格意义上的原因，作为刺激，以及作为动机。无机物、植物和动物之间真正的本质区别正是以此为基础来划分的，外在的、结构的区别，更不用说化学的区别，都不能作为这种划分的基础。

狭义上的原因只是无机界变化的基础，就是说，这些变化构成了机械、物理、化学的主题。牛顿的第三基本定律"作用力和反作用力大小相等、方向相反"只对这种原因使用，确切地说，先在（原因）的状态经历一个变化与由此而生（结果）的状态是一致的。而且，只有在因果律的这种形式中，结果的程度才总是与原因的程度完全一致，这样才便于我们通过其中的一个精确地确定另一个。

因果律的第二种形式是刺激，它统辖着有机生命，也就是植物界以及无性繁殖的，或者动物生命中无意识的那一部分。这种形式的特点是缺乏第一种形式的显明标记，就是说，在这种形式中，作用力和反作用力不等，所产生的结果之强度无论如何都与原因的强度不一样；事实上，强化的原因反而可能产生相反的结果。

因果律的第三种形式是动机。在这种形式中，因果律对严格意义上的动物生命起作用，即对所有动物有意识地选择完成外部活动起作用。动机的手段是认识，因此，需要理智对动机具有敏锐性。因此，动物的真实特征也就是具有一种认识、表象的能力。这样的动物，总是为了一定的目标和目的才去运动，而这一目标和目的是被它们认识了的，就是说，目标和目的肯定呈现给它们不同于它们自身的东西，而这些东西是他们能够意识到的。因此，动物的确切定义是"有意识之物"；因为没有其他的定义可以更好地概括动物的特征，或者说更经得起推敲。没有认识能力就没有由动机产生的运动，剩下的就只有由刺激引起的运动，即植物生命。因此，敏感性和应激性是不可分的。显然，动物以一种不同于刺激的方式起作用。因为前者的作用是短暂的，就是说只须需一瞬间，这是因为它们在功效上不同于动机，跟行动的持续时间、客体的接近等等无关。因此，一个动机只要被感觉到就会起作用；而刺激总要求外在的，甚至经常是内在的联系，而且毫无例外地需要一定的持续时间。

这里勾勒出因果律的三种形式已足矣。在我的获奖论文《论意志自由》① 中有更加详细的论述。然而，我们仍有一个问题需要强调。原因、刺激和动机之间的不同很显然只是由于对存在物（Beings）之各种不同程度的感受所造成的，感受力越强，影响力就可能越小：石头需要碰击，而人只需要使个眼色就会服从。这两者都是由一个充足的原因才运动的，因此，都具有同样的必然性。动机不过是带有认识的因果律；理智是动机的媒介物，因为它是最高程度的感受性。然而，即使如此，因果律也丝毫没有丧失它的严密性和确定性；因为动机是原因，动机的作用带有同样的必然性，这种必然性是原因本身带来的。动物的智力比较简单，因此它们只局限在对此刻的东西加以直观，这种必然性很容易看出。人的理智是双重的：不仅能够直观，而且能够抽象、认识，抽象和认识已不局限在此刻的东西上。人拥有理性，因此，可以在清醒的意识中施展选择、决定的能力，即能够一个接一个地权衡相互排斥的动机的利害关系；换言之，他能让这些动机在他的意志中展示其力量。这样，最强有力的动机被他选中，他的行动必然随之产生，如同一个球受力之后一定滚动一样。意志自由意指（不是教授们的废话）"一个具体的人在具体的环境中可以有两种不同的行为方式"。但是，如果认为一条真理在超出纯粹数

---

① 见《伦理学的两个基本问题》。

学的范围之后，还能获得如同数学真理一样的确定性，且能获得清晰的证明，那是十分荒谬的。在我曾获得挪威学会奖励的论文《论意志自由》中，这一真理获得更加清晰、系统、彻底的论证，这是前人未曾做到的，特别是意识方面的事实，而无知的人却据此认为是在验证上述的荒谬观点。霍布斯、斯宾诺莎、普里斯特利、伏尔泰、甚至康德[①]的学说在基本的方面是一致的。当然，我们的职业哲学家们不允许这种学说妨碍他们对于自由意志滔滔不绝的论述，仿佛这是一个已被理解并且从来未曾被质疑过的问题。但是，这些先生们是否想过，自然恩赐，让上述这些伟人降临人世，究竟是为了什么？难道是通过哲学使他们（教授们）维持生计？因为我在我的获奖论文中已前无古人地证实了这一真理，而且皇家学会已经通过把我的论文放进档案馆里表示认可，这一点无疑说明了这个证明的价值。就这些要人所持的观点而言，他们

---

① "无论哲学家对意志自由会形成什么样的概念，出于形而上学的考虑、意志的现象、人类的行为，正如自然界中每一个其他事物一样，都是由自然界的法则所决定的。"（康德《一般历史观念》）"人类的所有行为，就它们是现象而言，都是根据自然界的秩序，由其经验特征和其他伴随的原因所决定的；而且假如我们追根问底地审视他的意志的所有表现，我们就会发现没有任何一个单独的人类行为不可以从它之前的条件中作为必然性而确定地推测出来。因此，就这种经验特征而言，不存在自由，然而，只有考虑到自由意志，我们才能在观察时探究人类，从人类学的角度出发，设法弄清其生理上的动因。"（《纯粹理性批判》）"因此，有理由认为，假如我们有充分的能力认识人类的思维方式，考察它在内部和外部行为中的表现，认识每一个甚至是信号最微弱的动机，而且以同样的方式认识在这些行为中的所有其他原因，那么，我们就有可能像对待日食和月食那样，精确地计算它的下一步行为。"（罗森克朗兹《实践理性批判》）

当然要对这一有害的学说、可憎的异端大加抨击，以最终驳倒它。不仅如此，由于在我的另一篇论文《论道德的基础》中，我已经证明了康德的实践理性以道德律为名、冠以绝对律令是毫无根据的，但是，这些先生们仍将康德的观点作为他们浅薄的道德体系的基石，因此，他们的这种义务感显得更加迫切。我已经清澈如水、无可辩驳地表明了这是一种无用的设想，稍具判断力的人都不会再去相信这种虚构。——"咳，他们大概会这样做。"——哦，不！他们非常谨慎，没有在这种难以捉摸的根据上冒险！他们的本事就在于沉默；沉默就是他们唯一用来反对智力、诚挚和真理的本领。自1841年以来，他们出版的粗制滥造的无用作品中，没有一本书对我的《伦理学》——无疑这是60年来出版的关于道德哲学方面的一本最重要的著作——有些许的注意，而且，他们对我和我的真理如此恐惧，以致几乎没有一本由研究机构或大学主办的人文杂志提到过它。Zitto，Zitto（安静，安静），以免公众觉察出问题来，他们的整个策略就在于此。自我保护的本能无疑是这些狡诈的策略之根源。因为，这犹如一方面是一种以真理为其唯一目标、别无他求的哲学，另一方面则是一些微不足道的体系，在众说纷纭的大众舆论的影响下，这些体系之所以被认可，就是因为这些体系的制造者能很得体地处理公众的意见。如果哲学与这些体系相接触，岂不是鹤立鸡群吗？他们对我的作品极端恐惧实际上是惧怕真理？毋庸否认，主张所有的意志行为都具有彻底的必然性这一学说，跟他们心爱的按照犹太教的模式塑造出来的老太婆的哲学假设构成了针锋相对的矛盾。然而，经过严格检验过的这一真理，绝不会因此受到破坏，它作为一个确定的事实和标准，作为一个真正的"给我一个支点"，证实了所有老太婆哲学的无用，说明了迫切需要建立一种完全不同的、无比深刻的关于宇宙和人的观点；至于这一观点与一个职业哲学家为官方所尽的义务是否一致，则不在考虑之列。

（二）论主体的第一类客体（2）

因果概念的先天特征经验直观的理智特征

我们哲学教授们的教授哲学，直至今日仍然教导我们，关于外部世界的直观是感觉的事情，然后这种哲学就开始详尽论述这五种感觉；但是绝不提直观的理智特征，即不提这主要是知性的事情，知性通过它自身固有的因果律形式，同由因果律设定的时间和空间这种纯粹感性形式一起，从感觉材料中创造和产生了最初的客观的外部世界。然而，它的主要特征，在我的这篇论文的第一版中曾说明过，之后不久在我的论文《论视觉和色彩》（1816年）中做了更详尽的论述，罗莎斯教授对这篇论文表示赞赏，但剽窃了其中的内容[1]。但是，我们的哲学教授对于不论是这一学说，还是任何一个确实伟大且重要的真理，均不屑一顾，尽管这些真理是我终生确立的目标，我为之始终努力加以探索，以保证它们能够成为我们人类的永恒财富。因为这不合他们的胃口，也不合他们的概念；既不会导发神学，更不适于为了更高的国家目的来培养学生。简言之，职业哲学家不愿意从我这里学习东西，

---

[1] 若进一步了解情况，请见我的论文《自然中的意志》。

也不明白从我这里他们会学到多少东西，而这些东西却是他们的子孙将要从我这里学到的。他们宁愿坐下来进行无休止的形而上学空谈，各执一端，哗众取宠。无疑，如果手指拥有足够的资格，那么手指也会拥有这种哲学。马基雅维里按照在他之前的赫希俄德的看法说[①]："有三类大脑：第一类是从事物本身获得认识和理解；第二类是通过别人的认识来接受真理；第三类，两者都不是。"[②]——这话说得多么有道理啊！

一个注定要被诸神摒弃的人，肯定会设想有一个外在的、可感知的世界，充塞在三维空间中，同时又在不可逆转的、永不休止的时间中运动，每前进一步都由因果律支配着，无一例外，而且只要遵循因果律，我们就能在使用这些法则之前表明——像这样的世界，我们说，独立于我们自身，在我们之外真实地、客观地存在着，只需通过纯粹的感觉便可传递到我们的大脑，因而就有了一个好像是在我们之外却在我们之内的第二存在。然而，感觉终究是非常可怜的东西！即使我们器官中最高级的东西，也不过是一种狭隘的、具体的感觉，这种感觉即使遇到些微的变化也易受影响，就其自身而言，这种感觉总是主观的，因此，不可能包含客观的内容，以及任何如直观之类的东西。因为感觉是且总是发生在我们有机体之内的过程，并且局限在我们的皮肤之内；因此，它不可能包含任何在这个范围之外，换言之，在我们之外的任何东西。一个感觉可以是合意的或不合意的——这预示着与

---

① 参见赫希俄德《神谱》。
② 参见马基雅维里《君主论》。

意志的一种关系——但是，在感觉中没有任何客观的内容。在感觉器官中，由于神经末梢的聚集，感觉得以升华，而且由于它们分布广泛，封闭它们的包膜灵敏，感觉很容易受外因的激发；另外，感觉极易受到个别事物的影响，诸如光线、声音、气味，但是它仍不过是感觉，类似于我们体内的所有其他事物。因此，它本质上是主观的，我们只能通过内感官的形式即时间直接意识到它的变化，也就是继起。只有在知性开始起作用的时候——不是单一纤细的神经末梢，而是神秘复杂的结构在起作用，这个结构就是我们的大脑，重量不过 5 磅到 10 磅——只有当它开始运用它的唯一形式因果律时，一种强有力的转化才会产生，主观感觉通过这种转化变为客观的直观。因为，根据它自身特有的形式，也就是先验的，即在任何经验之前（因为在此之前没有任何东西）的形式，知性构想出某一有形的感觉作为结果（这个词只有知性才能理解），从而有其果必有其因。同时，它求助于空间这一外感官形式，外感官的这种形式同样在理智（即大脑）之中，以便把原因从有机体里转移出来；因为只有这样，最初的外部世界才能产生。然而，只有空间才使之成为可能，因为，先天的纯粹直观必定为经验直观提供基础。在这一过程中，知性利用由感觉提供的各种不同的材料，甚至那些最细致入微的材料，目的是形成在空间上与这些材料相一致的原因。这一过程我们很快就能看得更清楚。这一理智活动（被谢林[1] 和弗赖斯[2] 直接否定）无论

---

[1]　谢林《哲学著作集》。

[2]　弗赖斯《理性批判》。

如何不可能以概念和语词用推论和反思的形式抽象地发生；而是相反，这种活动是直观的直接的过程。因为只有这样，充塞在实在的、客观的、有形的世界，才能在知性中而且只对知性而存在，根据同一个因果律，表现自身并进一步在时间中产生变化，在空间中产生运动。因此，正是知性本身创造了客观世界，因为这个世界不可能以成型的形式通过感官和感觉器官的通道从外面走进我们的大脑。事实上，感官只提供原始材料，知性当即按照法则，通过我们已论述过的简单形式——空间、时间和因果律，把这些材料加工成有形世界的客观映象。因此，我们每天所进行的经验直观是一种理智的活动，我们有权力这样说。德国冒牌哲学家把此解释为梦幻王国里伪装的直观，从而在这种直观里他们所偏爱的"绝对"得以演变。现在，我们将着手表明知觉与感觉之间的区别形成了一条多么宽的鸿沟，之所以得出这个结论是因为知性是在感觉提供的材料极为粗糙的条件下建立起一座富丽堂皇的大厦的。

确切地说，客观的直观只使用两种感官：触觉和视觉。只有这两种感觉为知性提供材料，知性以此为基础，通过刚描述过的过程建构客观世界。其他的三种感官则完全是主观的；因为它们的感觉在面向外因的同时，不包含任何可以决定其空间关系的材料。空间是所有直观即领悟的形式，确切地说，只有在空间这种形式中，客体才能呈现自身。因此，这另外的三种感官无疑可用来预示我们以其他方式已经知道了的客体的存在；但是，由它们提供的材料，不可能形成空间建构，从而也就不能形成客观的直观。玫瑰的存在不可能以它的芳香为基础，盲人可以终生享用音乐，但不必对音乐家或乐器或空间的振动有些许的客观表象。另一方面，听觉作为语言的中介是至关重要的，正因为此，理性才有了意义。对于音乐，听觉具有同样的价值，我们只有在音乐这种形式中，才能既抽象又直接具体地理解数量关系；然而，乐声或乐调并不给出空间关系，因此，它无助于使我们靠近它的原因之本质。如果我们就在此停止，其结果便是知性没有材料去建构客观世界。只有触觉和视觉提供这种材料；因此，盲人即使没有手或脚，也能有条不紊地先天地为自己建构空间，尽管他只能得到客观世界的一个很模糊的表象。然而，由触觉和视觉所提供的东西无论如何算不上直观，至多可说是直观的原始材料。因为直观绝不可能包含在触觉和视觉中，这些感觉甚至与通过它们而向我们呈现自身的事物在本质上没有任何相似之处，这个问题我将马上论述。我们最好是在一开始就把属于感觉的东西与在直观中理智加工过的东西明确加以区分。在开始的时候，这是不易的，因为我们习惯于直接从感觉追问它的原因，所以，我们尚未来得及注意感觉与原因的不同，原因就把自身呈现出来，这样，好像是为知性做出结论提供了前提。

首先，触觉和视觉有它们各自特有的优势；因此，它们可以相互帮助。视觉不需要触摸，甚至不需要靠近；它的范围是无限的，可远及星球；而且，即使是最微弱的光亮、影子、色彩以及透明物，视觉也敏感异常。所以，它能给知性提供大量非常确定的材料，通过实践对这些材料进行加工，就能得到物体的形状、尺寸、距离以及本性，并且同时在直观中呈现它们。另一方面，触觉无疑离不开触摸；它所提供的材料是如此多样可信，以至它是所有感觉中最具有探索性的一种。甚至由视觉所进行的直观，在其最后也离不开触觉；而且，视觉可以被看做一种最不完善的触觉，它利用光线作为长长的触角而伸向远方。正是由于局限在以光作为中介所具有的这些特性中，视觉才片面，易流于欺骗；而触觉可以很直接地提供认识尺寸、形状、软硬度、粗细度、温度等方面的材料。触觉之所以有如此能力，部分是由于我们的手臂、手和手指的形状和移动性，知性根据它们感受客体的位置，获得建构空间物体的材料，部分是由于肌肉的力量，它使我们知道物体的重量、强度、韧性或易损性，所有这些东西都极少有错。

然而，这些材料无论如何不会产生直观，直观从来都是知性的事情。我用手压桌子的感觉并不包含这一客体内部诸要素之间紧密相连的表象，也不包含任何类似于此的东西。只有当知觉从感觉追问到它的原因时，理智才为自己建构起一个具有强度、不可入性和硬度等特性的物体。假如在黑暗中，我把手放在一个光滑的平面上，或者抓住一个直径约三英寸的球，在这两种情况下，我的手中相同的部位都会感到一种压力；只有把手压在不同的位置，在这种情况下，我的知性才能建构物体的形状，因为对于物体的触摸是感觉的原因，这可以从我更换手的位置中得到证实。天生盲人的手感，在感觉立方客体时，无论在哪条边还是哪个方向上，都是一样的：虽然只有手的很小一部分压在棱上，但所产生的感觉丝毫没有立体感。然而，他的知性从感觉到的阻力中可以得出一个直接的、直观的结论，即这一阻力必有一个原因，而这一原因就通过一个坚硬物体这一结论表现出来；通过手臂的运动来感受客体，如果手感没有变化，他就能够建构空间的立体形状，这种能力对他来说是先天的。如果原因的和空间的表象，连同它们的法则一起，对他来说已不存在，那么，关于立方体的形象就永远不会从他的手上的连续感觉中产生。如果一根绳子从他手中拉过，由他感到的摩擦和拉绳的持续过程的原因，他就可以建构一个长长的圆柱形物体，该物体在他手上一个特定位置始终朝一个方向运动。但是，借助于时间所进行的空间位置的变化，即运动的表象，永远不可能从他手上的纯粹感觉中产生；因为这种感觉既不包含也不可能只通过自身产生任何此类事物。相反，正是理智在一切经验之前，在自身之中包含有空间和时间直观，以及与空间和时间同在的运动可能性的直观；理智还包含因果表象，以便从感觉——经验所给予的只是表象——追问感觉的原因，并把此原因构建为具有一定形态、在一定方向上运动的物体。因为手上的纯粹感觉跟因果表象、实体性以及在时间中空间的运动之间的区别是多么悬殊啊！手上的感觉，即使触摸的位置和点是改变的，它所给予的材料却是始终如一地匮乏不堪，不足以从中建构具有三维特性的空间表象，以及具有广延性、不可入性、内聚力、形状、坚固或柔软、静止和运动的物体之间的相互影响的表象，简言之，客观世界的基础。相反，这一切之所以可能仅仅是因为理智是先于一切经验的，它自身中包含着作为直观形式的空间、作为变化形式的时间以及作为统辖变化生灭的因果律。恰恰就是在一切经验之前的所有这些形式的先在，构成了理智。从生理学上看，这是大脑的一种机能，就像人的胃负责消化或者肝脏分泌胆汁一样，这种机能不是在经验中学来的。不然就无法解释为什么很多天生的盲人能掌握关于空间关系的全面完整的认识，使他们在很大程度上弥补视力方面的缺陷，并且取得惊人的成功。例如，一百年前的桑德森，是一个天生的盲人，在剑桥讲授光学、数学和天文学①。这也是解释伊娃·劳科这种完全相反的情况的唯一方法，这个人生来缺臂少腿，然而仅靠视觉获得了关于外部世界的直观，而且不比别的孩子慢②。因此，所有这些都证明，时间、空间和因果律都不是通过触觉和视觉得到的，也不是任何外来的东西，而是内在的，因而是非经验的，它们只能起源于理智。从这里我们又可以知道，对于物质世界的直观，其本质是一个理智过程，这个过程由知性来完成，感觉只不过为理智在各种具体情况下的运用提供机会和材料。

我将要证明视觉也如此。这里唯一直接的材料是视网膜所经历的感觉。这种感觉虽然有许多变化，但可归结为光明与黑暗以及两者之间的程度变化，再就是各种色彩。这种感觉完全是主观的：它只存在于我们的有机体之中、皮肤之下。如果没有知性，我们永远不可能意识到这些变化，假如我们的眼睛在感觉时没做各种特别的调整，那么，这种感觉就跟在我们之外的客体的形状、位置、远近毫无共同之处。因为视觉只提供作用于视网膜的各种各样的影响，这正像画家调色板上充满了各种不同的颜料一样。假如知性突然被剥夺——譬如说是由于大脑性麻痹——这发生在我们正凝视富丽广阔的自然风光时的一瞬间，我们的意识里什么也没有留下，但是感觉却不改变，因为这就是知性刚才还以此建

---

① 狄德罗在《谈盲人的信》中对桑德森做了详细的说明。
② 参见《作为意志与表象的世界》第二卷第四章。

构直观的原始材料。

这样，知性就能够从譬如光线、形状和色彩这种有限的材料中产生可见的世界，在空间直观的帮助下，通过从结果追问到原因这一简单的功能，世界就能呈现出千姿百态、无穷无尽的景观，而这首先要依赖于感觉本身的帮助。感觉本身就在于：首先，作为一个球面的视网膜能够容纳印象并置；其次，光线总是直线运动的，在眼睛里的折射也是直线的；最后，视网膜拥有一种直接判断印在它上面的光线来自何方的能力，也许这只能由光线穿过视网膜球面而进入其背后来加以说明。但是，由此我们得知，纯粹的印象可以立即显示它的原因的方向，即它直接顺着光的方向或反射的光而指向客体的位置。把这一客体作为原因之过渡无疑以因果关系以及空间法则的认识为先决条件；但是，这一认识恰好构成了理智的内容，这样，还是理智从纯粹的感觉中产生直观。现在，让我们更细致地考察它这样做的过程。

它做的第一件事情是正确地确立客体的印象，不过客体的印象在视网膜上是颠倒的。我们知道，最初的倒置是以下列方式产生的：因为可见客体上的每一个点都是以直线朝四面八方射出的，从最上面来的光线经由瞳孔狭窄的孔眼与从最下面来的光线交叉而过，这样，前者就落在底部，后者则落在顶部，同样，从右边来的落在左边，从左边来的则落在右边。眼睛的折射器官，由水状液体、晶体和玻璃体组成，只用来集中来自客体的光线，以便它们在视网膜这个有限的空间里寻到立足点。假如视觉仅是感觉，我们应该直观到被倒立了的客体的印象，因为我们是这样接受它的；但是，在这种情况下，假如我们停止在这种感觉上，我们就会把它作为眼睛内的某种东西加以领悟。然而，事实上，知性会立即用它的因果律起作用，而且由于它从感觉中能够获得印在视网膜上的光线是从哪个方向来的这一材料，所以它能反沿着这两条线去追问其原因；以致这一次光线的交叉是在相反的方向发生的，作为原因的客体在空间中直立着呈现自己，即客体在它最初发出光线的位置上，而不是在它们抵达视网膜时的位置上。这一过程中理智的纯粹本性，排除了所有其他的、特别是生理的解释，还可以从下面事实中得到验证：假如我们把头夹在两腿之间，或头朝下躺在一个小山上，我们看到的仍然是正位客体而非倒立着的；虽然视网膜上那一部分通常遇到客体位置较低的那一部分，现在所遇到的都是较高的那一部分。事实上，如果没有知性，一切都会是乱七八糟的。

知性在把感觉转化为直观时所做的第二件事情是从双重的感觉中产生一个单一的直观。因为从我们所看到的客体那里事实上所接受到的印象，对于每一只眼睛来说都是独有的，跟另一只眼睛所接受的印象无关，甚至在方向上也都稍有差异，但是客体却是以单一的形象呈现自己的，而这只能发生在知性之中。产生过程如下：除非我们是在看一个很远的客体，即物体在 200 米以外，否则，我们的双眼从来都不是完全平行的。另外，当我们看客体时，双眼都会直接瞄向客体，由此双目的目光会聚，以使每一只眼睛里的视线投落在所寻求的客体上的一个准确的点上，这就形成一个角，这个角被称为视角，视线本身被称为视轴。当客体立于我们的正前方时，这些视线恰好印在视网膜的中心，有两个点在每只眼睛中是完全互相对应的。知性，其唯一的任务是找寻万物之因，立即把印象确认为来自外物的某一点，虽然此时感觉是双重的，并且知性把这种感觉归为一个原因，因此，原因便作为统一的客体呈现自身。我们直观到的一切，都是作为原因被直观的，即作为一个我们经历过的结果的原因，因而是在知性中。但是，因为我们双目所看到的不仅是一个点，而是包括客体上相当大的一个面，当然我们是把它作为一个统一的客体加以直观的，所以，我们很有必要进一步深入地加以解释。位于视角顶点那一面的客体上的所有部分所射出的光线不可能直接进入中心，而是来到每只眼睛里的视网膜的侧面；落点在两个侧面上的位置都是一样的。我们不妨以左边为例。这样，光线所印上的点彼此就完全对称，包括中心也如此——换言之，它们是同样的点。知性立即就理解了它们，并相应地使用上述因果直观法则对它们加以解释；结果，它不仅把印到每一视网膜中心的光线，而且把投到每一视网膜上所有其他相应对称的光线，都归结到所看的客体上的一个单一的光点上，即它既看到了所有这些个别的点，也看到了完整的客体。值得注意的是，在这个过程中，并不是一个视网膜的外侧与另一个视网膜的外侧以及一个内侧与另一个内侧相对应，而是一个视网膜的右侧与另一个视网膜的右侧相对应；所以这种对称性不能从生理学上来理解，而应从几何学上取得解释。关于这个过程以及与之相关的所有现象的许多清晰说明，可从罗伯特·史密斯的《光学》中找到，在凯斯特内尔的德译本中（1755年）也可看到一部分。在考察一个客体时，眼睛上下滑动地注视，以便使客体上的每一点都不断地进入视网膜的中心，这样才看得最清楚：我们用双眼全面地审视它。因此很显然，我们仅用两只眼睛看事实上跟用 10 个手指摸物体过程是一样的，在不同方向上无论是每只眼睛还是每个手指都会有不同的印象：所有这些印象都是知性从一个客体中得到认识的，因此，是知性在空间中认识并建构了客体的形状和大小。这就是盲人可能成为雕塑家的原因。我们可以举约瑟夫·克兰霍斯这个著名的例子，他从 5 岁起就是一个雕塑家[①]。因为无论直观以什么原因获得材料，直观总是知性的一种作用。

但是，假如我把手交叉着去摸球，同一个球对我来说似乎是两个——因为我的知性立即会根据空间法则，毫不怀疑地认为手指处在正常的位置上并且一定会产生两个半球的感觉，因为这两个半球与拇指和中指的外侧相接触，知性追究原因并建构它的结果一定会认为是两个球——在视角方面也同样会造成一个物体似乎是两个的感觉，假如我们的眼睛不是对称地把视角集中和围绕着客体的一个单一的点，而是两只眼睛各以不同的斜度对之进行观察——换言之，假如我斜着看。因为在这种情况下，从这一客体的某一点上发出的光线不是对称地印在我们大脑惯于接受的那

[①] 法兰克福《论坛报》1853 年 7 月 22 日对这个雕塑家介绍如下："盲人雕塑家约瑟夫·克兰霍斯，7 月 10 日卒于提洛尔的纳德斯。他在 5 岁时，由于天花而双目失明，从此以雕塑聊以自慰。普拉格（Prugg）给过他指导，并给他提供模型，他 12 岁时雕了一个与人一般大的耶稣像。他曾在费根的尼斯尔工作室里短期停留过，由于他的优良素质和天赋，他作为一个盲人雕塑家很快家喻户晓。他的作品为数众多，种类齐全，仅经他制作的耶稣像就约 400 个，这足以证明他的熟练程度，特别是对一个盲人来说。另外，他还制作了很多其他作品，而且就在两个月前，他还塑造了奥地利皇帝弗朗茨·约瑟夫的半身塑像，这一塑像已送往维也纳。"

些由于经验而熟悉的视网膜之相应对称的点上，而是落在我们眼睛对称位置上的那些完全不同的其他点上，本来只有不同的物体才会对这些不同的点产生这样的影响；因此，我之看到两个客体，正是因为直观是通过知性并在知性之中发生的。即使并非斜视，这种情况同样会产生，例如，当我把目光固定在置于我前面的两个距离不等的客体中较远的一个上，而且把视角完全转向它时，这时从较近的客体上发出的光线不会对称地印在视网膜相应的位置上，因此知性就把它们看为两个客体，即看到较近的客体为两个。相反，假如我把视角完全转向较近的客体，并且持续不断地注视它，较远的客体就会显出双重的特性。把一支铅笔放在离我们的双眼有两尺远的地方，交替地注视它以及在它之后的另一客体，便很容易验证我们的说法。

但是，最妙的是，这个实验完全可以反着做：当两个实在客体放在离我们很近的正前方时，如果我们把眼睛睁得很大，我们看到的客体就只有一个。这是直观只是知性的职责而无论如何不包含在感觉中的最有力的证明。把两个长约 8 寸、直径约 1.5 寸的卡片纸管彼此平行束紧，就像双筒望远镜，然后在每一个试管的尾部系一枚先令。如果我们用眼睛从另一端往筒子里看，那么我们只能看到一个筒子围着一枚先令。因为在这种情况下，眼睛只能完全平行地观看，从硬币上发出的光线安全注入两个视网膜的中心，而且，直接围绕它们的这些点就彼此对称地落在相应的位置上；因此，知性必然认为：当客体较近时，两条光轴通常集中的位置只允许把一个客体当做反射光线的原因。换言之，我们只能看到一个客体；所以在知性中，我们对于因果作用的理解是直接的。

由于篇幅所限，我们不能在这里逐一驳斥对于单一视觉所做的生理解释；但是，我们通过下面的考察，足以看出这种解释的谬误：

假如单一的视觉依赖于有机体的联系，那么这种现象赖以出现的视网膜上对应的点在有机体上应是一致的，但是，正如我们已经说过的，它们只有在几何学的意义上才是如此。因为从有机体的角度来说，一双眼睛的外眼角互相一致，内眼角也互相一致，其他部分也如此；但是，只有右视网膜的右侧与左视网膜的右侧一致，等等，才能形成单一视觉，我们刚描述过的现象无可辩驳地说明了这一点。正因为这一过程具有理智特征，因此只有最具理智的动物，如哺乳纲和猛禽——特别是猫头鹰——才有这种眼睛，其所处位置使它们能把两个视轴对准同一点。

牛顿[1] 创导的假设，即视觉神经的会合或局部交叉在进入大脑之前，这种观点是错误的。道理很简单，因为如果事实如此，通过斜视就不可能看到一个物体有两个像。另外，维萨雷斯和凯萨庇努斯已经提出了解剖学上的例证，即主体只能看到单一的客体，虽然这时视觉神经没有出现会合甚至都没有发生接触。反对一个印象是混合的，这一假设所提出的一个主要证据基于以下事实：一旦紧闭右眼，而且左眼看太阳，鲜明映像的滞留总在左眼，不可能在右眼，反之亦然。

知性把感觉改造为直观的第三个过程在于它从所得到的简单

---

[1]　牛顿《光学》第 15 个疑问。

表面中建构客体——加入空间的第三向度。知性通过因果律在空间的第三向度中估计物体的伸展情况——空间的第二向度是由知性先天认识的——即根据眼睛受客体影响以及光线明暗的渐变程度。事实上，虽然客体处在三维空间中，但是，它们在我们眼中只能产生两维的印象；因为眼睛这一器官的本性是：我们的视觉只是平面的而非立体的。直观中的立体感都是由知性产生的，知性的唯一材料是眼睛从何处得到印象、印象的限度以及明暗间的各种变化：这些材料直接表明它们的原因，使我们区别面前的东西是一个圆盘还是一个球。这一心理过程，同前面的过程一样，瞬息即过，以至我们只能意识到它的结果。正因为如此，透视图才十分难画，以至只能通过数学来解决而且要经过训练才能学会；虽然画透视图所做的只是再现视觉所见之物，这跟视觉向知性提供作为第三过程的材料是一样的：视觉仅是一个平面的展开，知性在看画和视物时，立即在此展开的两维以及其中所述的材料中增加第三维。事实上，透视图同打印出的写作材料一样是一种易读的东西，但是，能写的人却很少；其原因就在于我们的理智在直观事物时只领会有助于找到原因的结果，只要一找到原因就立即忘掉了结果。例如，我们一旦看到椅子，就立即忽视它的位置；而描述一把椅子的位置则属于从知性的第三过程中进行抽象的艺术，这只是为了向观察者提供材料，让他自己去完成这一过程。如我们已看到的，如果我们从最狭隘的意义上看，这是一门透视画的艺术；从更广泛的意义上看，这是整个绘画艺术。一幅画就是根据透视的法则而把轮廓呈现给我们；明暗相间呈现出投光和形状的效果；最后是色彩的搭配，这是经验中关于性质与密度的知识所决定的。观察者是通过把类似的原因还原为他们已习惯了的原因才看出和了解这一点的。绘画艺术就在于有意识地在记忆里储存视觉材料，这些材料即我们所说的处于第三理智过程之前的东西；对于我们这些不是画家的人来说，一旦出于上述目的使用过这些材料之后，就把它们搁置到一边，没有保留在我们的记忆中。现在我们通过说明第四个过程来加深对具有理智特征的第三过程的理解，第四过程与第三过程有一种内在联系，因此有助于说明第三过程。

知性的第四种作用在于获得客体与我们之间的距离方面的认识，正因为这样，它才构成我们一直在谈的空间的第三向度。如前所述，视觉告诉我们客体所处的方向，而不是与我们之间的距离，即客体的位置。因此，只有知性才能发现这一距离；或换言之，距离纯粹是由因果关系的测定而推断出来的。这里面最重要的是视觉，即客体所对着的角；然而角本身也是模棱两可的，说明不了什么，正像一个有着双重意义的词，要在一种意义上理解它，只能从它与其他意义的联系中入手才能做到。面对同一个视角的客体，事实上它既可以离我们很近，也可以离我们很远，既可以很小，也可以很大；只有在我们预先确定了它的大小之后，才能通过视角知道它的距离。或者相反，通过已知的距离确定其大小。直线透视以下列事实为基础：视角随距离增大而减小，其原则很容易在这里推出。我们的视力在各个方向的视程都是一样的，所以我们看实际存在的一切东西都仿佛是从凹陷的球面之内开始的，我们的眼睛就处于其中心位置。首先，无数个交叉的环由各个方向从球面中心穿过，由环划分测量出来的角都是可能的视角。

其次，球面本身根据我们所给予它的半径的长度变更它的大小；因此，我们还可以把它设想为是由无数个同心的、透明的球面组成的。随着所有的半径向外分叉，这些同心球面就根据离开我们距离的远近而相应地变大，每一个切面环的度数也相应地增加，因此，客体的实际大小也就随着这种增大而增大。这样，客体的大小是根据它们在球面上所占据的相应部分的大小决定的——譬如说 10°——无论这一客体占的 10° 是在直径 2 英里的球面上，还是在直径 10 米的球面上，其视角保持不变，所以可以不予考虑。相反，假如客体的大小已经确定，它所占据的度数将随我们作为参数的球面的扩大和距离的延伸而按比例减少，它的整个轮廓将以类似的比例缩小。由此我们就得出了整个透视的基本法则；因为，客体以及客体之间的间隔必然会随着客体与我们之间的距离的增大而按比例地缩小，它们的整个轮廓也会因此缩小，其结果是：距离越远，在我们上面的客体就降，在我们下面的客体就升，而周围的一切客体将一起向中心靠拢。只要我们眼前所看到的可见的、相互联系的客体的继起是不间断的，这种渐近的集中和直线式的透视就能使我们对距离做出估计；但我们仅靠视角还不能做到这一点，因为知性在这里还需要其他材料的帮助，在一定意义上，我们需要通过距离更加精确地表明这个角的大小，以便对于这一视角做出说明。这类材料主要有四种，我打算具体地加以说明。由于有了这些材料，即使没有直线透视的帮助，一个站在 200 米开外的人，较之站在仅 2 米远的人，所对视角要小得多，大约是 1/24，但在大多数情况下，我仍然能正确估计出他的身材。所有这些情况再一次说明直观不仅是感觉的事情，而且也是理智的事情。我要在这里补充一个特别有趣的事实，进一步证实我已谈到过的直线透视的基础以及整个直观的理智特性。当我不断凝视轮廓鲜明的有色客体时，譬如红色十字架，若它长到足以引起生理联想，致使我的眼睛里出现的是一个绿色十字架，我的目光所投的面越远，它就显得越大，反之亦同。因为联想本身在我的视网膜中所占的那一部分是不变的，即最初受到红色十字架影响的那一部分；因此当它被认为是外在的，或换言之，被看做外在客体的结果时，它就形成一个不变的视角，譬如说2°。在这种情况下，假如没有对视角做任何说明，就把它移到远处的一个面上，这样，我必然会把它看作一个结果，十字架就会在远处从而是一个较大的球面上占据2°，因此它就显得大了。另一方面，假如我把联想投在一个较近的客体上，它将占据一个较小的球面的2°，因此它就小了。在这两种情况下，所产生的直观完全是客观的，很像是对外部客体的直观；由于它完全由主观的原因而生（通过以一种完全不同的方式被引起的联想），因而证实了整个客观的直观的理智特征。这一现象（我清楚地记得它第一次被我注意是在1815年）构成了塞根的一篇论文的主题，这篇论文1858年8月2日在《报告》上发表。这一现象在该文中被当做一个新发现，但被各类荒谬的解释歪曲了。那些著名的同行先生们决不放过堆积实验的机会，问题越复杂越好。经验是他们的格言；然而，就对所观察到的现象进行真实、合理的反映而言，那真是凤毛麟角！"经验！""经验！"，蠢材们跟着随声附和。

现在我们转回到用以说明一定视觉的辅助材料上，其中我们首先发现的是眼睛内部的变化，眼睛借助于这些变化使折射器官通过增大或减少折射而适应不同的距离。这些变化是由什么构成的，现在尚未清楚地加以确定。凸状体曾经是探索的对象，后来又探索过角膜和晶状体；但是最新理论在我看来应该是最有道理的，这一理论认为，看远处的东西时晶状体后移，看近处时则前移。在后一种情况下，侧面的压力使它更加突出；以至这一过程同看歌剧时用的望远镜没什么两样。然而，刻卜勒已经把这一理论的主要内容表述过了，这一理论在许克的小册子《晶体的运动》中可以看到。即使我们没有清楚地意识到眼睛内部的这些变化，无论如何也应该感觉到，并且由此来估算距离。这些变化的有效范围大约从 7 英寸到 16 米这个距离内，对于此范围之外的清晰视觉，这些变化并不发生，因此，知性只能在这一范围内运用这些材料。

不过，超出这一范围，另外一种材料就可以使用了：由两个光轴形成的视角。我们在谈到单一视觉时曾对光轴有过解释。很显然，客体越远，视角就越小，反之亦然。就知性利用感觉提供的材料直观地估算距离而言，两眼相互之间的不同方向，必然会产生一种我们能够意识到的细微感觉。我们不仅可以利用这一材料认识距离，而且还可以利用眼睛的视差认识所看的客体的具体位置，所谓视差也就是在双眼看客体时方向上的细微不同；所以，如果我们闭上一只眼睛，就会感到客体似乎在动。因此，闭上一只眼睛就不易吹灭一支蜡烛，因为缺乏这种材料。但是，由于眼睛在客体的距离达到或超过 200 英尺时视线就开始平行，因而视角不再存在，因此这种材料只对上述距离以内有效。

（三）论主体的第二类客体（1）

对这类客体的说明

自古以来，人类种族和动物之间的唯一本质区别，一直被归结为只有人类才具有的特殊认识能力，即理性。这种区别以这样一个事实为基础：人类拥有任何动物所不能享有的一种表象，这就是概念。这种表象与直观的表象相对，因此是抽象的，但却是从直观的表象中产生的。其直接结果便是动物既不会说也不会笑，而人类所有那些与动物生命相区别的各种各样的重要特点则是它的间接结果。因为，抽象表象的产生现在已使动机的形成改变了它的特点。虽然人类行为的产生同动物行为一样要遵循严格的必然性，然而通过这种新的动机，根据计划和原则，与其他的东西协调一致，具有目的性并且是经过深思熟虑的，这种行为取代了纯粹是由此刻可直观的客体所产生的冲动；正是如此，它所带来的一切才使人类生活如此奢华，如此虚假，如此恐怖，以至西半球的白人，抛弃了远古时期他的第一发源地真实深切的宗教，现在再也不把动物看做是兄弟，而错误地认为它们与他根本不同，并且设法把它们称作畜生，以卑微的名称称呼人和动物都具有的重要功能，声称它们难以驯服，这都是为了证实这种错觉。这样他就铁了心地反对人和动物之间存在的同一性，但是，这同一性却总是不断地去烦扰他。

正如我们所言，整个不同仍然在于：除了由动物分享的直观表象之外，另外还有一种从直观表象中派生出来的抽象表象，这种表象存在于人的大脑中，人的大脑比动物的大脑大得多，主要就是这个原因。这类表象被称为概念①，因为每一个概念都在自身（或者更确切地说在自身之下）包含着无数个体事物，因而成为一个复合体②。我们还可以把它们定义为从表象中获得的表象。因为，它们在形成的过程中，抽象能力把完整的、直观的表象分解为各个构成部分，以便于逐一思考事物的不同本质，或事物之间的关系。不过，通过这一过程，表象必然丧失其直观性；就像水一样，当被分解时，其流体性和可见性就消失了。因为，虽然每一性质被分离、抽象出来有助于加以细致的思考，但我们并不能说，它可以单独地被直观。我们通过舍弃直观给予我们的大量材料形成概念，以便于独立地思考其他的内容。因此，构想就是思考，而思考不及直观。假如，在我们考察了若干个直观客体之后，我们就舍弃属于每一客体的某些不同的东西，而保留所有客体共有的东西，这共有的东西就将是那一种的类。这样，类的概念，在去掉所有不为每一个种所具有的概念之后，就成了包含于其下的所有的种的概念。由于每一个可能产生的概念都可作为一个类来看，因此，概念总是一般的，从而不是直观的。每个概念还要有自己的范围，容纳可在它之下所思维的东西。我们的思维进行抽象的程度越高，我们所舍弃的就越多，因而留给思维的东西就越少。最高的抽象，即最一般的概念，也就是最为空洞贫乏的，直至最后完全成为一个外壳，如存在、本质、事物、变化等，就是这种概念。顺便问一下，仅以这类概念编织出来的、仅以这种脆弱的

---

① 德文为 Begriff，指有理解力的思想，由 begreifen（理解）派生而来。

② 德文为 Inbegriff，指全体。

思想外壳为其本质的哲学体系究竟有什么用处呢？它们必然极端虚无、贫乏，因此，也就特别令人厌倦。

正如我们所说，表象通过升华和分解而形成了抽象概念之后，其直观性尽失，假如它们不通过任意赋予的符号而在感觉中被固定和存留下来，那么，它们将不会在思维过程中被加以使用，这样它们就会从我们的意识中消逝。当然，事实并非如此。我们这里所指的符号就是词。就它们构成辞典进而构成语言的内容而言，词总是可以标明一般的表象、概念，但永远不能标明直观的客体；因此，一本列举具体事物的词典，仅包含着专有名称，而不是词，它所列举的内容既可以由时间也可以由空间分开；如读者所知，因为，时间和空间就是个体化原理。只是由于动物被局限在直观表象中，不能进行任何抽象——因此不能形成概念——所以，即使它们能够清晰地发出单词的声音，我们也不会说它们有语言，但是，我们也得承认它们能领会专有名称。

分析一个未受教育的人连续说出的一段长话即可发现，在这段话中包含着大量的逻辑形式。从句到措辞，各种各样的细微差别通过语法形式，借助于词尾变化和句法结构，甚至依靠在谈话中经常使用不同语气等，正确地表达出来，所有这些情况都与法则相一致，这不能不使我们感到惊讶，并且我们不得不承认这是一种广泛的、首尾完全一致的认识。这种认识的获得自然要以直观世界为基础，而把直观世界的本质归结为抽象的概念则完全是理性的工作，且只能借助于语言才能完成。因此，在学会使用语言的过程中，理性的整个机制——即逻辑中一切本质的东西——被纳入到我们的意识之中。显然，如果没有大量的精神努力和注意力的集中是不能完成的，对孩子们来说，学习的欲望可为此给予必不可少的力量。在此之前，只要这一欲望尚有可利用和必不可少的东西，它就是强有力的，但是，当我们把不适于孩子们理解的东西强加给他们时，它就显得没有活力了。这样，即使是一个未受过很好教育的孩子，在学习语言的措辞和细致差别的过程中，同其他的人一样，也可以通过自己的谈话，使理性得到发展，获得真正具体的逻辑。这种逻辑并不在于包含了多少逻辑法则，而是注重其运用是否适当；这就很像具有音乐天才的人仅需通过演奏钢琴便可晓得和谐的法则，而毋庸学习音乐或研究和声。通过学会说话来获得上述的逻辑训练，唯独聋哑人不在其列，因此，假如他们不通过特别适合于他们学习的人工手段接受阅读教育，以便取代理性的自然学习过程，那么，他们几乎就像动物一样缺乏理性。

概念的作用

如我们所见，我们的理性和思维能力的本质是抽象能力，或者说是形成概念的能力，因此，正是这些概念在我们的意识中存在，才产生了令人惊异的结果。之所以能做到这一点，主要依靠以下根据。

正因为它们是从表象中来的，包含的内容少于表象，所以，概念较之表象更易表述。事实上，概念与表象的关系，几乎可以说类似于高级算术公式跟产生这些公式但又为这些公式所描述的精神活动之间的关系，或者类似于对数与它的数之间的关系。它们只包含一部分表象，这一部分表象是从诸多表象中析出的；假如我们不这样做，而是设法通过想象回忆所有这些表象，就好像是我们硬要把一大堆无关紧要的杂物来回拖动，这只能使我们困窘；反之，借助于概念，我们就只用思考所有表象中那些为达到每一单个目的所需的部分和关系，所以，我们可以把它们的使用比喻为多余负担的消除，或比喻为取其精华弃其糟粕——使用奎宁，而不是使用金鸡纳树皮。思维的合理称谓是什么，在它最狭隘的意义上应该是理智为概念所充满，即我们现在所讨论的这种表象在我们的意识中存在。我们还把它称为反思，这个词是个比喻，从光学中借来，同时表达了这类认识既是派生的、又是从属的特征。正是这种思维，这种反思，给人深思熟虑的能力，而这却是动物所缺少的。因为，由于人能在一个概念的名义下思考许多事物，而且又总是这些事物中每一个本质部分，所以，这一概念就允许人们随意舍弃每一类区别，甚至是时间和空间的区别，这样，人们就在思维中不仅获得了把握过去和未来的能力，而且还能把握现在；而动物在任何情况下严格地说都被束缚在此刻。深思熟虑的能力也确实是人类在理论和实践上之所以取得成就的根本所在，它使人类较之动物具有重大的优越性。首先，他在前瞻的同时还能后瞩；其次，他在所从事的一切事情中采取计划化、系统化和步骤化的程序，许多人为了一个共同的目标合作，从而有了法律、秩序和国家等。概念的使用在科学中尤其重要，因为严格地说，概念是科学的材料。确实，所有科学的最终目的是通过一般而转化为关于个别的认识，这只有通过包括了一切和无的句子才可能，而这又只有通过概念存在才有可能。因此，亚里士多德说："没有一般，就不可能有知识。"概念就是这些普遍性，概念的存在方式在中世纪成为实在论者和非实在论者长期争论的主题。

概念的表象判断力

绝不能把概念跟想象的画面相混淆，这些画面是直观的、完整的，因而是个别的表象，虽然它们不是由感官印象引起的，因此不属于经验的复合物。即使在被用来表现一个概念的时候，想象的画面（幻象）也应该与概念相区别。当我们去把握产生概念的那一直观表象本身并使之与概念相符时，我们实际上是把幻象当做概念的表象使用，这在任何情况下都是不可能的，因为没有一般意义上的表象，如一般意义上狗的表象、一般意义上色彩的表象、一般意义上三角形的表象、一般意义上数的表象等，也没有任何想象中的画面与这些概念相一致。这样，就引起某个狗和另一个狗的幻象，这种幻象作为一个表象在任何情况下肯定是被决定了的，即它肯定有一定的大小、形状、颜色等，即使通过它呈现的概念没有这些性质。不过，当我们使用这些概念的表象时，我们总会意识到它们对所呈现的概念来说是不适当的，而且它们完全是武断地决定的。休谟在《人类的理智》第十二篇论文第一部分的结尾处表明他本人同意这种观点，卢梭在《论不平等的起源》中也表达了同样的观点。相反，康德的学说与此完全不同。他认为：物质是一个只有反省和明净的反思才能决定的东西。因此，我们每一个人都要检验自身是否意识到在自己的概念中有"先天的纯粹想象力的交织"。例如，当一个人想到狗时，他是否意识到一个介于狗和狼之间的动物；他是否如我们已讲过的，或者通过理性思考一个抽象概念，或者通过他的想象力把这一概念的表象展示为一幅明净的画面。

在较广泛的意义上，整个思维，即一般说来精神的整个内在活动，或者必然需要语言，或者必然需要想象的画面，如果两者不居其一，精神活动就无从进行。然而，并非两者同时具有，虽然两者可以在彼此支持中相互合作。在较狭隘的意义上，思维，即通过语言而进行的抽象思维，或者是纯粹的逻辑推理，它严格地保持在自己的范围内；或者它涉足到直观表象的范围以便达到对表象的理解，这是为了把经验所提供并由直观所把握的表象跟由清晰反思所产生的抽象思维联系起来，从而达到彻底的把握。因此，在思维中，我们或者探索概念，或者探索一个特定的直观所属的法则，或者探索证实了某一概念或法则的具体情况。就这一特性来说，思维是一种判断力的活动，在第一种情况下是一种反思，在第二种情况下是一种归纳活动。因此，判断力是直观和抽象认识之间或者知性和理性之间的中介。对大多数人来说，它只是初步的，甚至经常只是名义上的存在①；这样的人注定只能人云亦云，因而，如非必要，就不必跟他们多谈。

整个认识的真正核心是在直观表象帮助下才得以进行的反思，因为这样才能返回到一切概念的源头和基础。因此，它使真正独创的思想、所有主要的基本观点以及所有的发明得以产生，

---

① 任何一个认为这一主张可能显得夸张的人，请考察一下歌德的《色彩论》的结论，如果他还对我进一步巩固这一结论的发现表示惊奇，那么他就已经再一次证实了这一结论。

只要偶然性在其中不占据最大的成分。知性在这类思维中占优势，而理性则是纯粹抽象反思中的主要要素。在我们的大脑中长期游动的某些思想就是这种反思：它们翻来覆去，一会儿穿着某类直观的衣服，一会儿又身着另一类直观的衣服，直到最终变得清晰，把自身固定到概念上并找到语言加以表达为止。确实有些思想找不到语言来表达，可惜这些正是最好的思想，如阿普留斯所言："它们的声音更美好。"

然而，亚里士多德认为：如果没有想象的画面，反思就是不可能的。这未免就走得太远了。不过，他就这一点曾说过[①]："没有想象（的帮助），精神不能思维。"还说："无论观察什么事物，都有某些想象相伴随。""没有想象就没有思想。"这些论述对 15 和 16 世纪的思想家产生了强烈的影响，因此，这些思想家经常深信不疑地重复亚里士多德说过的话。例如米兰多拉说："进行思考和思维的人，必定看到想象的必然显现。"[②] 梅兰希顿说："思维的人必定看到了想象的图画。"[③] 还有 J. 布鲁努斯说："亚里士多德说：谁想获得认识，就必须进行想象。"[④] 波旁那蒂尤斯也表达了同样的意思[⑤]。总起来说，以上所言都断言：每一个真实原初的概念，甚至每一个名副其实的哲学原理，都必须有某种直观图景作为其最内在的核心或根。这虽然还是一种短暂零散的东西，

① 亚里士多德《论灵魂》。

② 《想象》。

③ 《论灵魂》。

④ 《想象的构成》。

⑤ 《论不朽》。

但它却会把生命和灵魂传递给整个分析，无论它是多么详尽无遗，这就恰像一滴适当的试剂足以使整个溶液带上因它而产生的微粒的颜色。当一种分析具有这类核心，它就像一家银行发行的以硬通货为其支持的钞票；而其他一切完全从抽象概念的组合出发的分析，则像一家银行发行的仅以其他纸币为其支持的钞票。因而，所有的理性清谈能使某些概念取得更加清晰的效果，但严格说来，并不产生新东西。所以，这种清谈还是留给个人去做为好，不要天天连篇累牍地充斥卷帙。

认识的充足根据律

但是，即使是在较狭隘的意义上，在我们的意识中，思维并不仅仅在于抽象概念的存在，而在于从逻辑的判断论所揭示的各种各样的限制中把这些概念中的两个或更多个连接分割开来。我们把清楚地思考和表述过的这种概念之间的关系称为判断。充足根据律在这里还是同样适用，不过，其形式跟前面所解释的不大相同；因为在这里它是作为认识的充足根据律而出现的。这一根据律主张，如果一个判断要表达某一类认识，那么它就必须有充足的根据，由于这一特性，它才获得宾词的真值。这样，真理就是一个判断跟区别于其自身的某种东西的关联，即跟其根据相关联，而根据，正如我们马上就要讨论的，其自身容许有大量的种类。然而，由于这一根据总是判断所依赖的某种东西，所以德文术语称它为 Grund，这是很合适的。在拉丁文及从拉丁文衍生出来的所有语言中，这个使认识的根据得以标示的单词，同样可以用来标示理性的能力：两者都被称作 "laragione" "laraison"，即

"根据"。从这里很容易看出，获得理性认识的判断从来就被认作理性的最高功能。一个判断赖以成立的根据可以分为四种不同的种类，通过判断所得到的真理也因此有所不同。它们将在下面得到讨论。

逻辑真理

一个判断可以以另一个判断作为自己的根据；在这种情况下，它就有了逻辑的或形式的真理。它是否还有物质的真理，这还是一个悬而未决的问题，有赖于它赖以存在的判断是否有物质的真理，或者它赖以存在的系列判断是否产生一个含有物质真理的判断。把一个判断建立在另一个判断上，总是在它们之间的比较中发生的，这种比较或者通过纯粹的换位法或换质位法进行，或者通过增加第三个判断进行，这样，我们所要建立的判断的真理通过它们的关系就变得很清楚了。这个过程是彻底的三段论。它或者通过对应法，或者通过概念的小前提而产生。因为三段论是借助于第三个判断把一个判断建立在另一个判断之上的，它只与判断有关；而且由于判断不过是概念的组合，概念又是我们理性的唯一客体，所以三段论可以被称为理性的特殊功能。整个三段论不过是充足根据律判断间的相互关系的法则之总和；所以，它是逻辑真理的准则。

真理通过思维的四个著名规律而变得清楚明白的判断，须同样以其他的判断为基础；因为这四个著名判断本身就是判断，从中即可得到他判断的真理。例如："三角形乃是被三条边围绕起来的空间"，这个判断就是以同一律为其最终根据，就是说，这一思想通过这一规律而表达。"没有广延就没有物体",这一判断以矛盾律为其最终根据。还有"任何一个判断不能同真或同假",这一判断以排中律为其最终根据。最后,"没有人会在不知其原因的情况下承认某东西为真",这个判断以认识的充足根据律为其最终根据。在我们理性的普遍运用中,承认它们为真之前,我们不能把从四个思维规律中得来的判断归结到作为它们前提的最终根据上;因为大多数人甚至不了解这些抽象规律的存在。以这些抽象规律为前提的此类判断对于它们的依赖性并不会因此减少,正如以第一个判断为前提的第二个判断对于前者的依赖性一样,虽然并非任何人都懂得"地心引力"原理,但是"抽掉某物的支撑物,该物就会掉下来"这一事实并不因此而减少。因此,我对于逻辑学的下述观点不敢表示苟同,即内在真理只有以思维的四个规律为基础的判断才具有,也就是说,这些判断的正确性是被证实的,这些内在的逻辑真理应该与外在的逻辑真理区别开来,即与属于以另一判断为其根据的所有判断的逻辑真理区别开来。每一个真理都是一个判断与在它之外的某种东西的关联,而内在的真理这个术语是一种自相矛盾的说法。

经验真理

一个判断可以建立在第一类表象(通过感觉而来的直观)的基础上,也就是经验的基础上。如果是这种情况,那么,这样一个判断就包含物质真理,假如这个判断直接以经验为基础,那么,这个真理就是经验真理。

当我们说"一个判断包含物质真理"时,我们的含义是,它通过直观表象而被推导出来，并根据直观表象的要求使其概念相互连接、分离、限制。获得这种认识是判断力的直接功能，判断力乃是直观和抽象或认识的推理能力之间的中介，换言之，乃是知性和理性之间的中介。

先验真理

存在于知性和纯粹感性中的直观、经验认识的形式，作为一切可能经验的条件，可以是某一判断的根据，在这种情况下，该判断即是一个先天综合判断。不过，由于这类判断包含物质真理，因此，它的真理就是先验的；因为该判断不仅以经验而且以存在于我们之中的一切可能经验的条件为基础。因为它是由决定经验本身的东西所决定的，即它或者是由我们先天直观的时空形式所决定，或者是由我们先天认识的因果律所决定。如下列命题：两条直线不能包容一个空间，没有原因就不会有结果产生，物质既不产生也不消灭，$3 \times 7 = 21$，都是这类判断的例子。整个纯数学，同样还有我关于先验的值得赞许的文献①，以及康德在他的《自然科学的形而上学基础》中的大多数原理，确切地说，都可以用来证实这类真理。

超逻辑真理

最后，一个判断可以以包含在理性中的整个思维的形式条件

---

① 参见《作为意志和表象的世界》。

为基础；如果是这样一种情况，那么，它的真理依我看最好定义为超逻辑真理，这个表达与萨里斯伯材西斯在 12 世纪所写的《超逻辑学》没有丝毫关系，因为他在序言中宣称："我把我的这本书称为《超逻辑学》，是因为我有责任为逻辑辩护。"然后就再也没有使用过这个词。真正属于这类超逻辑判断的只有四个，它们在很早以前就借助于归纳法而被人们发现，并被称为整个思维的规律；虽然对于它们的表述甚至数量还未达到完全统一的看法，但是，对于它们所表达的含义之内容，人们的意见是完全一致的。它们是：

1. 主词等于它的谓词之总和，或 a=a；

2. 谓词不能同时既属于又不属于主词，或 a=-a=0；

3. 两个相反的、矛盾的谓词必有一个属于主词；

4. 真理是一个判断与在它之外、作为它的充足根据的某种东西的关联。

正是通过这种我要称之为理性的自我省察的反思，我们才知道这些判断表达了一切思维的条件，而且因此以这些条件作为它们的根据。因为，我们的理性在与这些规律相对立之后思维一无所获，所以就承认它们是所有可能思维的条件。这样，我们就证实，与这些规律的思维相反是不可能的，恰好就像要我们身体的各部分逆着关节的方向运动是不可能的一样。假如主体认识自身是可能的，那么，这些规律就会为我们直接认识，就不必把它们在客体即表象上进行实验。从这个方面看，它同具有先验真理的判断之根据完全一样；因为它们也不能进入我们的意识，而只有以具体的方式，依靠客体即表象才行。例如，尽力设想一个没有前因的变化，或者物质的生灭，我们能意识到这是不可能的。此外，虽然这种不可能性的根源就在我们的理智中，但我们还是把这种不可能性认作是客观的，因为我们不能通过主观的方法把它纳入到意识中。总起来说，先验的和超逻辑真理之间的酷似以及密切联系，表明它们都来自一个共同的根源。本节中，我们所见的充足根据律主要是作为超逻辑真理出现；而在前文中，它是作为先验真理而出现；在后面，我们将会看到它以另一种形式的先验真理再现。正是由于这个原因我才竭力把充足根据律确立为具有四重根据的一个判断；这并不是要表明四个不同的根据可能偶然地指向同一个判断，而是一个根据从四个方面来表现自己，这才是我所称作的四重根。另外三个超逻辑真理彼此如此相似，以至在考察它们时，人们禁不住去寻找它们的共同表达，诚如我在我的代表作中所做的那样。另一方面，它们又完全不同于充足根据律。假如我们要从先验真理中寻找与另外三个超逻辑真理类似的东西，我所选择的回答是：实体（我指的是物质）是永恒的。

理 性

因为我讨论的表象只属于人类，而且因为把人类生活与动物生活截然区分并给予人类如此巨大的优越性的一切东西，诚如我表明过的，是以具有这种表象能力为基础的，因此，这种能力就当仁不让地构成了理性，远古以来它一直被尊奉为人类的特权。同样，无论在哪一个国度和朝代，人们所考虑的一切都被无可置疑地看做理性的表现或作用之功能，理性又可称为理性的产物或表现的东西。显然，这一切也只有化为抽象的、推理的、反思的、间接的、以语词为条件的认识才有可能运用，而纯粹直观的、直接的、感觉的，即动物亦可分享的认识却截然办不到。西塞罗正确地把理性和说话放在一起①，把它们描述为"通过教导、学习、传达、磋商和判断，人们彼此成为朋友"。还有"如果愿意的话，被我称之为理性的东西，也可以用更多的词汇来称呼：精神、思考、思想和思索"。② 以及"理性是使我们唯一能够优越于动物的东西，借助于理性，我们才有能力进行预见、论证、反驳、做出某种安排和决断"。③ 但是，在任何年代和国家，哲学家们总是在这种意义上表达他们对于理性的看法，就连康德本人，也把理性定义为原理和推理的能力；虽然不能否认他在做出此定义后第一个提出了那些被曲解了的观点。在我的代表作，以及在《伦理学的两个基本问题》中，我曾详细地谈到过哲学家们对这一点以及对理性的真实本性的一致看法；与之相对的是那些被歪曲的概念，这可是本世纪的哲学教授们的功绩，岂敢不提。因此，这里不再重复已说过的话，还是集中讨论下述问题吧！④

现在我们的哲学教授们认为应该废除那一直用来表达通过反思和概念而进行的思维和深思的能力的名称，思维和深思的能力把人和动物区别开来，它使语言成为必需，同时又使我们有资格去使用语言，通过语言，人之运筹与人之成就得以联系在一起。因此，所有国家甚至所有哲学家都据此表明对它的看法，并在这

---

① 西塞罗《论职责》。

② 西塞罗《论神的本性》。

③ 西塞罗《论法律》。

④ 参见《作为意志和表象的世界》《伦理学的两个基本问题》。

种意义上表明对它的理解。我们的教授却不顾一切合理的趣味和习惯，认定这种能力从今以后应称为知性而非理性，一切从它派生而来的东西应称作理智的而非理性的。当然，围绕着它还有一个奇怪而又不和谐的光环，颇似音乐中的走调。因为在任何国家和朝代，知性、理智、敏锐、颖悟、精明等，这些词一直被用来表示较为直观的能力，它的结果，特别不同于这里正在讨论的理性的结果，总是被称作理智的、精明的、聪明的等。因此，理智的和理性的总是相互区别，是两种完全不同的精神能力的表现。然而，我们的职业哲学家们考虑不到这一点，他们的谋术要求做出这一牺牲，在这类情况中他们的呼吁是："走开，真理，我们还有更高的确定目标呢！快点让路，真理，为了上帝的崇高荣誉，这你早就学会啦！你能给酬金和养老金吗？走开，真理，赶紧走开，滚到该去的地方，就在墙角那里蹲着吧！"事实是，他们要用理性的地位和名义去表示他们自己创造和制造出来的一种能力，或者更加正确直率地说，是要表示一种纯粹虚构的能力，以便利用这种能力摆脱他们被康德逼入的窘境。一种对于直接的、形而上学的认识能力，就是说，超越所有可能经验的这种能力能够把握物自体和它们的关系的世界。因此，首先就是对于上帝的意识，即它能直接认识上帝，先天地解释上帝创造宇宙的方式，或者，上帝从自身中产生宇宙，或是通过在一定程度上多少是必需的过程产生宇宙，或者——作为一个方便的做法，无论它显得多么滑稽可笑——按照君主们在做出圣谕后的习惯做法，叫它"退下"，自食其力并随意到什么地方。说真的，只有像黑格尔这种完全厚颜无耻、满口胡说八道的拙劣骗子才敢于迈出这最后一步。然而，正是这种俗气无聊的小玩意儿在最近五十年间大大地扩大，以理性认识之名出版了数百本书，成为如此众多的被作者称之为哲学著作而被另一些人捧为哲学著作的论据，叫人不禁啼笑皆非地想到，这种老生常谈早就叫人腻烦了。把所有的智慧都错误且鲁莽地归因到理性，并把它宣称为一种"超感觉的能力"或"作为观念"的能力，简言之，是我们身上的一种玄妙深奥的力量，直接为形而上学设计的。然而，在最近半个世纪，这些行家们对一切超感觉的奇迹之直观方式所表现出来的意见却大相径庭。据一种最为大胆的说法，理性能够直接直观到绝对，或者说，甚至可以任意地直接直观到无限以及无限到有限的演变。另外一些较为保守的人则认为，获得这种信息的方式是听觉而非视觉，因为确切地说它只能听而不能看到"理想国"所发生的一切，然后把所获得的一切忠实地传递给知性，再被整理为教科书。根据雅可比的一个双关语，甚至德语中理性的名称亦是由"听"（Vernehmen）装扮而来的，很显然，它所来源的"Vernehmen"又是由语言来表达并以理性为条件的；这样，词和词意的清楚知觉就通过理性得到称呼，而与动物也具有的纯粹感官上的听力相对应。然而，这种拙劣的文字游戏在半个世纪后仍然受到青睐；它被当作一种严肃思想，不啻如此，甚至被当做一个论据，一遍又一遍地加以重复。行家中最谦逊的人又主张，理性既看不见也听不到，因此接收不到所有这些奇观的画面和音响，只有完全模糊的"惩戒"（Ahndung），或对这些奇观的焦虑。但是，把这个词中的 d 去掉，即是"预感"，"预感"由此得到对愚蠢的独到感觉，此时智慧的使徒对其以温柔的目光相鼓励，这种感觉便步入殿堂，

四　论主体的客体

163

转而为知。

（四）论主体的第二类客体（2）

读者知道，我只在柏拉图的原始意义上承认观念这个词，并详尽无遗地做了阐明。法国人和英国人对单词"idéa"或"idea"肯定具有一种非常普通且又非常清楚、明确的理解；而德国人一旦听到"ideen"[1] 这个词便失去了头脑，一切镇定荡然无存，似乎马上就要驾气球飘然而上。因此，这里对我们的行家们而言是理智直观活动的领域；这样他们中最厚颜无耻的人，众所周知的骗子黑格尔，竟毫不费力地把他关于宇宙和万物的理论称为"理念"（DieIdee），其中当然包括了他们要去把握的某些东西的全部思想。假如我们还要询问这些据称是以理性为其能力的观念的本质，那么所给予的解释通常空泛无物、用语混乱且冗长之至，读者劳神阅读，即使没有在读到一半时就昏昏欲睡，合卷时也会迷惑万分，不得要领，他甚至会怀疑这些观念简直就是妄想。与此同时，假如有人还想对这类观念进一步加以了解，那他受到的款待可就丰富了。先是经院哲学命题中的主要课题——我这里指的是上帝、不朽的灵魂、实在的客观存在的世界及其法则的表象——遗憾的是，诚如我在《康德哲学批判》中已表明过的，康德本人错误地把它们称为理性的理想，而这不过只是为了证实不可能对它们进行论证以及它们之缺乏理论根据。然后，变一下花样，就

---

① 　叔本华在这里补充道："特别是当被宣称为 UedaDhen 的时候。"

只是上帝、自由和不朽；在其他时候，它将是绝对，我们已对它
有所了解，作为宇宙论证明被迫隐姓匿名地传播；或者，它将是
与有限相对的无限；因为，总起来说，德国读者倾向于以这种空
洞的谈话来满足自己，而察觉不到他从中获得的唯一明净的思想
是："有目的而又一无所有之物。"而且，"善、真、美"作为所
谓的理念得到易动情感和心肠柔软者的高度赞扬，其实它们实际
上不过是三个非常宽泛、抽象的概念，因为它们是从众多事物和
关系中析取出来的；因此，像许多其他的这类抽象概念一样，它
们完全是空洞的。至于它们的内容，我已表明，真理就其特性来
说只属于判断，即只具有逻辑特性；至于另外两个抽象概念，我
建议读者参阅我的代表作。假如我们设想每次提到这三个贫乏的
抽象概念时，都端出一副庄严神秘的姿态，眉毛也扬到额头上，
青年人便很容易相信它们后面藏有某种奇特而又不可言说的东
西，使它们有资格被称为理念，有资格被套到自称为形而上学理
性的马车上胜利前进。

　　因此，当有人对我们说我们拥有一种获得直接的、物质的（即
不仅是形式的，而且是实体的）、超感觉的知识（即超越一切可
能经验的知识）的能力，一种专用于形而上学远见卓识的能力，
这种能力是我们生来就具有的——我不得不冒昧地把它称之为一
个十足的谎言。因为只要稍稍公正地自我审查一下，就足以确信
我们身上绝对没有这种能力。而且，一切诚实且富有才能的权威
思想家在任何时代所取得的成果，都会与我的主张完全一致。我
的主张如下：我们整个认识能力中固有的一切，也就是先天的且
独立于经验的一切，都严格地被限于认识的形式部分，即被限于

理智所特有的功能以及所起作用的唯一方式的意识之中；但为了给出物质的认识，这些功能全部需要从外界获得材料。因此，在我们自身内存在的是外在的、客观的直观形式：时间和空间以及因果律——作为知性的一种纯粹形式可以使它建构客观的、物质的世界——最后是抽象认识的形式部分，即这最后一部分存在于逻辑中并与之相关，因此，我们的前辈恰当地把它称为"理性理论"。但是，这种逻辑又教导我们，依据一切逻辑法则而形成判断并获得结论的概念，必须借助于直观的认识获得它们的材料和内容；这恰如创造直观的认识的知性要仰仗感觉获得材料并把内容给予它的先天形式。

这样，我们认识中的任何材料，即一切不能被还原为我们理智的主观形式、活动的具体方式及其功能的东西，都是从外界来的；即说到底是从形体世界的客观直观中来的，它的根源就在感觉中。正是这种直观，就其所涉及的物质内容而言，也就是经验认识，被理性——真正的理性——加工整理为概念，并借助语词从感觉上固定下来；然后这些概念为组成判断和结论的概念组合提供材料，这就构成了我们思维世界的纬纱。因此，理性绝对不包含物质的而只包含形式的内容，这该是逻辑学的课题，因此，在其思维过程中，它只包括形式和法则。在反思过程中，理性不得不完全从外界即从知性已产生的直观表象中获得物质内容。在形成概念的过程中，知性的功能首先运用于这些物质内容，对事物的各种特性进行取舍，然后把留下的几种特性连接成一个概念。然而，如我已表明过的，表象通过这一过程丧失了可以直观地被知觉的能力，同时，它们也变得更易于理解。因此，理性的功效就在于此，也仅在于此；但它永远不能从自身的来源中提供物质内容。——它除形式之外别无所有，它的本质是阴性的；它只能受孕，但不能自孕。在所有的拉丁和日耳曼语言中，理性都是阴性的，并非纯粹的偶然现象；因而，知性必然是阳性的。

在使用诸如"健全的理性教导说"或"理性应该控制激情"这类表达式时，我们无论如何不是指理性从自身的材料中提供了物质认识，而是指理性反思的结果，即从某些原则所得到的逻辑推理，这些原则是抽象认识逐渐从经验中集中来的，我们由此才获得清楚全面的认识，这种认识不仅是关于经验中必然要发生、因而在其发生时还可以被预见的，而且甚至还是关于我们自身行为的根据和结果的。"合理性的"或"理性的"在任何情况下都与"始终如一的"或"合逻辑的"同义，反过来亦然；逻辑不过是由一个规则系统所表现出来的理性的必然过程本身，因此，这些表达（理性的和逻辑的）之间的关系就如同理论与实践之间的关系。严格地说也正是在这种意义上，当我们谈到理性行为时，我们指的是这一行为是始终如一的，因此又是从一般的概念中产生的，而非由当时转瞬即逝的印象所决定。然而，这种行为的品行绝没有因此而被决定：它可能是善的，也可能是恶的，与行为本身无关。详尽的说明在我的《康德哲学批判》以及《伦理学的两个基本问题》中可以看到。最后，从纯粹理性中衍生出来的概念无论是直观的还是反思的，其来源都在我们认识能力的形式部分；因此，这些概念无须经验的帮助，即可先天地进入我们的意识。它们必然以拥有先验的或超逻辑的真理的原则为基础。

另一方面，有人主张理性本来就可从自身的资源中提供物质认识并且可以超越于可能经验的领域传递确定性的信息；须知理性要做到这一点，必然要包含有内在观念，而这种理性不过是纯粹的虚构，是由我们的职业哲学家们发明出来的，是由于惧怕康德的《纯粹理性批判》而编造出来的。我现在要知道，这些先生们是否知道有一个洛克，是否读过他的著作？也许他们在很久以前粗略肤浅地看过他的著作，而看的时候自以为屈尊纡贵，看不起这个伟大的思想家，也可能这与拙劣的德文翻译有关；因为在我看来，现代语言知识的增加与古代语言知识令人可叹的减少是不相称的。另外，现在除了几位长者之外，已几乎没人正确彻底地认识康德哲学，谁还顾得上去理会洛克这种唠叨老头？现在已经成熟的一代人，他们的青春当然必须花费在研究"黑格尔的庞大精神""卓越的施莱马赫""敏锐的荷伯特"上。哎呀！哎呀！这种学院英雄崇拜以及掌权的高贵同事和有希望的后继者对大学著名人士的颂扬所带来的严重危害，确切地说，就是把一些平庸的理智——完全是自然的产物——作为大师、人类的旷世奇才和荣耀介绍给判断力尚不成熟、既轻信又诚实的青年人。学生们即刻集中精力投入到这种庸才粗制滥造、枯燥无味、贫乏而又无休止的作品的研究中，因而把用来接受高等教育的短暂而又宝贵的时间浪费了，没有利用这段时间从极端稀少但名副其实的思想家的作品中获得健全的知识，这些作品的作者在历史进程中要经过相当的一段时间才能出现一个，因为自然在每一类中只创造一件，然后就"把模型毁坏"。这一代人中本来也会出现几个这样的奇才，可惜这些青年人遭受了极其有害的、智力平庸的吹捧者、庸才们的庞大同盟以及兄弟会成员的欺骗。今日如同昨日，这种同流合污的现象还是方兴未艾，他们仍高举旗帜，坚持与使其承受羞辱的那些真正名副其实的哲学家对抗。正是由于他们，我们的时代才如此衰弱，以致我们的父辈这么多年来曾潜心研究、努力理解和认真应用的康德哲学，对当今这一代人来说，又成为陌生的东西，在康德哲学面前他们好像是"七弦琴前的蠢驴"，有时会愚蠢粗野地加以攻击——就像野蛮人对某些陌生的希腊神像投掷石块一样。既然如此，我就有义务建议所有那些主张理性可以直接知觉、领会和认识的人——简言之，主张理性从自身的资源中提供物质认识的人——重新去读这150年来在全世界备受赞美的洛克著作的第一卷，特别是第三章中的内容，这些内容是直接反对任何内在观念说的。因为，虽然洛克否定一切内在真理并不十分恰当，他甚至把这种否定扩展到我们的形式认识中——这一点已被康德的卓识所纠正——但是，他对整个物质认识的正确看法是不可否认的，即一切认识都是对于实体的。

我已在我的《伦理学》中说过的这里还必须重复一下，因为这就像西班牙谚语所说的"蒙耳不听者最聋"，即假如理性是一种特别为形而上学设定的能力，一种提供认识材料并能显示它超越于一切可能的经验的能力，那么，如同数学问题的一致性那样，人们在形而上学和宗教问题（因为它们是一致的）之间就能取得完全的和谐，而观点与他人不一的人只能被看做精神不正常。现在出现了完全相反的情况，正是在这些问题上分歧最大。自从人们第一次开始思考，哲学体系之间无一不相互对抗并争吵不休；事实上，它们之间经常是截然相反的。自从人们第一次开始信仰（这个历史就更为久远了），宗教之间就一直用火和剑、开除教籍和大炮进行战斗。而当信仰达到最癫狂的程度时，等待异教徒的不是精神病院，而是宗教法庭及其一切附属设施。因此，这里又一次绝对断然地驳斥了认为理性是一种直接领悟形而上学的能力（或者说得更明白一些，是一种来自于上苍的灵感的能力）这样一种错误主张。现在到了给理性一个严格断语的时候了，因为说来可怕，这样一个经不起推敲、显而易见的谬误竟在半个世纪后仍然在德国到处散播，年复一年地从教授们的坐椅上游荡到学生们的座位上，又从学生的座位上荡回到教授席上，甚至在法国也确实找到了一些愿意相信的傻瓜，使之在那里得以传播。不过，在这个问题上法国人的常识将很快把先贤的理论打发掉。

但这种谬误最初孕育在何处呢？这种虚构最先是如何来到这个世界的呢？我得承认，它最早起源于康德包括"绝对律令"在内的实践理性。因为实践理性一旦被承认，同至上的理论理性一样，进一步需要的，不过是增加一个类似的理性作为其对应物或孪生姐妹，用来宣布来自青铜三角祭坛的（extripode）形而上学真理。在《伦理学的两个基本问题》中，我已描述了这一创造所取得的卓有成效的功绩，请读者参考。现在我虽然承认康德第一个提出了这一错误的构想，但我要补充说明，跳舞的人要找到一个流浪艺人是不必费很多时间的。因为就像对于人类的诅咒一样，由于一切腐败和邪恶的东西之间有着天然的亲和关系，人们选择和钦佩卓越思想家著作中那些不是完全错误、只是次等的部分，而对其中真正值得称颂的部分只是作为附属品才加以默认。在我们的时代，几乎没有什么人能认识到康德哲学所特有的深度和真实的崇高表现在何处；因为他们不再研究他的著作，所以他的著作必然不被理解。事实上，人们现在只是出于历史方面的目的，才去粗略地读康德的作品，他们错误地认为哲学已经前进，而不说始于康德。因此，我们很快就察觉到，尽管他们还在讨论康德哲学，但他们除了康德哲学之无价值的外表部分之外一无所知，他们也许在某处偶然地攫取到一个零星的句子或弄到一个粗略的梗概，但却从来没有探究过它深邃的意义和精神。在康德哲学中，这种人总是首先把主要精力用于二律背反，是因为其怪癖，而更多的却是包括"绝对律令"在内的"实践理性"，甚至是在其之上的"道德理论"，虽然康德对于"道德理论"从来都不是那么认真的；因为只具有实践有效性的理论信条很像我们允许孩子们玩的木枪，不担心会出危险，确切地说，它与"把我的皮肤洗一下，但不要把它弄湿"同属一个范畴。至于"绝对律令"，康德从未说它是一个事实，相反，他多次反对这种说法；他只是把它看作各种思想之极端奇特结合的结果，因为他要为道德提供一个最后的靠山。然而，我们的哲学教授们从未把这个问题追究到底，以致在我之前似乎还没人彻底研究过这个问题。不但不去研究，他们反而急匆匆地把"绝对律令"作为已经牢固确立的事实加以信赖，并在他们的正统用语中把它称为"道德律"——顺便一说，这总使我想起比格尔的"Mam' ZelleLaregle"；确实，他们从中制造了如同摩西训诫一样宏伟的东西并完全取而代之。在《论道德的基础》这篇论文中，我剖析了这同一个包含"绝对律令"在内的"实践理性"，所得出的清楚的结论是，它们绝对没有任何生命力和真理性，因此，我倒希望有人能有理有据地驳倒我，以此帮助"绝对律令"再次找到真正的根据。同时，我们的哲学教授们也不愿意就这样丢了面子。就跟他们离不开自由意志一样，他们也丝毫离不开"实践理性的道德律"，因为这一道德律可以作为一个方便的显示器，伦理学便以此为基础：这两者都是他们的老年妇女哲学的基点。不管我是否清除了这两个基点，对他们来说，这两个基点仍然存在，就像亡故的君主，出于政治上的原因，偶尔还允许他在死后继续统治几天。这些知名人士仍然采取传统的战术来对付我对这两个已过时的虚构所作的毁灭性打击：沉默，沉默；因此他们无声无息地从边上滑过去，佯装无知，使公众相信我以及我这类人不值得取信。无疑，他们的哲学感召来自于神职界，而我的只能来自于自然。说真的，我们最终也许会发现，这些英雄们的行为准则就如同不切实际的鸵鸟的做法，以为只要闭上眼睛就能躲开猎人。好吧！我们等待时机；到我去世后，他们可以随心所欲地裁剪我的作品之时，难道公众还是只相信那些无聊的废话、乏味得令人难以忍受的陈词滥调、"绝对"的任意构想以及这些先生们在幼儿园里用的道德说教？那我们就来看看吧！

"即使在今天，

邪恶依然畅行无阻，

那也不必担心，正义在明天，将受人拥戴。"①

但这些先生们是否知道现在是什么时候了？一个被预言了很长久的时代已经开始；教会正在开始动摇，而且已经动摇到这样的程度，就连能否恢复它的重心都是一个问题，因为信仰已丧

---

① 歌德《东西诗集》。

失。启示之光也如同其他的光一样，需要一定量的黑暗作为它不可缺少的条件。具有一定程度和广度的知识者已大有人在，信仰已不适于他们。日益明显地露出桀骜不驯面目的浅薄的理性主义之得以传播就是明证。它暗中量布似的去衡量人们思索了若干个世纪的基督教真理，提出质疑，并认为自身十足地聪明。然而，正是基督教的精髓，有关"原罪"的信条，特别为这些头脑简单的理性主义者选出来作为笑柄；因为在他们看来，似乎任何东西都不及我们每个人自出生之日起开始存在更为确定，因此我们带着罪孽来到人世是最为不可能的事情。多么敏锐！恰恰就在贫困肆虐、警惕放松时，狼便开始在村庄出现；以致过去曾潜伏着的唯物主义在这种情况下与它的伙伴、被有些人称为人道主义的兽行主义，抬起头来手挽手地冲到了前排。我们对知识的渴望由于我们不再信仰宗教而变得愈加迫切。整个理智的发展已达到沸点，一切信仰、一切启示和一切权威随之蒸发散失，人们主张有权作出自己的判断；这一权力不仅是教导出来的，而且是让人信服的。他已离开了他的婴幼儿时期，要求独立行走。然而对形而上学的渴望跟肉体的需求一样不能熄灭。这样，对哲学的向往变得日益迫切，人们渴望了解那些已经脱颖而出的所有名副其实的思想家的灵魂。空话和已被阉割的理智之软弱无能的努力就再也不能满足人类的要求；因此觉得需要有严肃哲学，由于这种哲学所考虑的并非薪金酬劳，因此它几乎一点都不关心是否能让内阁大臣或议员称心如意，是否合乎这类或那类宗教团体的意图；相反，这种哲学清楚地表明它的天职完全不是为精神贫乏的庸才谋得生计。

　　还是回到我的主题上来。通过略具冒险性的扩张，理论神谕就被添加到了实践神谕上，康德错误地把后者赋予理性。这一发明的荣誉无疑应归功于雅可比，职业哲学家们欢呼雀跃地感谢这一前辈留下的这一珍贵礼物，因为这一礼物可以作为一种手段帮助他们摆脱康德从前曾经把他们逼入的困境。冷静、自若、审慎的理性，曾受到康德无情的批判，从此以后被贬为知性并以此名称为人所知。而理性被设想为拥有丰富的、虚构的能力，仿佛能够给我们提供一个眺望世外甚至是超自然的世界的小小窗口，通过这个窗口，我们就能获得所有现成的真理，而老派的、诚实且深虑的理性就这些真理长期争论、辩驳，结果是一无所获。作为这样一个纯粹想象的产物，这样一个彻底虚构的理性，这五十年来竟一直支撑着德国的冒牌哲学：首先，是作为"绝对自我"的自由建构和规划以及从自我中产生的"非我"；其次，是作为绝对统一或混沌未开的理智直观及其向自然的演化；再次，是作为上帝从他的黑暗的深渊中，或雅各布·波墨式地从无底洞里产生；最后，是作为纯粹的、独立思维的、绝对的理念、概念自我运动的芭蕾舞台——同时，还始终作为圣洁的、超感觉的、神的、真理的、美的以及这类东西的直接领悟，甚至纯粹是作为对所有这些奇迹的模糊的预感①。因此，这就是理性，是吗？噢，不是，这不过是一出闹剧，我们的哲学教授们由于康德的致命抨击而痛苦地不知所措，想利用这出闹剧设法把他们国家业已确立的宗教课题继续进行下去，利用这出闹剧

---

① 这里是指前面所说没有"d"的"Ahnung"。

作为哲学答案，不管是对还是不对。

对于所有的教授式哲学来说，首要的义务就是确立一种无可怀疑的学说并为之提供哲学基础，其学说是这样的，宇宙中有一个上帝、创世者和统治者，一个人格化的因而是个体的存在，它被赋予知性和意志，从无中创造了这个世界，并用无上的智慧、能力和善来统治它。然而，这一义务使我们的哲学教授在严肃哲学面前处于极其尴尬的境地。因为康德已现世，《纯粹理性批判》在六十多年前已写出，其结果是：在基督教时代已提出的关于上帝存在的证明（这些证明均可归为三种也只能有三种），没有任何一个能够完成预期的目的。而且，任何一个这类证明的不可能性以及由这种证明所建立起来的整个思辨神学的不可能性，终于得到了先天的说明，而不是用空话或黑格尔之正时兴的烦琐术语说明的，这些东西，坦率而严肃地说，只要你使用那种过时的老办法，就能说什么指什么；因此，无论它多么不适合很多人的趣味，60年来竟没能提出任何具有说服力的东西与之抗衡，结果，上帝存在的证明名誉扫地，再也不可信了。我们的哲学教授甚至已开始对之看不起并且明显地不屑一顾，认为这种举动无异于证明不言自明之物，实属荒谬又多余。咳！真可惜，这一点怎么没有早点被发现！不然的话，就不必好几个世纪费劲地去探求这些证明，康德也就完全不必对它们施加理性批判的压力并把它们碾碎了！有些人无疑会由于这一轻蔑而想起狐狸和葡萄的故事。但是，那些要看看这种无聊样本的人，可到谢林1809年的《哲学著作》中去找。现在其他的人都在用康德的主张安慰自己，即证实上帝不存在同证实上帝存在一样是不可能的——好像这个爱说笑话的老头当然不懂得要证明的正是要提出的论断的依据——雅可比令人赞美的发明解救了我们惊慌失措的教授们，因为这一发明给予了本世纪的德国学者这种过去闻所未闻的特殊理性。

然而，所有这些伎俩都毫无必要。因为证明上帝存在的不可能性无论如何都不会妨碍上帝的存在，这是由于它现在万无一失地建立在更加坚实的基础上。它确实是一个启示问题，此外，这也更加可靠，因为这一启示是只赐给一类人的，正是这个原因，这类人被称为上帝的选民。上帝作为世界人格化的统治者和创造者并尽善尽美地支配"万物"这个概念，只有在犹太人的宗教以及从中分化出来的两种信仰（从而在更广泛的意义上可称之为犹太教的宗派）中才能发现，通过这一事实，更能够看清这一点。这样一个概念我们在其他宗教中（无论古代还是现代的），都不曾发现其踪迹。无疑，因为还没有人梦想着要把这一万能的创造者上帝与印度教的梵混为一谈（梵就在我、你、马、狗之中）或甚至同以生死为接替方式及承担世界创造之罪恶[①] 的婆罗门混为一谈，更不会同受骗的萨图耳努斯[②] 那好色的儿子、勇敢的普罗米修斯曾预言他要垮台的朱比特混为一谈。但是假如我们最后把注意力集中到追随者最众的宗教上（就这一方面说，最重要的首推佛教），我们再也不能闭上眼睛忽视这样一个事实：正

---

① "如果婆罗门不断地被用来创造世界，低级存在将何以取得平静？"《觉月初华》，泰勒译。婆罗门也是三位一体神的一部分，这是自然之人格化；三位即生、存与死，其中婆罗门主生。

② 萨图耳努斯，农神。

如它是唯心论的和禁欲主义的，它还是坚决彻底的无神论的；而且其思想程度达到了无论何时出现了十足的有神论都会引起它的僧侣的极端厌恶。因此，在阿瓦的佛教高僧递交给天主教主教的一份文件[1] 中，对于"有一个创造世界和万物的存在，唯有他值得崇拜"这一教义，就被算作六个邪恶异端[2] 之一。施密特，一个最优秀的学术权威，完全证实了这一点。在我看来，他理所当然是欧洲学者中佛教知识最丰富的人，在他的著作《论诺斯第教义和佛教的联系》中指出："在佛教文献中，没有一字一句表明它承认有作为创业本原的最高存在。无论这一问题在其论证过程中何时呈现出来，似乎总是故意避开。"又说："佛教学说不知有永恒的、非创造的在时间之前即已存在并创造一切有形和无形之物的唯一存在。这种观念与佛教无关，在佛教典籍中看不到这种踪迹。关于'创世'，我们能看到的也是如此。可见的宇宙确实不能没有开始，但它是按照始终如一、永不改变的自然法则生于虚空。假如我们设想任何东西——把这种东西称之为'命运'或'自然'——会被佛教徒奉为神圣的本原，那我们无论如何都是错误的；相反，恰恰由于虚空的发展，虚空猛然抛下或突然分为无限个部分，这才产生了物质，物质构成了宇宙在其内部的罪恶，或在宇宙的内外关系上构成宇宙之恶，从物质中产生罪恶，或者是依照同一个恶建立起来的永恒不变的法则而进行的持续不断的变化。"然后又说[3] ："创造这种表达与佛教无关，佛教只讲宇宙起源说。""我们一定理解圣源创世观念与他们的学说是不相容的。"我能举出一百个这样确证的例子；但我只提一个，因为这个例子

---

[1]　参见《亚洲研究》，以及桑格曼诺的《缅甸王国》。

[2]　见 I.J. 施密特《中亚古文化史研究》。

[3]　施密特《在圣彼得堡科学院的讲演》。

来源于官方，且广为人知。在深含启发意义的佛教典籍《大王统史》^① 第三卷中，有一段译文记载了大约 1776 年锡兰的荷兰总督对五大浮屠的高僧们依次进行的诘难。对话者之间差别甚大，彼此在领悟对方谈吐的意思方面又有很大的障碍，读来很是有趣。依照他们所信奉的学说，这些信徒对所有生灵都充满了爱心和同情，甚至对总督也不例外，他们在谈话中不遗余力地使总督满意。但是，尽管这些高僧们虔诚自制，他们那质朴天真的无神论还是跟总督那建立在犹太教基础上、从小就接受熏陶的根深蒂固的赎罪说发生了冲突。这种信仰已成为他的第二天性；他一点都不明白这些高僧竟是无神论者，所以总是问起至高无上的存在，问他们是谁创造了世界等问题。于是他们答道，没有比佛陀释迦牟尼更高的存在了，他是全胜全善的，虽身为王子，却甘愿乞讨，终生宣讲他的崇高教义，拯救人类，使我们从不断轮回的痛苦中解脱出来。他们认为世界不是任何人创造的^②，而是自我生成的，自然把它展开又把它收回；正因为如此，有即是无，即它必然与轮回同在，而轮回则因我们的罪恶行径而生，等等。提到这类事实只是为了说明直至今日德国学者们仍然在以一种可恶的方式普遍坚持宗教和有神论是一样的；事实上，宗教之于有神论犹如类之于单一的种的关系，只有犹太教和有神论才是一致的。所以，我们就把各国一切既不是犹太教徒、基督教徒，又不是伊斯兰教徒的人统贬为异教徒。基督徒甚至因为三位一体的教义而受到伊斯兰教徒和犹太教徒的指责，因为在后者看来这还不是纯粹的有神

---

① 根据僧加罗译文，由 E. 乌普汉姆译。

② 赫拉克利特说："世界既不是神也不是人创造的。"见普鲁诺《灵魂的产生》。

论。因为无论反过来说什么，基督教的血管里流着印度人的血，因此它总想着要从犹太教中解脱出来。《纯粹理性批判》给予这种有神论以最严厉的抨击，这就是我们的哲学教授们匆匆把康德搁置一边的原因；但假如这部作品出现在佛教流行的国家，无疑会被看 zuo 一部富有启发性的著作，用来更为彻底地驳斥异端邪说，有益于证实正统的唯心论——主张呈现在我们感官的世界完全是表面的存在的学说。甚至在中国另外两种与佛教共存的宗教——道教和儒教——同佛教本身一样，也是无神论的；因而传教士们就不能把《旧约》起始五卷的第一节译成汉语，因为汉语里没有"上帝"和"创造"这样的词汇。连传教士格茨拉夫在其《中华帝国史》中都诚实指出："（中国的）哲学家中竟无人在知识中翱翔到足以达到认识宇宙的创造者和上帝的高度，虽然他们已充分地掌握了自然之灵光。"戴维斯也从米尔恩为他《论语》的译本所写的序中引证了一段话，跟上面那段话非常一致，在谈到这本书时他说，我们从中可以看到所谓的"自然之灵光"即使得到异教哲学家所有智慧的帮助，也完全无力使之达到对于真正的上帝的认识和崇拜。"这足以证实启示是有神论赖以存在的唯一基础这一事实；确实也必须如此，不然启示就是多余的了。"这是一个很好的机会，可以用来说明"无神论"这个词本身就含有一个隐秘的假设，因为它把有神论当做一件理所当然的事情。如果用非犹太教来代替无神论，用非犹太教徒来代替无神论者，这种提法让人觉得更加诚实可信。

　　根据上文，既然上帝的存在属于启示，通过启示即可牢固地确立上帝的存在，那么，人类的任何证明就都是多余的了。然而，确切地说，要使哲学的企图只是无效且多余，那就要让理性——人类思维、反思、深虑的能力——偶尔在孤独无依的情况下运用自己的能力，就像偶尔让一个孩子在草坪上独自奔跑，测试一下他的气力，看看结果会怎样一样。这类测验和试验我们称为思辨；这一问题的本质在于，这一次它应把它置之度外，走自己的路，去追求最崇高最重要的真理。在这一基础上，假如它得出的结论同上面提到的康德所得出的结论完全一样，那么，思辨就无权因此而把诚实和良心搁置一旁，走上岔道，以便设法回到犹太教的领域，作为它的必不可少的条件；相反，它应该只遵循着理性之光的引导，沿着展现在眼前的道路脚踏实地追求真理，像一个忠于本行工作的人，镇静而信心十足地前进，不管路将通向何方。

假如我们的哲学教授就这一问题提出不同的看法，认为只要还没有把万能的上帝扶上宝座，就不能无功受禄——就仿佛上帝真的需要他们一样——这就说明了他们为什么不喜欢我的作品，也解释了为什么我不是他们器重的人；因为我一点都不会经营这类文章，也不像他们，在每次莱比锡博览会上发布些关于万能上帝的最新报道。

（五）论主体的第三类客体

对这类客体的解释

构成我们表象能力的第三客体的，是彻底表象的形式部分，就是说，是先天赋予我们对内外感官形式即空间和时间的直观。

作为纯粹直观，这些形式是以其自身成为表象能力的客体的，而不以彻底的表象以及以确定这些表象最初加在这些形式上是空无的还是充满的为条件；因为即使纯粹的点和线也不能提供感性直观，而只是先天的直观，这恰如空间和时间之无限广延性和无限可分性只是纯粹直观的客体而与经验直观无关。在第三类表象中，空间和时间是纯粹的直观，在第一类表象中，它们相互联结在一起被感性地直观；两类客体的区别就是物质。因此，我一方面把物质定义为对于空间和时间的觉察力，另一方面把物质定义为具体化的因果。

相反，属于知性的因果形式不能单独地以其自身成为我们表象能力的客体，我们也不能意识到它，除非它与我们认识中的质料相连。

存在的充足根据律

空间和时间的建构方式决定了它们所有的部分都是相互关联的，其中的一个是另一个的条件，又以其他一个为其条件。我们把在空间中的这种关联称为位置；在时间中的则称为继起。这些关联完全不同于我们表象中一切其他可能的关联，是很特别的。因此知性和理性不可能纯粹靠概念来把握，只有先天的纯粹直观可使我们理解它们，因为仅靠概念不可能解释清楚上下、左右、前后、过去和未来。康德主张左右手套之间的区别，除直观能加以识别外别无他法，这样就正确地证实了这一点。时空各部分参照这两种关联（位置和继起）来相互限定这一规律，就是我所说的存在的充足根据律。我曾就这一关联举了一个例子，通过一个三角形边和角的关系，说明这种关联不仅完全不同于因果之间的关系，而且也不同于认识根据和推论之间的关系；因此，这里所说的条件可称之为存在的根据。当然，对存在的一个根据的深切领会是可以变为认识的一个根据的，这恰如对于因果律及其他在特殊情况下的应用的领会是关于结果的认识根据；但是，这并没有消除存在的根据、生成的根据以及认识的根据之间的根本区别。在根据律的一种形式看来是推理，而在另一种形式看来则是根据，这种情况时有发生。例如，根据因果律，温度表中的水银升高是热量增加的推论，而根据认识的充足根据律，它则是一个根据，是认识热量增加的根据，也是做出这一断言的判断根据。

存在在空间中的根据

空间中每一部分与另一部分的位置，譬如一条给定的线——这同样适合于面、体和点——还完全决定了任何其他可能的线所处的完全不同的位置；所以后者与前者存在着推论与根据的关系。因为给定的这条线与其他任何一条可能的线的位置同样可以决定它与其余所有线的位置，也因为最初的两条线的位置本身同样可通过所有其他的线加以确定，所以把哪一条看作首先被确定的、并确定其他线的位置这一点并不重要，即不必考虑把哪一条具体的线称为根据（ratio），并把其余的线称为推论（rationata）。之所以如此是因为空间中没有继起；因为正是通过把空间和时间联合起来形成复杂经验的联合表象，表象的共存才得以产生。因而类似于所谓的相关性的东西在空间中的存在根据中随处可见。既然每一条线由其他所有的线决定，同样地它亦可决定其他所有的线，那么，把任何一条线仅看做是起决定作用的而非被决定的，是很武断的，而且一条线与其他任何一条线的位置并不排除提出这样一个问题：在它相对于其他某线的位置上，这个第二位置必然决定了第一位置并使之得以确定。因此，在存在根据链条的环节系列中，找到前部的始端如同在形成根据的链条环节系列中找始端一样，是不可能的；我们也不可能发现任何后部的终端，因为空间是无限的而且在空间中的线也是无限的。一切可能的相对空间都是轨迹，因为它们是有限的；所有这些轨迹相互之间都有它们的存在根据，因为它们是相连的。因此，空间中一系列的理由如同一系列生成的理由，都是在无限中进行的；此外，不是单向的，而是像后者一样，是全方位的。

所有这一切都无法说明，因为这些法则的真理都是直接建立在先天赋予我们的关于空间的直观上的，是先验的。

在时间中的存在根据、算术

时间中的每一时刻都是以前一时刻为条件的。存在的充足根据作为推论的法则在这里之所以如此简单，是因为时间只有一维性，因此它的关系不可能具有多样性。每一时刻以前一时刻为条件，我们只能通过它的前一时刻而达到：这仅就过去的时刻存在过并已消失、此刻产生而言。一切计数都依赖于可分的时间的联结，数字仅用来标志继起过程中的单一阶段；因此，整个算术同样依赖于它，算术所教给我们的只是计算的有条理的简略符号。每一个数都以作为其存在根据的先在的数为先决条件：我们只能通过十以前的所有数字才能达到十，只凭着这种认识，我知道有十就必有八、六、四。

几何

同样，整个几何学依赖于可分的空间位置的联结。这样，几何学就是关于这种联结的认识。但是，正如我们所说，要达到这种认识仅靠纯粹概念或除了直观以外的任何其他办法，是不可能的，每一个几何学命题都一定要还原到感觉直观中，而证明不过是把所讨论的特定关系明确化；除此之外别无意义。然而我们发现，对于几何学的处理则与此大不相同。只有欧几里得几何学的十二个公理被认为是以纯粹的直观为基础的，更确切地说，甚至只有第九、十一、十二这三条公理被承认是以不同的直观为基础的；而其他的则被认为是以一种认识为基础，即认为在科学中跟在经验中不同，我们不涉及并置在一起、并受到无穷无尽的变化影响的自在真实事物，相反，我们处理的是概念，在数学中则是纯粹的直观，即数和形，它的法则对一切经验都有效，并把概念的综合性和单一表象的明确性结合起来。因为，作为直观的表象，它们的确定性极为精确——在这种情况下没有任何尚未确定的东西——但它们仍然是一般的，因为它们是一切现象的空洞形式，从而这些形式可应用于这些形式所归属的一切真实客体中，因此，柏拉图在谈到"理念"时所说的适用于概念，也适用于这些纯粹的直观，即使在几何学里也是如此，就是说，这两者不可能完全相同，不然的话，就没有形式和客体之分①。在我看来，它也适用于几何中的纯粹直观，若非如此，这些作为专有的空间的客体，就会由于空间排列上（即位置上）的不同而彼此相别。柏拉图很早以前就说过这一点，正如亚里士多德所说的："他进一步说，除可感事物和理念之外，在其中还有数学，其不同于可感事物，因为是永恒不动的，亦不同于理念，因为它们中的许多东西彼此相像；而理念则是绝对唯一的。"

既然位置的不同并没有取消其余的共性，那么我认为以这一认识来代替其他九个公理就更加符合科学的性质，因为科学的目的是通过一般认识特殊，那么，以同一个观念为基础分别表述九条公理这种做法就不那么适当了。而且，亚里士多德说过的"正是平等性构成了统一性"也能够适用于几何学的图形。

但是，时间中的纯粹直观，即数学，不存在空间排列上的区别，在这里，除了不同事物的同一性外无任何东西，同样属于概念，而不是其他：因为只有一个 5 和一个 7。我们也许还能在这里发现为什么 $7+5=12$ 是一个先天综合命题的根据，诚如康德发现，这个命题是以直观为基础的，而非同一律，如赫尔德在其形而上学批判中所说的。$12=12$ 则是一个同一命题。

因此，在几何学中，只有在对待公理时我们才借助于直观。所有其他公理都要加以论证，即给予一个认识的根据，其真理性要得到每个人的认可。这样即可表现出该定理的逻辑真理性，而

---

① 柏拉图的"理念"最终可被说成为纯粹的直观，它们不仅适用于彻底表现中的形式部分，而且适用于物质部分——因此可以被表述为彻底的表象，它们完全是被确定的，但同时又包含许多事物，譬如概念——就是说，作为概念的体现，但完全适合于这些概念。

不是它的先验真理性，由于后者存在于存在根据而非认识根据之中，因此，除了通过直观可以弄清楚之外别无他法。这就说明了为什么这类几何论证尽管明确地表达了已被证明的定理是真的这个信念，却仍然没有说明为什么它所证明的定理如此。换言之，我们没有找到它的存在根据，但通常这就会激起我们探求其存在根据的强烈愿望。因为通过表明认识根据所进行的证明只能产生信念，而非知识，因此也许可以更准确地把它称为索引而非论证，所以这就是为什么在大多数情况下，当它被直观时，由于完全缺乏认识而带来了一种不适感；而且在这里因为刚确切地知其然，要求知其所以然的欲望就变得更为强烈了。这种印象很像当某物从我们的口袋里变进或变出，而我们却不知如何的感觉。在这类论证中，在没有存在根据的情况下所确定的认识根据，跟某些只提供现象但不能说明其原因的物理理论很相似，例如，莱登福洛斯特的实验也可以在粗铂坩埚里获得成功；而由直观发现的几何命题的存在根据，就像我们获得的每一个认识，能够让我们满意。一旦我们找到了存在的根据，我们就会把对于该定理的真理性的信念只建立在该根据上，而非由论证给予我们的认识根据上。例如，让我们看一看欧几里得第一卷中的第六个命题：——

"假如一个三角形的两个角相等，那么，对应边也相等。"

欧几里得的论证如下：

"设 abc 为一个三角形，其中角 abc= 角 acb，那么，边 ab 肯定等于边 ac。

"因为，如果边 ab 不等于边 ac，那么两条边中必有一边大于另一边。假设边 ab 大于边 ac ；从 ba 取 bd 等于 ca，连接 dc。这样，在 Fdbc 和 Fabc 中，由于边 db 等于边 ac，而且 bc 是这两个三角形的公共边，db 和 bc 这两条边分别等于边 ac 和边 bc；Edbc 等于 Eacb，因此，底边 dc 等于底边 ab，Fdbc 等于 Fabc，较小的三角形等于较大的三角形，这是荒谬的。因此，ab 不是不等于 ac，而是 ab 等于 ac。"

在论证中，我们得到了该命题真理性的认识根据。但是谁会把对几何真理性的信任建立在这种证明上呢？难道我们不是把我们的信任建立在直观认识的存在根据上？依照存在根据（作为一种不必再行论证的必然性只承认通过直观提供的证据），从另一条线段的两个端点以相同的斜度画两条射线使之相交，其交点到线段两端的距离必然相等，因为这样产生的两个角实际上不过是一个，只是由于位置相对才显出是两个，因此没有根据说两条线会在靠一个终端近而靠另一个终端远的位置上相交。

正是对存在根据的认识向我们揭示了从其条件中产生的被限定性条件的必然推论——在这个例子中，从等角中得出等边——即表明了它们的联系；而认识根据只表明它们的共存。而且我们甚至还主张，通常的证明方法只能在作为一个例子所给予我们的一个实际图形中使我们相信它们的共存，而不是无论如何总是共存的；因为，由于没有表明这种必然联系，我们对于这种真理性所得到的信任就只能依赖于归纳法，依赖于这样一个事实：我们发现它在我们所画的每一个图形中都是如此。存在根据并不是在任何情况下都像在欧几里得第六定理这样一个简单的定理中一样显而易见，但我仍然相信在每一定理中都可使之明白易见，无论它多么复杂，命题总能还原到一种简单的直观。另外，我们先天地意识到空间的每一关系的这种存在根据的必然性，同我们先天地意识到每一变化之原因的必然性是完全一致的。当然，在复杂的定理中，要揭示存在根据是很难的，但这种研究不是对几何学研究而言的。因此，为使我所说的意义显得更明白，我现在将要把一个具有适当难度的命题之存在根据找出来，这个命题的根据不是十分明显的。作为一个不十分直接的定理，我以定理十六为例：

"在任何一个三角形中，延长一边，所成外角大于其他两个内角中的任何一个。"

欧几里得的证明如下：

"假设 abc 是一个三角形，延长 bc 边到 d，那么，外角 acd 将大于任何一个与之相对的内角 bac 或 cba。做 ac 边中点 e，连接 be 并延长至 f，使 ef=eb，连接 fc。延长 ac 到 g。由于 ae=ec，be=ef；两边 ae、eb 分别等于两边 ce、ef；Eaeb=Ecef（对顶角相等）；因此底边 ab= 底边 cf，Faeb 全等于 Fcef。全等三角形中等边所对应的其余两角分别对应相等；因此，Ebae=Eecf。但 Eecd > Eecf，因此，Eacd > Ebac。"

"同样，假如 bc 边等分为二，ac 边延长到 g，可以证明 Ebcg 即对顶角 acd > Eabc。"

我对于这一命题的证明如下：

若要 Ebac 等于 Eacd，更不用说 > Eacd，线 ba 对于 ca 就要与 bd 一样在同一方向上（因为这就是两角相等的含义），即它必须要与 bd 平行；就是说，ba 和 bd 必须永不相交；但是，要形成一个三角形，就必须让它们相交（存在根据），因而必定跟我们要证明的 Ebac=Eacd 所要求的条件相反。

若要 Eabe 等于 Eacd，更不用说 > Eacd，线 ba 必须要对于 bd 与 ac 处在同一方向上（因为这就是两角相等的含义），即它必须与 ac 平行，就是说，ba 和 ac 必须永不相交；但要形成三角形，ba 和 ac 必须相交，这样就必定跟我们要证明的 Eabc=Eacd 所要求的条件相反。

我做了以上说明，并非有意提出一个数学论证的新方案，也不是要用我的证明取代欧几里德的证明，因为这一证明的本质并不适合于此，而且事实上它事先假定了平行线的概念，平行线的概念在欧几里得那里出现得较晚。我只是希望表明存在根据是什么，因而说明它与认识根据的不同，认识根据只产生确证，这与认识存在根据是完全不同的一件事。几何的唯一目的在于产生确证，正如我所说，在这种情况中，会给人留下一种不适感，<u>丝毫无助于认识存在的根据</u>（这种认识同一切认识一样，是令人满意愉悦的）这一事实，或许是其他方面的杰出人物之所以如此讨厌数学的原因之一。

（六）论主体的第四类客体

总 的 说 明

接下来要考察的相对于我们表象能力而言的最后一类客体，不仅相当特别而且非常重要。它仅由每个个体的一个客体所构成，即内感觉的直接客体，意志主体，它是认识主体的客体；因此它只在时间中展现自己（从不在空间中），我们将会看到，即使在时间中，它也会受到极严格的限制。

认识主体和客体

一切认识都预先假定了主体和客体。因此，即便是自我意识也并非绝对单一，而是跟我们对所有其他事物的意识（即直观能力）一样，划分为被认识部分和认识部分。被认识部分绝对地、毫无例外地作为意志展现自身。

这样，主体毫无例外地把自己认识为意欲，而不是在认识的。因为表象客体的自我决不会变成表象或客体，这是由于它是一切相互间具有必然联系的表象的条件。《奥义书》所写的一段优美文字倒是很适合于它："你看不到它，而它却看到一切；你听不到它，而它却听到一切；你不了解它，而它却了解一切；你无法认识它，而它却认识一切。除了去看、去听、去了解、去认识，它什么也不是。"

因此，不可能有对在认识着的认识，因为这将意味着主体要与在认识着分离，而同时它又知道它在认识着——这是不可能的。

有这样一种异议："我不仅认识，而且认识到我在认识。"我对此的回答是："你认识到你在认识仅在语言上区别于你在认识。'我认识到我在认识'的意思不过是'我认识'，而且假如它不被进一步确定，这又表明它不过是'自我'。假如你在认识和你认识到你在认识是两回事，想方设法把它们分开，首先试一试在没有认识到你在认识的情况下去认识，然后再试一试你认识到你在认识而又不是你在认识。"无疑，撇开一切特殊的认识，我们最终就会得到"我认识"这个命题——这是我们所能做出的最后的抽象；但这一命题与"客体为我而在"是同一的，而这又与"我是主体"是同一的，在"我是主体"中除了包含一个直率的"我"这个词外别无什么。

虽然如此，但我们仍然要问：假如主体不为我们所认识，属于主体的各种认识能力，诸如感性、知性和理性，又是如何为我们所认识呢？这些能力之为我们认识，并非由于我们的认识已成为我们的客体，因为假如这样的话，就不会有如此之多的关于它们的相互冲突的判断；它们是被推演出来的，或者更确切地说，它们是已确立了的各类表象的共同表述，这些确立了的表象总能在这些认识能力中或多或少地得到明确的划分。但是，关于作为这些表象之条件的必然联系，即主体，这些能力是从它们（表象）中抽象出来的，因此与各类表象的关系就像一般主体对一般客体的关系。诚如有主体也即有客体（因为主体这个词本身没有别的意义），有客体也即有主体，以致作为主体其意义完全等同于拥有客体，作为客体其意义同被主体所认识是一回事。当客体被假定为在某种特定方式中被决定的时，我们也假定主体正是在这种特定方式中去认识，同样如此。因此，无论我们说客体是由这种或那种特别的内在方式决定的，还是说主体在这种或那种特别的内在方式中认识，这都无关紧要。无论我们说客体被划分为某些个种类，还是说某些个不同的认识能力为主体所独有，这都无妨大局。从亚里士多德深入浅出的作品中，我们能够发现许多踪迹表明甚至他都认识了这一真理，在他的作品中也可以找到批判哲学的胚胎。他说："从某种意义上说，灵魂就是一切。"① 又说："知性是形式的形式，感性是感知客体的形式。"因此，无论我们说"感性和知性已不再存在"，还是"世界已到尽头"，其实是一样的。无论是说"没有概念"，还是"理性已不复存在而只剩下动物了"，也是一样的。

实在论和唯心论之争，最近一个时期在教条主义者和康德主义者之间进行，或者是以本体论和形而上学为一方跟以先验美学和先验逻辑为另一方之间展开的争论，这场争论的产生就是由于误解了这种关系而且误解了由我确立的第一类和第三类表象所造成的，这跟中世纪唯实论者和唯名论者的争论是由于误解第二类表象的这种关系一样。

意志主体

根据前述，认识主体永远不能被认识，它永远不会成为客体或表象。然而，由于我们不仅有外在的自我认识（在感性直观中），而且还有内在的自我认识，另一方面，由于任何认识就其本性而言都预先假定了一个认识者和被认识的对象；因此，在我们体内被认识的东西，不是认识者，而是意志行使者，即意志主体——意志。从认识出发，我们可以主张"我认识"是一个分析命题，与此相反，"我意欲"则是一个综合命题，而且是一个后验命题，即是由经验给予的——在这种情况下是由内在经验（即只在时间中）给予的。因此，意志主体就成为我们的客体。内省总是向我

---

① 亚里士多德《论灵魂》。

们显示出我们在意欲。不过，我们在意欲中，从最微弱的愿望到激情之间，有着无数的等级，我经常表明[1]：不仅我们所有的情感，甚至我们人的一切精神活动，也被归在情感这个广义的概念名下，看做是意志的状态。

在意欲与认识主体是同一的，因此单词"我"就包含和说明了这两者；再者，此同一性是宇宙的结，因此是说明不了的。因为我们只能搞清楚客体之间的关系；而且两个客体不可能是一个，除非是作为整体的部分。在这里，所牵涉的是主体，我们借以认识客体的法则对主体不适用，而且，认识者与作为在意欲的被认识者事实上的统一，即主体和客体的统一，是直接被给予的。无论如何这种同一性是得不到说明的，谁要是清楚地认识到这一点，谁就会赞成我把它称为绝对的奇迹。

诚如知性是对于我们的第一类表象的主观联系，理性是对于第二类的，纯粹感性是对于第三类的，现在我们发现对于第四类的是内感官，或整个自我意识。

意欲动机律（目的因）

正因为意欲主体是在自我意识中直接被给予的，所以我们才不能进一步确定或描述意欲是什么；确切地说，它是我们所拥有的最直接的认识，而且，这种直接性认识最终一定能使其他很间接的知识彰明昭著。

在我们自己做出一个决定时，或者我们看到别人做出决定时，

---

[1] 见《伦理学的两个基本问题》。

我们认为自己应该问一下"为什么"。我们假定某件事件过去肯定发生过，而这一决定即由此而生，我们称这件事情为它的根据，或更准确地说，是随之而来的行为的动机。没有这样一个根据或动机，就像无生命物体不被推拉就能运动一样，这种行为对我们来说是不可想象的。因此，动机属于原因，前面我们已把动机作为因果律的第三种形式并论述了其特点。但是，整个因果律都只是充足根据律在第一类客体中的形式，即外在直观所给予我们的有形世界的形式，在那里它形成一个环节把变化互相联系起来，从外部产生的原因则是构成每一变化的条件。而这类变化的内在本性对我们来说仍然是一个谜，因为我们总是驻足在外面。我们无疑能看到此因必产生此果；但实际上我们并不能知道此果是如何由此因产生的，或者说不知道内部所发生的事情。因此，我们明白机械的、物理的、化学的结果，也明白这些结果是由刺激引起的，每次都由于它们各自的原因而产生，但并不由此而彻底理解此过程，此过程的本质部分对我们来说仍是一个谜；因此我们就把它归为事物的本质，自然之力，或活力，但无论怎样，它们都是些难以理解的性质。假如我们未被赋予认识动物和人类的运动和行为这一过程之内在部分的能力，那么我们对这些运动和行为的理解也是同样贫乏，因为在我们看来它们也是由原因（动机）以某种无法理解的方式所引起的；也就是说，通过我们自身的内在经验，我们知道这是由动机引起的一种意志行为，而动机就是纯粹的表象。因而，由动机产生的结果不同于由一切其他原因所产生的，这种结果不仅以一种完全间接的方式从外部为我们所认识，而且同时以一种非常直接的方式从内部为我们所认识，因此我们是根据它的整个的行为方式来对它加以认识的。在这里我们仿佛处在幕后，从原因产生结果之最内在的本质上，获知此过程的秘密；因为我们这里的认识是通过完全不同的途径和方法得到的。从这里就得出一个重要的命题：动机的行为（动因）是我们从内部看到的因果律。这样，因果律在这里以一种完全不同的方式和媒介呈现自身，而且是作为另一种认识出现的；因此，它肯定以充足根据律的一种特殊形式出现，即呈现为行为的充足根据律，或简称为动机律。

为对我的整个哲学的理解提供一条线索，我补充如下：作为主体的第四类客体，即包含有在我们自身之内所领悟的意志的那类客体，它跟第一类客体的关系同动机律跟因果律的关系是一样的。这一真理是我整个形而上学的基石。

至于动机行为的方式和必然性，以及动机行为以经验的、个体特征为基础，甚至依赖于个体的认识能力，请读者参阅我的获奖论文《论意志自由》，那里的论述更充分。

意 志 对 理 智 的 影 响

意志对理智的影响完全不是以因果律为基础，而是依赖于认识与意欲主体的统一。这种影响发生在意志迫使理智再现曾经出现过的表象，而且在总体上把它的注意力集中到这一或那一方向并令人满意地产生一系列具体思想的时候。在这种情况下，甚至意志都是由动机律决定的，同样它还按照动机律秘密操纵着我们所说的那种观念的联系。观念的联系就本身而言只是充足根据律的四种形式应用于一系列主观思维中，即应用于我们意识中存在着的表象中。个体的意志要求理智根据个人的兴趣（即个人的目的）与现存的表象一起回忆那些既可以在逻辑上也可以在类比上，或者是通过时间或空间上的接近而与它们有关的表象，才使这整个过程得以进行。然而，这里的意志行动太直接，以致在大多数情况下我们对之不能有清晰的意识；太迅速，以致有时甚至都意识不到表象产生的时刻。在这种情况下，仿佛某种东西不与任何别物发生任何联系就径直进入我们的意识；然而这是不可能的，而充足根据律的根即在于此，在我的代表作中对此作了全面阐述①。突然把自身呈现给我们想象力的每一幅画面，甚至每一个并非直接跟随前面的根据而来的判断，肯定是由具有动机的意志行为所引起的；虽然动机经常由于无关紧要而被直观所忽视，虽然这类意志行为由于轻而易举地产生，以致愿望和实现几乎同时产生而经常不被察觉。

记忆

表象呈现给认识主体越是经常，认识主体就越能顺利地按照自己的意愿去重复这些表象，认识主体的这种能力——换言之，经过训练的能力——就是我们所说的记忆。我不赞同人们对记忆的传统看法：把记忆看作贮藏室，里面藏着永远归我们支配的现成的表象，只是我们并非总能意识到它们的存在。已经存在的表象由于习惯可以很轻松地随意再现，因此当一系列表象中的一个环节一旦出现时，就立即甚至经常是自然而然地唤醒所有其他的

---

① 参见《作为意志与表象的世界》。

表象。假如我们为我们的表象能力这一特有的品质寻找一个比喻（譬如柏拉图把它比作能吸收和保持印象的海绵），我认为最好的比喻是一块布，在褶皱处反复折叠几次后，这块布就好像是自动进入了此折叠状态。人体由于习惯而学会顺从意志，表象能力也完全如此。通常的观点把记忆设想为总是同一个表象，就仿佛我们一次又一次地把它从贮藏室里取出来；事实与此相反，每次都产生一个新的表象，只是习惯使它特别容易形成。因而就出现这样的情况，即我们以为是贮藏在我们记忆中的想象的画面，实际上已经有了细微的变化：我们在隔了很长时间后又看到了我们所熟悉的客体，发觉它跟我们心中的形象并不完全一致，这时我们便有了这种体会。如果我们所保存的表象都是现成的，不再变化的话，就不会出现上述这种情况。也正是由于这一原因，假如我们对已获得的知识搁置不用，它们就会逐渐从我们的记忆中消失，这是因为记忆是运用习惯和技巧所得来的结果。举例来说，大多数学者忘记了他们的希腊语，大多数艺术家从意大利返回后忘记了意大利语。这也就是为什么很熟悉的一个名字或一行诗，在多年未曾思及之后是多么难再回想起来的原因；而一旦成功地回忆起来，一段时间内又能支配它，这是因为习惯又重新获得。因此，通几国文字的人，只要注意偶尔把每种语言坚持读一读，他就能确保对这一门语言的掌握。

这同样可以解释为什么我们童年时期的环境和往事在我们的记忆里留下了如此深的印迹；因为在孩提时代，我们几乎没有什么表象，即使有也主要是直观的，为了消遣我们还总是不断重复。几乎无能力进行创造性思维的人终其一生就是这么做的（而且不断重复的除直观表象外还有概念和语言）；因此，当理智的迟钝和呆滞不起妨碍作用时，有时他们还有异乎寻常的记忆力。相反，天才人物并不总是被赋予最好的记忆力，卢梭说过他本人的情况即是如此。或许这可以做如下解释，即他们总是富于新思想和新联想，因而无暇顾及再现它们。然而，总的说来，很少发现天才具有很差的记忆力，因为他们整个思维能力所具有的巨大能量和灵活性足以弥补他们所缺乏的经常回忆的习惯。我们绝不会忘记，缪斯之母就是记忆力的人格化。因此，我们可以说，我们的记忆力受两种相互斗争的因素影响，一方面它受表象能力的能量的影响，另一方面又受占有这种能量的表象数量的影响。这种能力所包含的能量越少，表象亦越少，反之亦然。这就说明了习惯于读小说的人之所以记忆力减退，因为他们同天才人物一样：大量的表象一个接一个迅速飘逝而过，没有时间和耐心再现和重复它们；只不过在小说里，这些表象不是读者自己的，而是别人的思想和联想在飞快地接连发生，而读者本人也缺乏在天才身上跟重复相抗衡的新思想和新联想。另外，整个记忆都必经过矫正，我们对感兴趣的东西记忆最深，对不感兴趣的东西则忘得最多。因此，伟人们容易在极其短暂的时间里遗忘日常生活中不足挂齿的事件以及微不足道的事务，还有与他接触的凡人，然而倘若事物本身是重要的而且对他们有重要意义，那他们就记得非常清楚。

不过，总的来说，不难理解为什么我们更容易记住由一根线索或上面所提到的根据和推论串在一起的这种系列的表象，而不太容易记住彼此无关、只通过动机律跟我们意志相连的表象（也就是那些随意聚集起来的表象）。因为从前者来看，我们先天认识了的形式部分这一事实，已经解决了麻烦的一半；而且这也许证实了柏拉图的学说：任何学习都不过是回忆。

我们要尽可能设法把我们希望收编在我们记忆中的东西转化为一个可理解的印象，或者是直接的，或者作为一个例子、一个纯粹的直喻，或者是一个类似物，实际上用任何其他方法都行；因为直观的认识较之任何抽象思维——更不用说较之纯语言——要牢固得多。这就是我们能记住亲身经历的事情，而对读到的东西则不易记住的原因。

五 论人生

（一）论人生的痛苦

除以受苦为生活的直接目的之外，人生就没有什么目的可言。我们观察世界，见事事处处，都充满痛苦，都源于生活本身之需要，且不可分离，真可谓毫无意义可言，不合于道理。个别的不幸，固然似为不期而遇的事物，但作为通常的不幸，则事出一辙，可见是必然的。

像大多数哲学体系所宣示的那样，恶事，其本质便是消极，以我看来，并不合理。恶事犹如他事亦有积极的一面，其存在也常常使人感觉到。莱布尼兹是此种不合理说法的极力维护者，他用显而易见、无足轻重的诡辩，来强化他的论据。其实，幸运亦属消极。换言之，幸福与满足，就痛苦定归于消灭之情境而言，常常含有欲望圆满的意义在内。

它可以说明一个事实，即通常所见，快乐常不是我们所希望的快乐，而痛苦则远远超过我们所预计的痛苦。

有人说，世界上的快乐，假如以其重量来衡量的话，常常超过痛苦，否则无论如何，二者之间总能扯平。对于这种说法，读者若想考察其合理与否，请试取两个相互啖食的动物，其中一个正恣意吞噬另一个，大家就可以其所有的情感来做一个比较。

在任何不幸与烦恼中，最好的安慰，莫过于想及他人的境遇更不如自身这一点。这种安慰的方式，实在是人人都能做到。但对整个人类来说，则意味着，这是一个多么可悲的命运啊！

我们就好比是田野上的羊，嬉戏在屠夫们的监视之下，这群羊，将或先或后，依次被屠夫选择而后被其宰割。因此，在美好的日子里，我们都意识不到隐而未发的厄运——如疾病、贫穷、残疾、失明、昏聩等——早已等待在其后了。

时间逼迫得我们喘不过气来；时间又常在后头鞭策着我们，宛如一个监工。只有当我们陷入烦恼的痛苦之中时，时间才会驻足不前。

然而不幸的命运，亦有其作用！若将空气去掉压力，那么我们的躯壳将会因此而破裂。所以，若将人的生活中去掉需要、困难以及逆境，使得人们的各种作为皆会取得成就，这时，他们就会变得骄傲，不可一世。人体虽张大而不至于破裂，但必将暴露其愚蠢，甚至不可羁绊到疯狂。由此说来，相当的忧患、痛苦、烦恼，对于任何人，在任何时候，都是必要的。船若不载重以镇平衡，则会颠簸不定，且将会不能直线前进。

确实，工作、烦恼构成了众多人的毕生经历，尽人皆同，这是一个必然的事实。假如让其欲望旋即得到满足，人将何以打发其一生呢？他们虽然生于世又能有何作为呢？倘若这个世界成为繁华安逸的天国、似蜜如糖的乐土，窈窕淑女，悉配贤才，无冤无仇，那么，人们必定会无聊至极，抑或会因烦闷而死，再不然，就会有战斗、屠杀、谋害等随之而来。如此一来，人类所遭受的苦难，较之现在所受之大自然的苦难会更加深重。

年轻时，当我们遐想未来生活的时候，我们就好像是坐在戏院里的儿童，兴高采烈，热切盼望着大幕的开启。对行将出现的究竟是什么，不知其底里，这实在是一件大快之事。可是，人人都愿得享高年，换句话说，对于他所企盼的生活情境，可用一句话概括，即"日甚一日，每况愈下，直至无可奈何而止"。

若就想象而言，试想，在灿烂的阳光照耀下，呈现各种痛苦及烦恼，那又会怎样呢？你一定会说，在地球上，如果太阳的光和热能使万物生存成为可能的现象逐渐减少，就像是在月球上那样，或地面跟别的地方一样呈冰晶雨雪的状态，那该多么好啊！

再者，你也可能将生命看作这样：它像是戏剧中一个无益的小插曲，破坏了神圣的无生命的宁静。无论怎么样，纵然你所遭遇的事物一切如意，但是，随着岁月的消逝，你也会觉得整个生活都属失望，且都是骗局，其事实一目了然。

分别了半个世纪的少年故友，在耄耋之年相逢，当彼此相视之瞬间，涌出来的所有主要的情感便是，但觉整个生活，均属失望。因此，在这两个人追思往事之时，儿时的生活尽现眼前，就像是在晨光照耀之中，一切都呈现出玫瑰色，其满足之情令人欣羡，生活给予我们的希望是何其多啊！然而到后来，在我们这些人当中，又有多少是有成就的呢？此种情感，感人肺腑，以致大家都认为，此时无付之言辞之必要了。然后，双方默然，相对无言，且将这些作为所有谈话的基础。

有人在有生之年，历经了二代、三代，甚至更多，那么这个人就好像是一个生在市肆中观看术士们设摊的人。看到这些术士们依次表演，一而再，再而三。这种表演本来只可观赏一回，当别无新意且不足以眩人心目时，便毫无意义了。

当人的命运不足以使人嫉妒时，那命运中足以为人所痛哭的事情就不计其数了。

生活是一个苦役，人人都须作。尽职的人就是行善事，亦即他已经能够完成自己的工作。

如果生儿育女仅仅是因为纯粹理性的行为而来的，人类的种族会继续存在吗？会有人为了对后代表示同情而免去其出世生存的负担吗？或无论如何也不愿意残忍地将这种负担加诸于后代呢？

也许会有一些人告诉我，说我的哲学不足以安慰人，——因为我直述真理。人人都愿意听信于旧说，即所谓上帝所造之物都是美好的，于是，他们都到牧师那儿去祈祷，而置哲学家于不顾。不管怎么样，请不要请求我们，要让我们用所持的学说去迁就、适应你们所受到的教诲。那只是虚伪的哲学家之流愿意干的事情，要想向他们索取任何学说，都能如愿以偿。大学里所有的教授们，都不得已而宣传乐观主义。要想推翻他们的学说易如反掌，而且还是一件十分惬意的事情。

我已经提请读者注意，一切幸福的境界，一切满足的情感，就其性质而言，均属消极，换句话说，也就是脱离了痛苦而成的，痛苦则是人生的积极元素。因此，对于任何人来说，任何幸福的生活都不应该以快乐多少来进行度量，而应以脱离苦恼的限度——亦即脱离积极的恶事的限度来度量。倘若这就可以称作是合理的论据，那么下等动物看起来所享受的幸福，较之人所享受的要多。请大家详细地考察一下吧！

不管人类的幸福及困苦的方式如何变迁，引导人们舍彼求此的物质基础，或是肉体的痛苦，或是肉体的快乐。此种基础很有限度，只不过就是健康、食物、寒暑燥湿之抵御、性欲的满足；反之，则是缺乏上述的这些东西。所以，仅就肉体上的快乐而言，人之所以优于动物些许，不过是因其神经系统具有较高的可能性，使人对于任何快乐较为敏锐，但是也必须记住，对于任何痛苦也亦然。与动物比较，人所有的欲望是何等的强烈。人的情绪之深邃有力，与动物相比又是那样的迥异。——然而，人与动物二者之间，其最后所得的结果完全相同，不过就是健康、食、衣等而已。

人之所以有如此强烈的欲望，主要原因在于对未来及非当前的事物加以思考。这一点，对于人类的一切行为所产生的影响非常大，亦即忧虑、希望、恐惧等的真正来源。——这种情绪影响到人，较之动物对于其所有当前的快乐及痛苦、所能发生的一切事情的影响更为深刻。在回想、记忆以及预见的能力中，人就好像是一个机器，能够将其快乐及忧愁凝集并储存起来。动物则全然没有如此的功能，所以，动物虽然屡遭同样的痛苦，甚至多到不计其数，可是当它们在痛苦之中时，仍然会像是第一次受到这样的痛苦。它们没有能力将其所有的情感综合起来，故它们总是无忧虑，温顺平静。这是多么令人羡慕啊！人就不一样了，一切情绪皆因之而起。本是人与动物同样的快乐及痛苦的元素，人一旦接纳，对于幸福及困苦的感受就会益发敏锐，以致在一刹那间，当与快乐的境界接触，便可使之乐而致死，又会在那一刹那，坠入失望与自杀的深谷里。

如果做更进一步的分析，就可以发现，人的欲望增进其快乐。较之动物，起初其欲望也并不难以满足。但是，人们为了更多的享受，就蓄意增加自己的需求和数量。于是，一切繁华奢侈便应运而生，如食不厌精、使用鸦片及烟草、强烈的饮料（如酒类）、华贵的服饰以及其他一切高于其生存所需要的、不可胜数的什物。

此外，更有不同和特殊的快乐或痛苦的来源，结果必然也是痛苦的来源，这是人自行建立的。受人重视的自身价值也不能与之成比例，甚至超过其他一切乐事之总和。——这就是我所谓的野心、恭敬以及羞恶之情感；换句话说，也就是人所设想的他人对本人的意见和看法。这样的一些议论纷繁复杂，莫衷一是，最后变成人所有一切努力的目标，而并非是根据肉体的快乐及痛苦而来。诚然，除了与动物所共同的快乐来源之外，人还有精神的快乐存在。这种精神的快乐，有着种种差别，从不值一提的草芥小事、仅资谈论的话题开始，到最高知识所取得的成就为止。反之，在苦恼方面，就会有百般无聊之事伴随而起。无聊之事仍是一种苦恼的方式，是动物在任何自然状态中都不会感觉的。只有其中最黠慧的，受人驯养之后，才会表现出依稀的痕迹来。而这在人，则成为灾难了。多数可怜之辈，除了以钱囊充裕作为生活的目的之外，便无其他事物存在于脑中，这就为我们提供了无聊生烦恼的特殊例证。此类人所有的钱财就成了罚条，致使其深受无事可做的痛苦。为求避免此般无聊，他们就得到各个方面去寻求消遣的法子。于是，他们四处出游寻觅，当到达某一处时，来不及下车，便急切了解其处有什么娱乐可寻。在这一点上，他们与乞丐寻求食物毫无二致。坦白说，需要与无聊,是人类生活的两个极端。最后,对于性欲关系,我以为,人可谓自陷于一种特殊的制度之中,这种制度让每个人必定得择一人成为自己的配偶。此种匹配的感情渐渐养成，乃至增加或减少其情欲上的爱，逐步成为痛苦多而快乐少的原因。

如果仅仅因思想提高就会使人类幸福及困苦的人厦发生广大高深的变化，岂不令人振奋！且建立于人与动物共有的苦乐上的狭隘的基础之上的大厦，竟让人经受如此强烈的情绪，如此之多的欲望之风波，及如此之甚的情感之震骇，致使其所受的苦恼均可记载且又留痕迹于面容之上。然后，当人们恍然大悟时才知道，人为之而奋斗的，竟与动物之所获相同，只不过动物的欲望与痛苦比人要少得多而已。

到此时，人生苦恼的限度大大提高，比起快乐来则要大大地超过。人生痛苦的增加使之每况愈下。这是因为在事实上，死的意义对于人类来说较为真切。动物之避免死亡，是出于本能，其实它并不知道死为何物，也就不像人那样，天性上常以死为念，并把这种想象总放在眼前。所以，只有少数动物得以寿终，就其大多数而言，不过是能传宗接代，纵有死期不算太早的，终究还是要让其他动物所食；人虽或有例外，还是以终其天年为多。但是，两相比较，动物仍然更有利益，要说理由，上面已经进行过阐述了。其实，人能得尽其天年的亦像动物那样，还属凤毛麟角，这主要是在于他们的生活不合于自然、劳累过度、嗜欲，逐步使人的种类日益退化，造成人常不能达到目的就死。

与人相比较，动物唯以生存为满足；植物则更甚，全然不知生活之甘苦。人视生活为满足的程度，正与其愚钝的程度成正比。动物的生活，与人的比较，既带很少的苦，又带很少的乐。其真正原因，在于动物根本没有什么忧烦、焦虑的折磨，它们对什么都从不抱有真正的希望。任何给予我们的最大限度的最得意的快乐，像心中对于未来幸福的期盼，对幻想的兴奋，等等，这一切都是由我们的想象力而来的，可是动物没有这些。若动物脱离了忧虑，那么，在这个意义上来说，也就无希望可言；动物的意识作用只限于眼前的存在，限于当前它所能见到的范围之内，动物就是即刻刺激的化身，在本质上，它所具有的畏惧与希望的元素，——并非一发而不可收——仅与当前的事物在冲动所能及的范围内有关；至于人的视线之所系，则包括了他的全部生命，包括了他的过去与未来。

由此可见，与我们相比，在某一点上，动物却显示出了真正的智慧——即所谓的对于当下感到的恬静快乐。这种现时所赋予的恬静心境，常使我们人感到羞愧，因为我们的思想及忧虑，常常搅扰着我们，使得我们不得安宁，且还不知足。实际上，如上面所讲的，希望及预期的快乐，并非毫无意义。人对于某事得到满足所产生的希冀与期望，即是与未来享受有关的真正快乐的一部分。但在其后，此种快乐便会遭到折损：但凡事情未至时，望之弥切，而一旦来到，满足则减少。动物所有的快乐，并非是其所预期的，所以不会遭折损。因此，它们当前实际的快乐，圆满无亏，完整无损。同样，动物对恶事的迫害，亦仅仅知道其真实固有的压力。至于人，则因其将至而畏惧，这种畏惧往往成为超出实际十倍的难忍受的重负。

正因为动物有这样的特性，将其自身完全置于现在之中，致使增加我们对于它们的兴趣。在这种时候，动物这种被人格化了的现状，从多方面使我们知道了现在每一时刻的可贵，而有意脱离烦恼与搅扰。只是，这种现时的可贵，却因我们存有的思想及先人的见解，而成为最不受人注意的事情。然而，人是一种自私自利且全无心肝的动物，除了自身生活所必需的物品外，就只会滥用动物所有的特性了，以此来供自己娱乐，并且还常常如此使用，以至于达到这种限度，即使得动物除了拥有生命外，身无长物。鸟本来是可以飞遍世界的，却让人幽禁于一立方尺的空间里，它们因此切盼自由，常鸣号以致慢慢死去，笼中之鸟，绝不能唱出快乐的歌来。当我看见人们虐待引为自己良友的犬时，见他们以锁链系住这种黠慧的动物时，我对这种动物就寄予了莫大的同情，对其主人则怒火中烧，深恶痛绝。

人类的苦恼，若以高尚的见解观之，则可视为是正当的，我们会在后面看到对此的论述，但这种论述并不适用于动物。动物的苦恼，大抵皆由人而造成，虽然时常也会有非人力造成的。所以我们应该问一下，为什么会有这种情形呢？为什么会有这种苦恼存在呢？天地间没有能使意志终止活动的，也不能随心所欲地去否定意志本身的存在并得到补偿。仅有一种说法可以用来说明动物的苦恼，即求生的意志隐于一切现象世界的后面。在兽道中，自相咬食，只是用来满足其求食的欲望而已。求生的意志便这样造成了现象世界的等级，每一等级各害其下一个等级，以求自身的生存。然而我已经证明了动物受苦的可能性较人的为轻。若将动物的命运加以任何详尽的说明的话，那么实际上，要从其性质上说起，即时不属于神秘，也将是一种假设。姑且此处就不再谈论此事，留着请读者自己去思索吧！

据说，梵天产生此世界，是由于某种错误而成的。为了补偿自己的过失，它便置身于这个世界之中，一直到设法能补偿了为止。如此说明了万物的起源，是多么值得称道！依照佛教的教义，世界的产生，是由于一些莫名其妙的骚扰，打破了涅槃天地的神圣的宁静，这种变化的出现，则是由于一种定命式而成。须知此种说法，与物质科学范围内所持的理论类似，即太阳起源于太古时代不可思议的一线云雾，至于云雾又是如何形成，则无从了解，而究其根源，还真有一点道德上的意义存在。结果，道德上的重重过失使此世界逐渐变坏，物质上的秩序亦然，直至成为今日恐怖的状况。太好了！希腊人将此世界及诸神祇看作不可思议的必然结果，这种说法犹可通过。在我们还没有得到一个满意的说法之前，暂时只能以此为满足。再有，奥尔谟兹达与阿利曼① 是敌对的二神，常常激战不已，这样说并非坏事。然而一个像上帝如耶和华的神，由于纯粹的幻想而创造了这个苦难的世界，且乐此不疲，夸赞其成功，然后宣布凡物都是美好的，——这真是行不

① 奥尔谟兹达（Ormazd）：释火教神话人物，主神，代表光明、真理、生命、善，在与另一释火教神话人物阿利曼（Ahriman）的斗争中保护人类创造美好的世界。后者为恶神，统辖黑暗、罪恶和死亡，反对奥尔谟兹达。

通的事。说起宇宙之起源，犹太教较任何宗教教义及有文化的民族所宣传的都逊色。正因为如此，也只有在犹太教的教义里才找不到任何灵魂不死的踪迹来。

纵使莱布尼兹辩论道，地球是所有可能存在的世界中最完美的形式，这是正当的，但也不能证明是上帝创造了世界。大凡造物非但能造世界，而且也能造其可能性。所以，它应该如此安排，允许有更完美的世界出现。

有两个方面足使信仰此世界为全智全善且全能的上帝所造成为不可能：第一，在这个世界里，处处皆多苦难；第二，造物所造的最高之物就是人类，这显然并不完全，与应有的人类相差甚远，成为了对本来形象的嘲弄。这两方面与信仰格格不入。而适才所说的事实，给我所说的一切提供了证据，它证明这个世界可以看作我们自己罪过的结果，所以也是本来就不该存在的赘疣。假如依照旧的说法，那么这样的事实，将使造物者痛受弹劾，且成为供人嘲笑之事；假如依照今天的说法，则不过使我们的天性、我们的意志受攻击，并教训我们要谦卑处世。在这种指点下，我们看到自己犹如无父之子一般，来此世界便带着罪恶之负累；仅仅由此而不断地赎罪，因此我们的生存，必是如此受苦，直至死亡才能结束一切。

世界悲惨的罪恶，产生了世界悲惨的苦恼，这是毋庸置疑的普遍真理，这并不是指在人生的范围里，而是就世界与人生的物质关系而言，我指的却是超经验的。所以《旧约》中唯一使我倾心的，是天国谪降的故事。依我看，这故事虽然是以寓言的形式写出来的，却仍然是书中唯一的形而上学的真理。我以为，除了过失或罪恶使我们受罚的结果外，对于人生，没有更好的说明了。我不能不将克拉迪乌斯讨论此问题、显示基督教主要的悲观精神的论文介绍给有思想的读者，该书的题目是《受难是为你好》。

希腊人的伦理学，与印度人的伦理学有一个截然相反的地方。希腊人的伦理学（只有柏拉图是个例外），目的是在勉励人过上快乐的生活；而印度的伦理学则意在使人完全远离此种生活并从中得到解脱，如《数论颂》中第一义谛里所指示的那样。

同样，希腊与基督教的死亡观念亦有相反之处。在佛罗伦萨艺术宫中，有一古希腊石棺，上刻凸起的浮雕显示了古时婚姻进行的全部礼节：自正式求婚起，至结婚之夕海门火炬照耀新婚夫妇入洞房止。这是用可见的方式将此观念显现了出来。基督教所用之棺，则饰以可悲的黑帷，上置十字架。二者皆于死中觅取安慰，个中意义，何等显著！二者互为相反，亦各有其正确之处。前者指示了求生意志的积极方面，生活形式的变迁无论怎样迅速，都肯定了求生意志的存在；后者则在苦恼与死的象征中，指示了求生意志的消极方面，求得脱离此世界，超出死与魔鬼权力所及的范围。在求生意志的积极与消极这个问题上，归根结底，基督教终究还有其正确的地方。

《旧约》与《新约》所持的不同观点，依其在教会上的见解而言，犹如我的伦理学系统与欧洲的道德哲学的不同。《旧约》显示人在法律的管理之下，无所逃于天地之间；《新约》则宣布法律已归于失败，使人脱离开法律的管理，代之以圣德的天国，即可由信念、爱邻、牺牲个人而得，这便是脱离世界苦恶之路。无论新教徒与理性派如何曲解，为求适合自己的意志，《新约》

的精神，在于勉励人们修行苦练，这是毫无疑问的。苦行，即求生意志的消极面。从《旧约》过渡到《新约》，从法律范围到信仰的范围，从行为正当的裁判到受人神保护的救济，从罪恶、死亡之区域到依赖基督而永生，凡此种种，就其真正的意义而言，不过是从从事道德的善行过渡到求生意志的消极而已。我的哲学，显示公道与爱人的形而上学的基础，并且指示这样的道德必然会导致的目标，如果这些善德能完全实践的话。同时应当坦白承认，人必须与世界相背而行，且求生意志的消极，即为救世的方法。这便与《新约》的精神合二为一，那么，其他的哲学系统，则与《旧约》的精神不谋而合了，也就是说，在理论与实际上，结果皆成为犹太教义——属于专制的一神论而已。所以，在这一点上，我的学说可以称之为唯一的基督教哲学，——尽管这种说法在那些总持浅薄观点，而不透彻地洞察事物本质的人看来，似乎是自相矛盾的。

你想在生活中求得可靠的指南，对人生观觅取正道而拂去一切疑惑，那么，就必须习惯于把这个世界作为罪犯的世界，一种罪犯的集中营，就像古哲学家称为的那样。在基督教长老中，奥瑞艰以赞美的勇气坚持此见解，生活的客观理论进一步证实了此观点的正确性。这里并非仅仅指与我的哲学相吻合，而且也指与古代一切睿智的学理相吻合，如婆罗门教及佛教中早有所示的那样；希腊哲人恩培多克勒及毕达哥拉斯等人也说过；同样，西塞罗曾表示过：古之智者，常以此教诲人们，我们之投生此世，之所以受罚，皆因要赎回他世生存情况下所犯的罪过。这种说教使人有如坠入五里云雾之中。又如瓦尼尼（为其同时代人所烧死，同时代人因难以与他辩驳，故杀死他）以有力的语言说明了这个道理。他说："充满人类社会的种种困苦，如果不与基督教相违背的话，我敢直言，即使有恶魔存在，它也已戴上了人面而出世了，并且现在已受到罪恶的报应。"基督教——就其真正的意义而言——也把我们的生存看作罪孽与谬误的结果。

若习惯于这种人生观，则将依此以定人生的希望，而见一切不幸的事，不管是大是小，是苦是恼，都不会以为稀奇，或视为例外，而都会认为是当然的，因为在此世界中，我们将按各人的特殊方式去体验生存的惩罚。在牢狱中，与囚犯交往是十分难堪的事。若读者不屑去与此为伍的话，则无需我多费口舌去提醒他，他当前应注意现在所与周旋的是什么样的人。假若你出类拔萃，或具有奇才异能，则会自觉自己如一不卑不亢的政治犯，不得不去与那些普通犯人同舟共济，这样，他也会好自为之，并尽力远离这群人而独居。

总之，一般说来，此种人生观，将使我们对于大多数人品性的不完全、道德及知识的缺乏、面容的卑琐等见惯而不惊，更不用说表示愤怒而加以诽谤了。因为我们常想，我们所居住的是何等的世界，且与之共处的人皆孕育于罪恶，这是与生俱来的，这就是基督教的所谓人的罪恶的天性。

"'罪恶'为凡人所应有之语！"无论人所犯的过失如何，无论其缺点与罪恶如何，我们都应当忍受。须记住，当他人发现了此等罪过，也是我们所看到的我们自己身上的愚蠢和缺陷。这是我们人类所共有的缺点，是一而再、再而三地出现的缺点和过失。当然，有此过失令人们怒不可遏，那亦不过是因为此过失还没有出现在自己身上而已，但它们确确实实潜伏在我们本质的深处，一旦有任何能使之出现的机会，它们就将显露出来，正如我们现在见到的他人的行为一样。诚然，人也许有罪过是他人所没有的，然而大多数人都有的罪恶则不能否认。因此，个性的差别，在人与人之间，是无法衡量的。

实际上，今世今人，无罪恶的危害，反而胜于有。此种信念，使我们彼此交往，能相互容纳，相忍为怀。所以，从这种见解出发，我们就应弃去大人、先生等尊号，而以同患难、苦朋友相称！这种观点虽有点骇人听闻，却终究与事实相吻合。因此，对于他人，则可予以正确的见解，而对于自身，则应常常回忆、容纳、忍耐、恭敬、爱人等，是人生最切要的事情，是各人之所需，故应为各人对于侪辈所应尽的义务！

（二）论人生的虚无

这种虚无，表现在物的整个生存方式中，相对于时间、空间二者的无限性，人生则是有限的：作为唯一生存方式的转瞬即逝的一刹那，一切事物相互依赖，在永恒的希冀和永不餍足中，在常有欲望而未曾圆满中，在长时间的与生活的战斗因各种努力皆为困难所阻而停，直至被征服而中止。时间乃一物，一切皆从中经过；时间乃一方式，在此方式之下，求生的意志——即自在之物，故常不灭——显示出它虽能努力，亦无效果；时间乃一主动力，将每一刹那间我们所掌握的一切事物都变为无，而丧失其所有的价值。

昔日的存在，现在则不复存在，在下一次的一刹那间，则必然成为曾经存在。因此，现在看过去的一些重要的事物，都要比现在较之不重要的事物为更轻。这是因为后者乃一实在，它与前者的关系，犹如物与无物的关系。

人们无比惊诧地发现，自己在千万年的悄然寂静之后又突然存在。其存在，为时甚为短暂，随之而来的又是一个悄然寂静的漫长的时期。衷心对此感到惊讶，觉得它不真实。知识粗浅者，对此问题，预感到时间属于理想的东西，这种时间、空间的理想性，是开启一切真正形而上学的秘密的钥匙，它确定了与事物的自然范围迥然相异的秩序，这便是康德的伟大之处。

对于人生的各个事件，我们仅能阐述其在一刹那间的存在。过此以后，它就是曾经存在了。所以，每当黄昏之时，我们常常会感到，生命又缩短了一日。如果不是我们在生命的最深远处悄然意识到永恒不朽的青春，从而经常希望在青春之中觅取再生的希望，那么当我们看到我们短暂的时间如何迅速离去，甚或会使我们发狂。

凡此种种思想，正如上面所说，确实会使我们信任此种信仰，这就是，把及时行乐当做最高的生活目的才是绝顶聪慧的。认为这样才是唯一的实在，其他一切不过是做做思想的游戏而已。从另一方面来说，这种认识也许会被人称为极愚蠢的，因为那些像睡梦一样片刻之后即不复存在继而完全消逝的事物，是不值得我们郑重其事地去花费努力的。

我们生存的全部基础，就是建立在现在之上，即瞬间即过的现在之上。人类存在的性质，就是采取永恒的运动形式，不能有任何的懈怠，尽管我们无时无刻不在期待着有哪怕是片刻的休息。我们就像一个疾步下山的人那样，非快步往下走不可，一旦停止便会有摔倒的可能；或者像竖立在人的指尖上的木条；或者像一行星，若不依照轨道向前疾驰，一旦中止了轨道运行，将坠落于太阳之上。不安定，这就是生存的特征。

这个世界，一切都不安宁，皆在运动，没有一个事物能一成不变地处于湍急的漩涡般的变化之中。人在这样的世界里生存，就像是走钢丝的杂技演员一般，若想保持着平衡，就得不停地运动——在这样的世界里，固无幸福可想。正如柏拉图所说，唯一的生存形式就是不停地变化而永远不能止住，幸福又何能常驻呢？首先，固然人无幸福，可是他却要穷其一生去为之奋斗，去追求他想象中的幸福，却又很少能达到目的，即使达到了目的，往往又使人大失所望。大多数人，漂，在到达港湾时，其帆、其桅皆无影无踪了。其次，不管以前曾有过幸福还是有过困苦，其结果都是一样的，因为他的生命不过是时常消逝的即刻的瞬间，而且现在已过去了。

同时，令人惊异的是，在人类世界中，如在普通的动物世界中一样，产生与维持不断地运动和不安宁的因素只有两个方面——饮食及男女性爱的本能，或许厌烦对运动也会产生些许的影响，除此之外再也没有什么推动力了。同样不可思议的是，在人生的舞台上，这些足以形成产生舞台效果的装置的原动力，一旦使装置发挥出作用，会产生怎样一种奇异的景象来呢？

更进一步地观察一下，我们会发现那些无机物质，在化学力之间常常呈现一种冲突的现象，结果造成无机物质的分解。另外，若无常变的物质，若不受外来力量的影响，有机物也不可能存在，这就是有限的王国；与之相反的就应该是无限的存在，它不受外来因素的干扰，也不需要任何东西去维持，这就是永恒宁静的王国，处于无时间、无变迁的状态，单一且雷同。对这方面的消极认识便构成了柏拉图哲学的基调。否定生命意志所开辟的正是通向这种王国的途径。

人生的景象，就好比是一幅粗制滥造的镶嵌在砖上的图画，近看不能产生任何效果，远看才能欣赏出它的美妙之处。因此，欲获得你渴望的东西，也不过是发现它的虚无而已。虽然我们常常期望在美好的事物中度日，同时又每每感到悔恨，希望过去的能回来。我们把现在看作一时的忍耐，且仅仅把它作为达到我们目的的途径。为此，就多数人而言，如在弥留之际回顾过去，就会发现他们始终是暂时而生，这样他们就会惊诧地发现，他们所漠视的没有享受过就滑脱过去的东西，正是他们一生中所希望得到的东西，又有谁不能说，其一生都被希望所愚弄，直至扑入死亡的怀抱呢？

况且，人是何等不知足的动物啊！每当一次欲望得到满足时，就已经为下一次的欲望埋下了种子。因此，大凡属于个人的意志，其欲望就都是无止境的。为什么会这样呢？不过是因为就其本质而言，意志是整个世界的主宰，其他的一切均是附属物，除了无穷无尽的整体外，没有任何一种事物能使意志得到满足。所以，当作为世界主宰的意志以个人的形式出现时，就会引起我们的同情，常觉得它所获得的是多么少，以致只能维持其自身的肉体，这也就是人类会如此悲惨的缘故。

生活仅仅表现为一个任务——我指的只是生存的任务，亦即挣钱谋生。这种任务一旦完成，生活就成了累赘，于是就有了第二个任务，即用现有的生存条件来摆脱无聊的感觉。这也就好像是在我们头上盘旋的鹰隼一样，一旦发现了地面上那无忧无虑的小生命后，便即刻俯冲下来。第一个任务是获得某种东西，而第二个任务则是摒除满足的情感，否则，生活就真是一个累赘了。

人类生活定然是一种过失，其理由是极明晰的，但是应该记住，人是欲望的复合物，是很难满足的，即便得到了满足，也不过呈现出毫无痛苦的样子，除了陷入厌烦之外，其他均一无所留。这一点可以直接证明，人生本身毫无真正的价值可言，而厌烦不正是感到生活空虚的情感吗？如果生活——我们对生存的渴望，就是我们生存的本质——真拥有任何积极的内在价值的话，那就不会有厌烦这类东西存在了；如果就是这种生存也使我们觉得满足了，那么还有什么事情能使我们产生欲望呢？但实际上，我们除了为一件事而去竞争外，或为某种纯粹的智力趣味而全神贯注外，我们在生存中就不能获取快乐。前者，距离的缩短和困难的克服，能使目标展现在我们的面前，就好像它能使我们得到满足——其实这只不过是一种幻影罢了，真等到我们接近时就消失了；后者，我们则好像是看剧的观众一样，必须从人生的舞台走出来，从外部去观察它才行。就是肉体欢乐的本身也无其他意义，只是意味着斗争和渴望而已，目的达到了，这种欢乐也随之结束了。无论什么时候，当我们不为这些事物所支配，并且一切顺其自然发展时，我们就会清晰地看到生存的空虚和无价值的实质，也就是无聊的含义所在。追逐非常奇异之事并且还非常迫切地去追逐，乃是人类的本性，是与生俱来的、难以改变的本性，这足以说明，当我们中断任何乏味至极的事物的自然过程时，是多么兴高采烈啊！

这种求生意志的完全表现，具有巧妙复杂的结构，最后必定会化为灰烬，而且随同它本身及所有的奋斗一起归于灭绝，这就是自然的极其粗俗的方式，它宣布这种意志的全部抗争就其本质而言，是无聊的且毫无裨益的。如果生命本身寓有某种价值，寓有某种绝对的东西，它绝对不会在纯粹的乌有之中就此结束的。

要是我们不把世界作为一个整体来看待，尤其是不把一代又一代的人看作瞬息相随的生存，随后就立即消亡的话；如果我们不这样来看，却是观察生活的枝梢末节，也就像在喜剧中表现的那样，那所有的一切看起来是多么的荒谬可笑啊！它像是显微镜下的充满毛毛虫的一滴水珠；或者像一块布满了肉眼看不见的蛆虫的乳酪，见它们在那样狭小的地盘上如此忙碌不止地互相格斗，我们会怎样捧腹大笑啊！无论是在显微镜下，还是在短暂的人生中，这种可怕的活动总要引出喜剧的效果来的。

不过，我们的生命只有在显微镜下看起来才会显得如此硕大。生命只是一个细小的微点，但是这个微点却在时间和空间的巨大倍数的镜片中才会变得巨大。

（三）论人生的永存（对话录）

人物：斯诺思麦可士（简称斯）。斐拉里西斯（简称斐）。

斯：现在请用一个词来告诉我，我死后会成什么？请你说得简洁一些。

斐：全部和无。

斯：想来就是这样。我给你提出一个问题，而你却用自相矛盾的方法来解决它，这样的把戏并不新鲜。

斐：是的，你提出了一个先验的问题，却要让我用仅能表达内在知识的语言来回答，矛盾显然会接踵而来，这是没有任何疑问的。

斯：先验的问题和内在的知识怎么讲呢？当然，我以前也听到过这些说法，对于我来说，这也是老生常谈了。康德偏爱这种说法，但也只是用来表述上帝的，并不以此来谈论其他的东西，这是十分正确和适宜的。他这样来论证：如果上帝在人世间，他便是意识之内的，如果不是在人世间而是在人世之外，这样他就是先验的了，这点是最清楚不过的了，你当然明白你现在是在尘世上还是超乎其外。可是，这种康德式的胡言乱语再也没有什么作用了，它已经过时了，不适应现代的观点，而且在我们德国学问中都会有，已有了一些名流之士。

斐：（旁白）他指的是德国骗子。

斯：举例来说，像伟大非凡的施莱尔马赫和拥有大智慧的黑格尔。不过现在，我们已经抛弃了这种无谓之说。更确切地说，它与我们现在的思想格格不入，以致我们不能再忍受了，这样的话，还有什么作用和意义可言呢？

斐：先验的知识是超出可能的经验范围的，力求确定事物本身性质的一种知识。但是内在的知识却完全是限制在经验范围之内的。所以，除了实际的现象而外，它并不适用于其他事物。你只是一个个体，所以，死亡便是你的归宿，可是你的个性并不是你真实内在的存在，仅仅是存在的表面形式而已；个性也不是自在之物，而只是在时间的形式中表现出来的现象，才会有始有终。但是，你真正的存在根本意识不到时间，也意识不到开始或是终结，更意识不到一个特定个体的有限性。真正的存在无处不有、无人不有。没有了它，谁也难以生存。因此，一旦死亡来临，你一方面作为个体是消失了，而另一方面，你却依然存在于整个世界之中，这，就是我前面说的，在你死后你会成为全部和无的真实意思。要想寻找出一个更准确、更简要的答案是十分困难的。我得承认，这种回答是自相矛盾的，这仅仅是因为你的生命有限而你那不朽的成分却又是永恒的。你也许会说，人的不朽成分也会因人的死亡而被毁灭掉的呀，这么说，你就又陷入另一个矛盾之中了！如果把先验的东西带到内在的知识里，后果会如何，你一定很清楚。先验的知识会歪曲内在的知识，因为前者根本不是为后者服务的。

斯：请注意！对于你的灵魂不死的观点，我两便士都不能给你的，除非我死了以后仍然还是一个个体。

斐：那好吧，在这个问题上，我也许能使你得到满足。我可以担保你死后仍然是一个个体，不过得有一个条件，这就是提前3个月完全失去知觉才行。

斯：对此我倒毫无异议。

斐：但是你要记住，人一旦完全失去了知觉，就不会再去考虑时间的流逝问题了。所以，对死去的你来说，在你的意识流中，无论是经过了3个月还是经过了1万年，情形都是一样的，无论是在什么情况之下，问题都在于你醒来之后是否还会相信别人的话。因此，在你复苏之前，无论你经过的是 3 个月还是 1 万年，对你来说都是无所谓的了。

斯：确实是这样。假如事情真是那样的话，我想你是对的。

斐：即使到了 1 万年之后，万一没有人想到要去唤醒你的话，我想这并不是一个什么巨大的不幸。在短暂的生命岁月之后，又经过了漫长的无意识的时期，你就会对不存在习以为常了，或者至少可以肯定你会对整个世界是一无所知的，而且，你要是听明白了维持你的生命现状的神奇力量，从未停止过产生像你这样非凡的人，也从未停止过赋予他们以生命的话，你一定会感到是莫大的安慰。

斯：确实如此！所以你才认为你用这些花言巧语就能潜移默化地使我失去作为一个个体的资格，我就不会再生存下去了。我不会因那"神奇的力量"和你所称作的"非凡的人"而迷惑。我不能没有我的个体，我也绝不会抛弃我的个体。

斐：也许你觉得你的个体是一种如此令人欣喜的东西，又是如此光辉灿烂，是如此尽善尽美，是如此无与伦比，你已想象不到会有更美好的东西了。假如我们能从别人的话中得出一种判断，那你还乐意以一种可能有的更优越更持久的东西来替代你当前的状况吗？

斯：你真的不明白，我的个体，就其本质而言是我私有的吗？对于我来讲，这才是世界上最最重要的事情呢。"因为上帝就是上帝，我就是我。"

我要生存，我，我！这是至关重要的。我要的，不是那种勉强证明属于我的存在，而是那种我认为理所当然是属于我的存在。

斐：看看你都在干些什么！当你在说我，我，"我要生存"的时候，你不想想，这并不是只有你一个人才有的要求。一切事物都是这样的。确实，稍有意识的事物都渴望生存。

这么说来，你的这种欲望正是不属于你个体的那部分——这部分是万物共有的，没有什么区别。这不仅仅是个体的呼声，同时也是生存本身的呼声。这就是所有生存事物的内在成分，甚至是万物的起源。这种欲望，渴求并以此为满足的是一般的存在——并不是任何确实的个体的存在。不是的，个体的存在绝不是欲望所要达到的目的。

之所以看上去就是这样，是因为这种欲望——这种意志——只在个体中被意识，好像它只同个体相联系，那么，幻觉就出现了——确实，这是一个让个体难以摆脱的幻觉。可是，只要他反省一下，他就能打碎桎梏并解脱自己。

个体仅仅是间接地具有这样强烈的生存欲望，只有生命意志才是真正而直接的追求者——万物皆如此。因此，生存是一件自由自在的事，它不过就是意志的反映而已，生存之所在也就是意志之所在，因为在这个时候，意志可以在生存本身中得到满足。这就是说，意志从不懈怠，总是一往直前的，因此也就能够得到一切满足。另外一方面，意志也不顾及个体，个体与意志无关，正像我所说的，尽管这看起来是事实，这是由于个体绝不能直接意识到意志，除非意志存在于个体本身之中。它的影响就在于，它使个体谨慎地继续生存下去，否则的话，人类的繁衍就无从说起了。综上所述，显然易见的是，个体并不是一种完美的形式，而是一种有限的形式。所以，从个体中解脱出来，不是意味着失去而是意味着获得。不要为此去自寻烦恼。一旦你完全认识到了你真正的存在，亦即普遍的生命意志，那么，那些所有的问题，在你看来就会是那样的幼稚可笑而且又荒谬绝伦了。

斯：像所有的哲学家一样，你自己就是如此的幼稚可笑而又荒谬绝伦！我这种年龄的人跟这种愚蠢之徒谈上哪怕一刻钟，也只是为了消遣和打发时间罢了。我还有更重要的事情要去做呢，那就再见吧！

（四）论人生的心理活动

在欧洲诸国语言文字中，有一个令人不易觉察但使用恰当的字，这就是表示人的字，通常皆用"person"。在拉丁文中，"persona"的真正含义乃是"面具"，就像是在古代的戏台上优伶们的装束那样。确实，没有显示其本来面目，各人都像是戴着假面且在那儿演戏般；确实，我们的全部排场，都可比喻成一出不断演下去的滑稽戏。一切有志之士都会发现社会的淡然无味，而那些愚昧者却觉得悠然安闲。

理性，应该被称为预言家，当它为我们指出我们当前所作所为的结果时，不也正为我们预示了未来吗？因此，在我们出现卑鄙的情欲、一朝的愤怒、贪婪的欲望之时，理性就会出面使我们顿感我们的作为是如此不雅，后悔之情油然而起，理性此时便成为一种遏制的力量。

怨恨的缘由在于心，轻蔑的缘由在于脑，但是，这两种情感都是我们自己不能驾驭的，因为我们自己不可能改变我们的心灵，偏见是由动机来决定的。再加上我们的头脑常常与客观的事实相接触，且还受到各种规则的限制，也不容易改变。任何一个人，皆是一个特殊的心与一个特殊的脑的联合体。

怨恨和蔑视，是两个相反而又不能相容的方面。对别人怀有怨恨之情，是植根于个人的品性基础之上，其例证比比皆是。此外，如果一个人试图去憎恨他所遇到的一切令人怨恨的事的话，那么他就无暇顾及别的事，且还会搞得筋疲力尽。如果一个人试图去蔑视一切事情的话，那就可以说，会毫不费吹灰之力。真正的蔑视与真正的傲慢是决然相反的，它呈悄然且不显示出自己存在的状态。如果有人对你表示蔑视，他定会有所显示以期引起你的注意。这种意向皆来源于怨恨，而怨恨，则不能与真正的蔑视并存。反之，如若表现出真正的蔑视，就只能证明他确实是一个毫无价值的人了。蔑视并非不能与宽恕和优待相容，从个人自身的宁静与安全来着眼的话，这样的相容是必不可少的。蔑视能防止愤怒，一个被激怒的人难免会伺机伤害他人。可是，一旦这种纯粹的、冷漠的和毫无做作表现的蔑视显露出来的话，必定会遭到他人无比愤怒的抵制，因为受到蔑视的人不可能再以蔑视作为武器来对付蔑视他的人。

忧郁与情绪不好是截然不同的两回事，但相比之下，这二者与乐天派的情绪却相差不远，只是忧郁会引起人的注意，而情绪不好倒会使人产生厌恶。

疑心病是一种痛苦，它不但会使我们莫名其妙地混淆当前的事情，还会使我们对自己凭空杜撰的不幸未来产生一种莫名其妙的焦躁情绪，导致我们对自己的过去进行不应有的自我谴责。

神经过敏的人，往往在自寻烦恼中表明自己的存在，而且还为此忧郁不止，其原因在于不知满足的内在病态的存在，还常常与大自然的变化无常同时存在，其结果必定导致自杀。

不管怎样微小的事故，一旦引起不合心意的情绪，就必定会在我们心中留下某些痕迹，即在一段时间内可能妨碍我们清晰而客观地去观察周围的事情，就好比是贴近我们眼睛的小东西会限制我们的视野一样。

因冷酷无情而变得残忍，是人人都可能有的事，或者自以为具有忍受任何艰难、烦恼的能力。所以，当一个人猛然发现自己正处于幸福之中时，大多数人就会因此而对人产生同情心。如果一个人始终处于幸福的状态之中且从未遇到过其他境况，那这种幸福就被视为正常的，这样会产生相反的结果：它会使人不易忍受艰辛，以致不能有任何同情的情感产生。因此之故，与富人相比，穷人常常显示出助人为乐的品性来。

有时候，我们对同一事物，好像想得到又好像不想得到，致使喜忧二者同时而起。比如说，我们在一个固定的时间，将要接受一个决定性的考验，而且这个考验对于我们获得成功会大有裨益，这样一来，我们便会急不可待地期望着考验立刻就开始；可是另一方面，一想到考验即将开始就会战栗不止。而且在这期间，假如我们听到考验的日期要往后推延，我们顿时就会有兴奋与烦恼的两种情感产生出来。这是因为，这种消息很令人失望，但又为我们提供了瞬时的安慰。同样的，如果一直在企盼着的一封带有某种决策性的信函突然不能如期到达自己手中时，我们也会有这样的感情产生。

在诸多事件中，人们确实会有两种截然不同的情感产生。在这两者中比较强烈却又较远的一种情感即欲望，是经受考验和等待有利决定的欲望；那种更能触动我们然而却很微弱的情感就是愿望，它保留在现在的闲静及平安之中。那种企盼考验或信函的情感再度被激起时，愿望就会重新出现，这种企盼的结果也许是令人失望的，但愿望毕竟还是怀有一定的希望的。

在我的头脑中，始终有一个反对派，不论什么时候，只要我采取任何步骤，有任何的决定——虽然常常是在深思熟虑之后——这个反对派必然会在事后攻击我的所作所为，且没有一次是合理的。我以为，这个反对派，就灵魂的审查而言，不过就是一种矫枉的形式，可是它却常常谴责我，尽管我认为我没什么可受责难的。毫无疑问，同样的事情也会在其他人的身上发生。

为什么说"普通"二字就是一种蔑视的说法，而要是说"不同凡响""非凡奇特"或是"人灵天杰"就会让人心满意足呢？怎么普通的东西就一定是鄙视的呢？

"普通"二字，究其原义，就是所有的人都具有，即全人类均可摊到，"普通"可以说是人类本质中的固有成分。所以，一个人要是没有什么超凡脱俗的品行，他就是一个地道的"普通人"。"平凡"二字就显得比较温和了，它一般说来只是对智力的特征说的，"普通"二字似乎更具有道德方面的作用。

与他千百万个同类一模一样的个体，会有怎样的价值可言呢？当然，我说的不仅限于千百万个，而是不计其数的个体，亦是世世代代相传、永无终结的生灵。自然之神慷慨大方地从她那永不枯竭的泉眼里涌出汩汩泉水，就好像铁匠绝不吝啬从绕钻上翻飞出来的火星一样。

显然，一个从未超越过侪辈特性的个体，就不得不把自己的生存要求整个地局限在与侪辈同等的范围内，在其中过着这些范围所制约的生活。

在我的几部著作① 中，我多次论证：低能动物并不具有高于它同类的特征，只有人才是唯一有权要求个性的生物。只是在实际中，这种个性在大多数人的身上毫无结果，并且他们几乎都被置于某一等级之中，即所谓的物以类聚。他们一类的思想、欲望同他们的面目一样，正是他们这类所共同具有的，或至少是他们所隶属的那一等级的一类所共同具有的，其特性是浅薄、普通而平凡，这是为数众多的一个等级。相对来说，你可以一眼就洞察出他们的意图和打算来，他们相互间非常相似，就像是批量生产出来的产品，使人难以区别。

确实，假如他们的本质就深深淹没在同类的本质中，可想他们怎能超脱其类而生存呢？既然他们只有这种普通的本质与生存方式，那么对低能动物的那些鄙微的诅咒，同样也可以施予他们。

一切崇高或伟大的事物，一定会像母亲那样，就其本质来说，是世界上绝无仅有的。在这个世界上，谁也找不出一种更贴切的表达方式来形容什么是卑下和鄙琐，只有我的作为一般用途而提出的"普通"这个词方能解决上述问题。

一切生灵之生存基础，即作为"自在之物"的意志，这是任

---

① 即《伦理学的两个基本问题》《作为意志和表象的世界》。

何生物的重要组成部分，也是万物的永恒元素。所以，这个意志就是我们人类所共有的，也是动物所共有的，当然，它也包括那些低级的存在物在内。可以这样说，我们与万物同族——仅就这一点而言，是说万物充溢着意志。另外，因为具有智慧和知识，人才能凌驾于他物之上，同时人与人之间才会产生不同。这样，在每一个自我表现中，我们就应尽可能地发挥出智慧的独立作用来。这是因为，像我们上面所说的、所见的，意志是我们"普通的"部分。每一种意志的强烈表现都是普通而又粗俗的，也就是说，意志把我们降低到侪辈的水平上了，它使我们仅仅就是同族的一分子，这源于我们所显示出来的就只是整个人类的特性而已。所以，当情感如此强烈且又超出了意识范围内的理智因素时，人类就只能行使意志力而不知其所以然。所以，人的每一次勃然大怒都只是一种普通的表现——是每一次的欢乐、憎恨、恐惧的自由表露——一句话，就是一切情感的形式，就是每一次的意志活动。

如果屈服于这类强烈的情感，即使是最伟大的天才，也会把自己降低到最普通的人的行列之中。相反，如果一个人想要超乎寻常，或说这个人伟大，他就绝不会让意志的活动占据并支配他自己的意识，无论他从中受到什么样的诱惑。例如：他虽然已然觉察到有人对他居心不良，他却能毫无憎恨之心，不光是这样，一个伟大的头脑的最显著之标志，就是对侵扰和侮辱性的言语毫不介意，并且会像对待其他数不胜数的过错一样，将其归于这个人只有不完善的知识，所以可以视而不见，置若罔闻。这正是格拉喜安评论的真谛所在，他说，一个人的无价值，莫过于在别人眼中孑然一身。

即使是在专门表现热情与感情的戏剧里，也极容易流露出粗俗与卑陋来。这在法国悲剧作家的作品中尤其突出，没有什么别的意思，就是一味地描述，一会儿沉溺于荒诞可笑的虚夸悲伤之中，一会儿又滥用警句式的所谓妙语，以此来掩饰他们主题的粗俗。我记得曾看过扮演玛丽亚·斯图尔特的著名女演员梅德玛塞尔·拉歇的演出，在该剧中，她怒火中烧地反对伊丽莎白，尽管她表演得相当出色，可仍然使我禁不住地想起一个洗衣妇的形象来。她这样来演最后诀别的一幕，就丧失了一切真实的悲剧的情感了。确实，法国人其实不懂什么是悲剧，而意大利演员瑞斯陶丽所表演的同一幕就略胜一筹。事实上，尽管在本质上，意大利人与德国人在许多方面截然不同，但在艺术欣赏中，却同具深邃、庄重和真实的情趣，法国人就不一样，处处显示出他们一点儿也不具有悲剧情感来。

戏剧中那种崇高的即不同寻常的因素，确切地说应是其中无比高尚的东西，只有运用与意志相对抗的才智，只有翱翔于意志的一切情感活动之上，将它作为才智的思考对象才可能达到。尤其是莎士比亚，他把这点看做他的创作的一般方法，这一点，在《哈姆雷特》一剧中表现得尤为突出。只有当才智升华到一切努力都无济于事，而意志已开始消沉之时，才会有真正的悲剧产生；也只有在这个时候，悲剧才能为人崇尚，从而达到它的最终目的。

每一个人都只把自己的视野范围看作世界的范围，这是理智的一个错误，这种错误就像人们的眼睛以为天和地是在地平线上交会这种错误一样难以避免。这就解释了许多现象。每个人都以自己的水准来衡量别人——就好比裁缝的尺码，谁也不乐意逊人一筹，使我们毫无办法——这是一种理所当然的假设。

毫无疑问，许多人认为自己一生中的好运就在于满面春风地面对世界，这才会获得他人的好感。

但是，还是小心为好啊！切切记住哈姆雷特的警语——

有的人尽管笑容可掬，彬彬有礼，但还是一个恶棍。

人心的真正基础和活动也像自然力一样，是人们意想不到的，经过了意识层的现象从而转化为观念或图像。所以说，我们所要表达的这种现象，实际上是把它的观念和图像传达给别人。

因此，任何心灵与性格的持久而真正的特性，总的说来是无意识的，并且也只有在这种特性无意识地发挥作用时，才能给人以深刻的印象。但是，如果同样的特性有意识地发挥作用，就说明这种特性是经过意识的加工后变得矫饰虚假，就带有了欺骗性。

如果一个人所做之事是无意识而为的，他就不会有什么麻烦，但一旦有意识而为，则会毫无结果。这一点同样适用于那些基本观念之起源，由此构成一切真实活动之精髓。只有先天的才是真实的、完美无缺的。无论是在实际生活中，还是在文学艺术中，谁想有建树，谁就必须恪守自然法规而对此毫无意识。

具有非凡能力的人总是乐于跟愚昧无知的人为伍，而不是那些普通人；同样，暴君与群氓、爷爷与孙子也都是天然的同盟者。

奥维德曾说过，请以爱护之心眷顾地上其他心灵。就形体而言，这句话只适用于低级动物，但就其隐喻和精神之意义来说，那简直可以适用于整个人类。人们一切计划和措施都沉浸在肉体的享乐与物质的丰裕之欲望中。他们也许确有个人兴趣且范围极广，但这种个人兴趣，还是要从与肉体欲望的关系中获取自身的价值。不仅从他们的生活态度和言谈话语中可以证实这一点，而且连他们的眼神和他们的外表、步态及手势里都流露出这种兴趣来。他们周围的一切都在大声疾呼："回归大地！"奥维德接着写道："人仰面虔诚注视着高高在上的青天，直视星辰。"

上面的诗句不适用于那些只知道肉体享受和物质享受的人，只适用于那些贵人和睿智者——他们能够真正地思考和观察周围世界，从而成为人类的佼佼者。

只有亲身经历了，人们才会真正了解自己的行为能力及忍受痛苦的能力。就像是一泓平静如镜的水，毫无风吼雷鸣的迹象，只有当风吼雷鸣之时，水波才会跌宕起伏，否则仍是一泓静水；只有当雷雨大作之时，它会像喷泉似的腾飞跳跃；只有当水冻成冰时，你才不会认为水里仍然蕴含潜在的暖质。

尽管世界上有镜子，却没有一个人能真知道自己的模样，怎么回事呢？

一个人可以想起他朋友的面容，对自己却无能为力。所以，贯彻"自知之明"之警句，在一开始就遇到了阻力。从下面的事实上，无疑可以得到部分的解释：从物理学观点来说，人不可能在镜子里看自己，除非他直立于镜子前一动不动，否则，那作用非凡、表现整个面貌特征的眼神就无法起作用了。但我以为，还有一种道德上的不可能性跟物理学上的不可能性共存，它们本质上相似，效果也相同。人不可能看到自己的映像，自己的映像对他来说好比是个陌生人，但是，一旦持客观的观点，这种结局就是必然的。总之，客观的观点意味着深深植根于每个人的情感里。

作为道德的个体，他思考的对象不只会是自己。[1] 而只有当人们采用了此观点，他才可能看到事物的真实面貌；只有当他注意到事物本身的缺陷时，这种观点才变得可能。要不然的话，在人们从镜中看自己时，那个超乎自私天性的东西就悄悄对他说，要记住，你从镜中看到的那个陌生人不是别人，就是你自己，这就像不许接触的警告相似，同样也发生效用，使他不能客观地认识那个映像。真是这样，要没有那潜在的怨恨的话，这种观点似乎也是不可能的。

生命对于一个精神枯竭、松懈的人来说，是如此短促、渺小甚至一闪即过，所以也就不存在让他费心劳神的事或是至关重要的事，什么欢乐、财富甚或名誉均无所谓，即使有众多败绩，他也不可能为此惨遭损失。反过来，对于精神充实的人来说，生命就显得如此宽容、冗长，如此重要，一句话，就是如此举足轻重又充满艰难险阻。因此，要想撷取生命之奥妙、判断生命之价值、实施个人之计划，就非得在困难中沉浮不可。后者是普遍的、内在的人生观，亦即格拉喜安在说起如何观察事物时指出的——磨炼真诚和活力。前者即超自然的人生观，在奥维德的"不应当如此"中，这个观点得到了深切的表达。生命并不值得有如此的坎坷跌宕，依照柏拉图的说法是，人生的事务并不值得去牵肠挂肚。这种思想境界，是属于意识领域内的上乘境界，是摆脱了意志束缚的才智，它客观地看待生命现象，因而也就必然会洞悉生命的虚无渺茫和微不足道。相反，在另一境界中，意志是高于一切的，

---

[1] 见《伦理学的两个基本问题》。

之所以会有才智，仅仅是为了照亮生活里满足欲望的路途而已。

一个人的伟大或渺小，是由他的人生观决定的。

具有卓越才能的人，往往不惮于承认自己的过错和缺陷，并把它们公布于众。他把这些当做某种适宜赔偿的东西而不认为这些会使他蒙受耻辱，反倒认为这是为自己添光增彩，尤其是那些与他们品质相符的过错更是如此，它们是"必要条件"，或像乔治·桑所说的美德之瑕疵。

那些具有优秀品质且才智健全的人根本否认自己有哪怕是十分微小的弱点，他们总是小心谨慎，竭力掩饰，对哪怕是十分细微但能显露弱点的痕迹都十分敏感。这种人的全部价值就在于他们没有过错，没有缺陷，而他们的错误一旦被发现，就会声名狼藉，斯文扫地。

对于才智平庸的人来说，谦逊只是诚实罢了，而对于那些天资非凡的人来说，谦逊就是虚伪了。后者对于自己所受到的尊敬可以直言不讳，也绝不会否认自己的非凡能力，而前者只永远会谦逊。马克西姆斯在《论自信》一书中关于自信的章节里，对此做了简明扼要的说明并列举了事例。

不登剧场的大门，就好像梳妆完毕却没有照镜子一样。更糟糕的是，做了决定却不跟朋友磋商。一个人可能会在一切事务中表现出超人的判断力，但一涉及自己就只能束手无策了。这是由于此时他的意志在起作用，从而立即破坏掉他的才智，所以千万要牢记，做事定要与朋友商量。医生能医好其他人的疾病，而面对自己的病魔却无能为力，只能求助于他的同行。

才智确实是有着千差万别的，但只给予一般的观察是不能做出清晰的比较的，因此，必须做密切细微的观察，不然就不能够看出区别来。仅从事物的外部现象看，也是难以对才智做出判断的，像教育、娱乐等，不过仅从这点来看，也可以看出许多人的生存地位要比一般人至少高 10 倍。

我们在这儿所说的并不是那些未开化的野蛮人，他们的生存仅比森林中的猿类略高级一些。例如那不勒斯或者威尼斯的搬运工们（那里的冬日是如此漫长，使人们有较多的空闲思考）是怎样生活的，我们从头至尾了解一下就能知道，他们终年饥寒交迫，以卖苦力为生，为了每日每时的生计而不辞辛劳地工作着；他们四处奔波，忍辱求职，时过今日不知有否他日；精疲力竭之后才会有短暂的休息；他们无休止地争吵，根本无暇思考；肉体上的乐趣就像是温暖的气候，没有足够的饮食可以让他们取乐。最后，他们身上还有一点点虔诚的宗教信仰，这是唯一的一点玄学成分。所有上述这一切，都是低级意识所具有的生活态度，他们终生为生计所迫而忙忙碌碌。这种杂乱无章的梦境便是如此众多的人的生活。

只有在必须运用意志力的时候，这些人才会有瞬间的思考，他们不把自己的生命看作相互有关联的整体，甚至连自己的生存都无暇顾及，可以这样说，他们在一定程度上只是浑浑噩噩地生活着。与我们相比，他们这些贱民与奴隶们的不知其然的生存方式更近似动物，是完全局限于眼前的。不过，正因为如此，他们所遭受的痛苦却要比我们少得多。我们的欢乐，从本质上说是消极的，或者说欢乐在于从某种形式的痛苦或者欲望中解脱出来；他们的欢乐在于动手与结束之间连续而迅速的交替，这样的交替是他们所从事工作的终身伴侣，是他们从劳动过渡到休息，最后达到欲望满足的境界时所使用的扩大形式——这种形式为他们提供了取之不尽、用之不竭的欢乐之源泉。可实际上，当我们观看穷苦人欢乐的面容时，发现较之富人更为开朗，这确实可以为我们提供证据，更能说明问题。

现在我们暂时撇开这种人，看看精明的商人吧。他们干的是投机倒把的勾当，所以整日冥思苦想其计划，而后万般谨慎地将其付诸实施；他们成家立业，养着自己的妻儿老小，在社会生活中也享有一定的地位。因此显然，他们的觉悟比起前者来要高得多，他们的实际生存也有着崇高的现实地位。

接着我们再看看学者们。他们也许考证过历史，也曾纵观了世界历史发展的全部过程，因此他们意识到生命是一个整体，所以也就能够观察事物而不受其生存时代和个人利益的局限。

最后我们还要看看诗人和哲学家们。这些人具有高度的思维能力，但不愿潜心去考证任何特殊的生存现象，只在生存本身面前感叹、诧异，并把这深奥的谜当做自己研究的课题，然而他们所具有的意识倒也足够让他们去认识全部世界究竟有多深奥，因为他们的才智全部摒弃了作为意志的仆役的作用，而是把世界整个展现到自己的眼前。这个世界要求诗人或哲学家们去检验、思考，却又不让他们在这其中扮演什么角色。如果说意识的程度就是现实的程度的话，那这种人的存在就可以说已经是登峰造极了，随之对他们的描述就非同一般，而很具意义了。

一般说来，人类高于其他动物，他们接受训练的能力要比其他动物强。伊斯兰教徒们要受训，每日5次面朝圣地麦加膜拜祷告，而且从不间断；基督教徒们所受的训练就是，凡事都要手划十字、默然垂首等。宗教确实可以说是训练艺术的杰作，这是因为宗教训练人们的思维方式，而且像众所周知的那样，他们从小就被这样训练。如果人们从 5 岁起就开始受到宗教教义的灌输，并在肃穆的气氛中接受谆谆教诲，那么，不管这种宗教存有多么大的谬谈或别的什么，它也会深深地植根于人们的头脑之中。所以，不管是动物还是人类，要想获得训练的成功，就得从早抓起才行。

贵族和绅士被训练为珍惜名誉并以此为大，为了名誉，他们可以热情地、毫不动摇地坚信荒谬可笑的骑士制度中的法规，他们也可以为了信仰而不惜捐躯，还可以为此向国王表示尽忠。

再有，我们对于贵妇人所表现出来的温文尔雅交口称赞，并对此抱着极其崇敬的心态，对于龙子凤雏，对于达官贵人和地位显赫的爵爷们的敬仰等，都是属于训练之行。同样，我们对自己所蒙受的辱骂表现出来的疾恶如仇亦如此，而且辱骂的性质决定了嫉恶的程度。例如，你要是说一个英国人不是绅士，这是他绝不能容忍的言语；要是说他满口谎言，他更不能忍受；你要是把法国人称为懦夫，把德国人贬为愚昧，他们都会暴跳如雷。

有很多人，在一个具体问题上表现得训练有素，是个正人君子样儿，可是在其他一些事情上却又大吹大擂，毫无羞耻感。比如说，他可以不抢不偷你的财物，可是，一旦他发现你有某个东西是他十分喜爱的，他就会直接向你索取而不付分文；再如商人，他往往可以没有顾忌地欺诈你，却矢口否认自己的盗贼行为。

专管思考、观察的大脑机要，不必有感官的刺激便积极活动，这个时候人的想象力就特别丰富。所以我们发现，只有在感官不受外界的刺激时，想象力才是积极的。囚牢或病房里那种长期寂寞、沉静、昏暗的状态，都提高了想象力的积极性，在它们的影响下，想象力也开始发挥自己的作用。而当我们的观察力对着无数现实材料时，比如在旅途上，或是在喧闹的世界上，或是在灿烂的阳光照耀下，这时的想象力就像没有了一样，即使会引起某种想象，这种想象力也是不积极的，好像它也知道此时的时机不佳。

但当想象力产生了某种实在的结果时，它也一定会从外部世界获得不计其数的材料，只有到这种地步，想象的宝库才能丰富起来。滋补幻想就像滋补身体一样，在吃饭消化的那一段时间，是根本不能工作的。但到后来适宜时刻中能发生作用的能力，还要归功于这种"滋补"。

意见像摆钟一样恪守同样的规律：它越过重心到达一端，同样在另一端也摆动相同的距离，由此可见，只有在某段时间之后，才能真正找到停止点。

根据矛盾的过程，空间距离使得事物变得渺小了，也就见不到其不足了，这也就是呈现在照相机缩小镜片上的景色要比实际上的景色美丽的原因。时间距离也会产生同样的结果。当年的地点和事件、当年的伙伴都给记忆表面涂上了一层诱人的色彩。记忆只能看到往事的一个轮廓，根本不可能去注意那些令人不快的细节。而我们目前的乐趣就绝没有这种美妙之处，所以总好像不是完美无缺的。

再有，就空间而言，离我们近的物体看上去就大，可是贴近眼睛时，我们就看不见别的物体了，当我们离开一段距离时，这种物体又变得渺小却又不可辨认了。时间亦然。日常生活中的琐碎事情常叫我们激动、焦虑、烦恼、热情，就是因为它在我们的眼前，让我们看着它觉得是那么硕大，又是那么重要而严峻。可是，一旦它们全部消失在时间的长河里时，就失去了自身的任何价值，只要我们不再想它，它就在我们的记忆中逐步消失。它们之所以如此硕大，就是因为离我们很近的缘故。

欢乐与痛苦，并不是头脑的观念，而是意志的作用，所以它不属于记忆的范畴。我们不可能回忆欢乐与痛苦，请注意，我指的不是重新去体验。我们所能回忆的只是伴随着欢乐与痛苦的观念，尤其是那些我们想说的东西，这些是构成当时我们感受的标准。因此，我们对欢乐和痛苦的回忆总是不完整的，一旦欢乐和痛苦过去了，我们也就对此淡漠了。由此可以看到，我们想重新体验欢乐与痛苦的一切企图都是徒劳无益的。从本质上讲，欢乐和痛苦是意志的作用，意志本身并无记忆，记忆属于智力的一种机能，记忆所得到的和所失去的只有思想和观念，我们这里并不想讨论它。

在窘迫、困难的日子里，我们能够对自己曾经经历的美好时光记忆犹新，但是在美好的日子里，我们对曾经有过的窘迫、困难却只存有支离破碎、隐隐约约的记忆，这就是事实，是令人疑惑不解的事实。

我们对实物或图像的记忆，要比对纯观念的记忆来得清晰。这样，丰富的想象力使语言学习变得十分容易，由于想象力的大力帮助，当我们看到一个新词时，马上就能与所对指的实物联系起来。如果没有这一点，我们就只能简单地从母语中找出与此相

五 论人生

应的词来。

记忆法不仅仅是一门艺术，以此通过直接的双关语或妙语来间接记忆某些事情，它还要应用到系统的记忆理论中，参考记忆的特性和记忆的这些属性之间相互制约的关系，可以解释记忆的真正属性。

除了我们生活环境中的某些特定场合外，我们的感觉有时也会达到较高的、异乎寻常的清晰程度，这只有从心理学的基础里得到解释，这是由于敏感程度的增强所引起的，是来自内部的作用。就是这种时刻，才在我们的记忆里留下不可磨灭的痕迹，并独立地保存下来。可是，为什么在成千上万的时刻中，我们就对这种时刻情有独钟呢？我们提不出什么理由，所以也无法解释。说起来，它好像是一种机缘，又好像是在石层里发现了某种现已绝灭的动物化石一般，还好像我们打开书本时看见了偶然夹在书页中却已干瘪了的虫子一样，这样的记忆总是让人愉快的。

在没有任何特殊理由的情况下，有些久已遗忘的事情会突然间在记忆中闪过，这样的事偶尔也会发生。也许是某种难以觉察的气味在起作用，因为这种气味原本是与那事情有联系，现在这种气味再次散发了出来。大家都知道，嗅觉对唤起记忆是有特殊功率的，它可以轻易地便引起一连串的联想来。这里要提一下，视觉与知性相连，听觉与理性相连，像我上边所说的，嗅觉则与记忆相连，而触觉与味觉是肉体的接触，所以与肉体相连。这些感官只和上述所说的发生关系而与其他任何事物无关。

人们都指望着用醉酒来增强记忆力，这是记忆的属性之一。当然，微微的醉酒是可以增强对过去时间与事物的追忆力的，而且增强的程度很大，致使一切与过去相关的情况，回忆起来要比清醒时明晰得多，只是对于醉酒当时的一切举止言谈的记忆却只能是支离破碎的。甚至在醉得不省人事时，一切都无从记起了。所以我们可以这样来说，醉酒是增强了对旧事的记忆，而对当时的事却记忆甚少。

内部过于懒散，就需要某种外部的活动。反之，如果内心十分活跃，就不愿意走出自己的壁垒，因为它会破坏并妨碍自己的思想，从某种意义上说，甚至会毁掉他的一生。

有人孤独时会烦躁不安，这是毫不奇怪的，因为当人在独处时不会笑，而这种想法在他看来又似乎是可笑的。

难道我们笑是为了让人家看的吗？难道笑像一个单词一样纯粹是一种符号吗？孤独的人之所以不能露出笑脸来，说起来就是缺乏想象力，思想索然无味。低级动物从来不笑，不管它处于何种状态，独处还是结群。厌世主义者梅森曾使一个索居的人十分惊讶，然而他自己却笑了起来。"你为什么发笑？"那人问，"并没有人和你在一起啊！""这就是我笑的原因。"梅森答道。

自然的手势，比如伴随着生动的谈话而做的手势，是一种独特的语言，它广泛传播，甚至远远超过形诸文字的语言——到这儿为止，我所指的是一种与文字无关而在所有民族中都相似的语言。确实是这样，每一个民族所用手势的程度是由其生动活泼的程度决定的，当然也有特殊情况。像意大利人之间，会在说话的同时加入一些只有在本地区才有价值的传统的手势。

手势在世界范围内的运用，与逻辑学和语法有着某种相似之处。因为手势只是一种形式，并不是言语的交谈，但另一方面，由于手势和心理活动相关且与智力无关，所以说，手势反映了意志的活动，它又与逻辑和数学不尽相同。作为言语交谈的辅助，手势就像是一首优美旋律中的低音部，在整个演奏过程中，要是始终与高音部配合一致，就能大大增强演奏的效果。

在谈话中，手势取决于传达话题的方式。我们发现，无论是什么话题，只要传达方式重复出现，所用的手势也会重复一遍。因此，当我偶然看到——通过窗户——有两个人在进行谈话，我不用去听一个字，我就能够将谈话的一般性质了解得清清楚楚，我所指的，只是他们谈话内容的表达形式，绝无半点差错。讲话者一会儿据理力争，一会儿陈述理由，又提出论据以说服对方，最后归纳、定论；或者讲话者正在陈述他的经历并力求使人相信，他曾遭受了多么深重的伤害，同时还提出了一些明晰而又确凿的证据，以此说明其对手是多么蠢，多么顽固，竟不肯认输；或者讲话者正在大谈他的宏伟计划，谈他如何将其付诸实施并取得了成功或是因命运不济而遭惨败；或者讲话者正在说他面临一件棘手之事而束手无策，不知该如何下手，也许他已迅速觉察到给他设下的陷阱，也许他利用权威或稍带武力而成功地挫败并惩罚了敌人，等等，不一而足。

确切地说，不管我是以心理的还是以理智的观点来进行判断，只凭手势，我就能得到谈话要领的抽象概念。这概念就是精华所在，就是谈话的真正主题。所以，不管会引起怎样的话题，也不管谈话的内容究竟是什么，手势总是同样的，手势与谈话内容的关系，就是一般概念或类似概念与它所包含的个体间的关系。

上面说过，最令人感兴趣的是，不管使用手势的人的气质是如何的不同，在表示同一种情形时却具有完整的统一性和稳固性。因此，手势正如所有语言中的文字，只能根据不同的口音和教育做一些细微的改动。当然，不用怀疑的是，这些人人皆有的固定手势并不是事先商定的或是约好了的结果。它们是自然而然的——真正的自然语言，我想，可能是由于模仿和习俗的影响才使之固定下来的。

大家都知道，悉心研究手势是演员的本分，而演说家就不会像演员那样专业，但也相差无几。从事这种职业，就必须观察别人并模仿他们的动作，因为这绝没有抽象的教条可循。但是也有例外，比如某种非常普遍但很重要的原则——举个例子说——决不许先开口后做手势，而是在开口前就先做出手势，这样就加强了语言的效果，从而吸引听众的注意力。

英国人看不上手势，把它当做粗俗甚至轻佻的东西，依我看，这好像是他们愚昧的偏见在起作用，也是他们惯常装模作样的结果。我们每个人都有大自然赐予的大家都能明白的语言能力，如果就只因为它与人们竭力吹捧的绅士情感相抵触，就摒弃它、禁止它，是否太令人费解呢？

（五）论人生的得失

在一片庄稼已成熟的田地里，我站在一块被无情的脚步践踏了的地方，放眼望去，成熟的庄稼密密集集，直立挺拔，穗头丰满。可忽然间，又看到一簇簇五彩缤纷的花丛，那五颜六色的花中还带着纤纤叶片，悠然自得地长在那里，看上去非常美丽，再一想，它们又有什么用呢？它们又不会结果，仅是莠草一株，因为无人铲除而幸存了下来。当然在这样广袤的田野里，有些野花也难以让人觉察。这是诗和艺术的象征，在社会生活中，它虽高雅，有用且也不完全无果实，可它的作用与田野上的野花却无二致。

世界上真有旖旎美丽的风景，人的形象与其相比，显得粗俗不堪了，还是别管他们吧！

苍蝇应该说是厚颜无耻与鲁莽的象征了。所有的动物对人都避之不及，人还没有接近它时，它便落荒而逃，可是苍蝇却就要落在人的鼻子上。

两个旅欧的中国人，当他们第一次走进剧院大门时，一个便研究起舞台装置来，并马上说明白了其工作原理；另一个却不顾语言上的障碍立马就想弄懂剧情。从这两个人的身上，你就会了解什么是天文学家，什么是哲学家。

只停留在理论上而无法付诸实践的智慧，就像是一朵双层花瓣的玫瑰花，花色艳丽，香味浓郁，凋谢后却留下了种子。

不错，玫瑰都有刺，但有刺的不都是玫瑰。

一株普通的苹果树，亭亭玉立，开满白花。在苹果树的后边是一棵挺拔的冷杉，高高地仰着略显黝黑的锥形头。"看我这满身的灿烂的花朵，它数以万计，"苹果对冷杉说，"你能与我媲美的，总不会是你那一身深绿色的针叶吧？""是的，"冷杉答道，"然而，冬天来临之际，你就没有什么可炫耀的了，我却依然如故。"

有一次，当我在一棵橡树下采集标本时，发现在高低错落的一片草丛中，竟长着一株小树苗，呈黛绿色，枝叶繁茂。在我触摸它的时候，它口气坚定地说："留下我吧，我并不适宜做你的标本，我不像这些草只有大自然赋予的一年的生命，我是一棵小橡树。"

对于那些影响深远的人来说，童年时期、青年时期或是成年之后，甚至整个一生都是生活在大众之中的，似乎很渺小，很平凡。但要是让他独自创业，他绝不会跟大众一起消亡。珍惜时间的人，时间也会对他宽容。

一个人坐在气球上飞向天空时，他并不觉得是在升高，而是觉得地面在下沉。

只有感觉到奥妙的真相，人才会明白。

你对某个人身材的估计，往往会受到你和他之间存有的距离的影响。但是，如果你还考虑到他的身体或是精神状态的话，就必然会存在两种截然相反的情况。你在远处看一个人时，会觉得他很小，同样的距离下，你却会觉得另一个人很高大。

自然之神用美装点了她的每一件作品，好比是梨或李子表皮上生出来的一层柔柔的而又很香的粉霜。画家与诗人不遗余力地在追求这种美，从他们的作品中表现出来，以此奉献给我们，让我们在闲暇时能欣赏。在我们开始认识生活本身以前，我们就已经沉醉在这种美之中了。一旦日后亲眼目睹大自然的这种美时，它已荡然无存，因为艺术家早已穷尽了这种美，我们亦已享受过了。事实上，世界常常以极粗俗的形式呈现出来，它毫无诱人之处，甚至还会让人生厌。还是让我们亲自去寻找这种美吧！也许这正说明我们无需大量而仓促地去享受这种美，不应有如此精微完美的图画，也不该有如此完美的诗篇，万事万物应由自己的眼光去观察，那些大自然的宠儿并没有这样去看，他们没有在艺术的帮

五 论人生

245

助下预先品尝美的欢乐，也没有过早地去撷取生命的美妙之处。

梅因兹大教堂的四周，是密密的房屋，它们紧紧环绕着大教堂，使人简直难以找到一处可将它尽收眼底的地方，这也许就是世界上一切伟大的或美的事物的象征。教堂应该是举行宗教仪式的地方，可人们却在后来将它用于与服务不相干的目的。从四面八方拥来的人企图从教堂中获取施舍和救助，他们妨碍了教堂的作用，破坏了教堂的影响，这本来没有什么可大惊小怪的，由于匮乏、不足，人们去抓住一切可以满足个人欲望的东西，而且毫无例外，甚至连那些为着自身而不是为人们的需要而存在的事物，真和美也是这样。

以此，对公共机构做出了特殊说明和论证，这就是它们不管大小、贫富，也不论是在什么年代建成，建在哪片国土之上，都能维护和促进人类的知识，也可以说使人类变得崇高的智力方面的成就也因此获得了帮助。无论这些机构设在何处，人们很快就因希望追求那特殊的目的而步步接近它们，这些人确实因欲望的诱使，企图偷取属于大家的利益，以此来满足他们粗俗、卑鄙的兽性的本能。其实，在知识的各个领域内都会有这样的骗子存在的。他们根据不同的环境而随时变换着嘴脸，可实际上，他们对知识一无所知，仅想得到知识的皮毛而已，是为他个人自私而卑鄙的目的服务的。

英雄好像都是力大无穷的参孙，壮士也总是受芸芸众生的欺骗，直到他失去最后的耐心时，他就会跟这些芸芸众生同归于尽，或像小人国里的格里弗那样，被无数的小人倾翻在地。

有位母亲让她的孩子们读读伊索寓言，希望以此教育和启迪他们。可是随后不久，他们却把书拿回来了，其中年龄大些的孩子（他较其他孩子更成熟些）说出了自己的看法：这根本不是我们看的书，它太幼稚也太愚蠢了，对于我们这个年龄的孩子来说，谁都不会相信，狐狸和狼还会说话，这书确实不适合我们去读了。

从这些年轻的希望者身上，我们可以看到未来进步的理性主义者的身影。

在一个寒冷的冬日里，一群豪猪为了取暖而挤作一团，当它们身上的刺把别人刺痛时，它们又立即散开，但是天气的寒冷又使它们不得不再次挤到一起，又再次分开。这样反反复复后，它们总算知道还是不要离得太远但也不能挤到一块儿。同样，社会的需求也把人类像豪猪一样赶到一起，但人类天生多刺而难以相处，这种特性又使人类互相排斥。最终人们发现，他们所能容忍的相处距离只能是适度，这才是有礼貌的君子协议。只有当违反这种协议时，才会受到一种粗暴的警告，用一句英国人的警言叫做"彼此疏远"。只有这样，那相互温暖的需要虽然只是得到微弱的满足，但也不至于刺痛对方了。一个怀有暖意的人总是不合群的人，这样做，既不会刺痛别人，也不会让别人刺痛。

六 论生存

（一）论教育

据说，人类的聪明才智之特征，表现在从具体的观察中能抽象出一般概念来，那么就时间而言，一般概念出现在观察之后。如果确实如此，那么一个完全靠自学——既无老师又无书籍——的人，可以清楚地表明他的每一种具体观察属于何种一般概念，而该一般概念指的又是哪种具体观察。他十分了解自己成功的经验和失败的教训，因此，他能正确地处理他所接触的一切事物。就这点，也许可以称它为自然的教育方法。

反之，人为的教育方法指的是听别人讲、学别人的东西、读别人的书。所以，在你还没有广泛地认识世界本身之前，在你自己观察世界之前，你的头脑里就已经充塞了有关世界的一切概念。人们会告诉你，形成这一般概念的具体观察是在后来的经验过程中出现的。到那时，你却会错误地运用你的一般概念，去判断人和物，并错误地认识和对待这些人和物。所以我们说，这种教育把人的思想引入了歧途。

上述这点说明，在我们年轻的时候，为什么经过长时间的学习、阅读，却总还是半天真无知、半带着对事物的错误概念开始认识世界，致使我们时而精神紧张，时而又偏激自信。原因很简单，就是因为我们的头脑里充满着一般概念，而我们自己又总想着去运用它，却又不易正确无误地运用。这也是直接违背大脑自然发展规律的结果，亦即主张先有一般概念、后有具体观察的结果，这还不是本末倒置。教师不去发展儿童的分辨能力，教他们独立判断和思考问题，只是一味地给他们灌输别人的现成思想。错误地运用一般概念而引起的错误的人生观，须通过长期自身的体验才可能加以纠正，但也很少能全部纠正过来的。这就是为什么富有生活常识的学者寥寥无几而目不识丁者却精通世道、处世随和的道理所在。

所有教育的目的就是获取有关世界的知识。正如我们所说，应特别注意获取知识的正确启蒙方式，这样才会有认识世界的正确开端。我所说的大意是，对于事物的具体观察先于对事物的一般概念，进而便是狭隘的局部概念总要先于广泛的概念。所以，整个教育制度应遵循概念本身形成过程中所必须采取的步骤。如果逾越或省掉了其中的某一步骤，那么这种教育制度肯定就是不完善的，所得到的概念也将是错误的，最后的结果必将是得到曲解世界的观点，这是个体本身所特有的，而且几乎人人都具有，虽然有的只局限于某段时间，但大多数却终生都有。一个人要是非常了解自己的内心世界，那他就会看到，只有到了完全成熟的年龄——有时也根本没有料到成熟的年龄已经来到——才能对生活中的众多现象有正确的理解力和清晰的概念，尽管这些现象并不是很复杂、很难理解。但是在这以前，就是这些现象才是他对世界的认识中模糊不清的地方，也是早期教育中所被忽视的某种特殊的课程，且不管这种教育是属于什么类型：是人为的教育方法、传统的教育方法还是建立在个人经验基础上的顺其自然的教育方法。

有鉴于此，教育便意味着寻找严谨的自然求知的途径。只有如此，教育才能遵循着这个途径有条不紊地实施；儿童才能逐步认识世界而不出现错误观点，因为一旦形成了错误观点就很难纠正了。要是真采用了这个计划，我们就得小心防止儿童在还没有对文字的词义和用法有一清晰的理解力时，就滥用它们。否则，它会带来一个致命的后果，即仅满足于使用文字而不去理解事物，换句话说就是只铭记短语句式，以产生急功近利的效力。通常，这种趋势在儿童时代就有了，它会一直延续到成年时期而致使许多学者只学会了夸夸其谈。

我们必须致力于使具体观察先于一般概念而不是相反，但是，令人叹息的是，事实却往往并不如此，这就像婴儿以双脚先出母体、诗行韵律先行。一般的方法是，当儿童还很少对世界做具体观察前，就先在他们的脑海中印下概念和观点，严格说来，这就是偏见。因此，儿童之后就是通过这些现成概念的媒介去认识世界并积累经验，并不是从他自己的生活经验中形成自己的观点，而事实确应如此。

当一个人以自己的眼光看待世界时，就能观察到许多事物及事物的多方面。当然这种短而快的学习方法，在程度上远不如那种对万事都运用抽象概念和做一草率归纳的方法。要长期修正自身经验中的先入之见，甚至终及一生，因为当他发现事物的某方面与他已形成的一般概念间产生矛盾时，他必会否定事物的某一方面所提供的论据，认为是局部的，是偏见，甚至还会对整个事物都视而不见，根本否认上面所说的矛盾，使他的先入之见不受任何伤害。所以会有许多人终生都背着谬见之包袱：怪诞的思想、梦幻以及偏执。所有这些，其结果是形成了一个固定的思想而无法更改。实际上，他并没有试图从自己的生活经历中，从自己看待世界的方法中，自觉形成个人的基本思想，就在于他现成的一般概念是来自别人，所以才使得他，也使得不少人如此浅薄、孤陋寡闻。

但是相反，我们应该遵循自然规律来教育儿童。让儿童头脑中建立概念的方法，就是让他们自己去观察，或最少应该用同样的方法去进行检验，这样才能使儿童有自己的思想，即使形成得不多，但也是有根据的，是正确的。通过这种方法，儿童就学会用自己的而不是别人的标准来衡量事物，它可以避免众多奇怪思想和偏执，也不用在今后的人生课堂上再去消除它们。用这样的方法，可以使孩子们的思想始终能习惯于明确的观点，获得全面的知识，就会运用个人的判断力对事物进行没有偏见的判断。

一般说，在孩子们认识生活的本来面目之前，不管他们是注意生活的哪一方面，都不应该先从模仿中形成自己关于人生的概念。我们不能只把书本，且仅仅是书本塞到孩子们的手里，应该让他们逐步地去认识事物——人类生活的真实情况。我们首先应该让他们对世界具有一个清楚且客观的认识，教育他们直接从实际生活中获取概念，再让这种概念去吻合实际生活，绝不是从其他方面获取概念，比如说是书本、寓言或他人的言谈话语，然后再把这些现成的概念应用到实际生活中去。因为后者只说明在他们的头脑里充斥了错误的概念，导致他们错误地观察事物，直至徒劳地曲解世界的适合自己的观点，最终步入歧途，这表现在各方面，无论是刚刚构成自己的生活理论还是忙于生活中的实际事务。早年在头脑里撒下的谬误的种子，日后就会结出偏见的果实，这种错误的观点残害人身的程度之深令人发指。他们要在今后的人生大课堂内，以主要精力去铲除这种种偏见。按第欧根尼的看法，铲除偏见，就是对安提亚尼提出的"什么是最有用的知识"这个问题的回答，我们也可以理解他所指的是什么。

不能让不满 15 岁的孩子去学习那些很可能在他们心灵中留下严重错误概念的科目，比如哲学、宗教或其他需要有开阔见解的知识体系。因为早年所得到的错误概念是很难铲除的，而且在所有的智能中，判断力是最后才成熟的。孩子可以先学习不易产生谬误的科目，像数学；也可以学习那些即使会产生错误但无大碍的科目，如语言、自然科学、历史等。而且，一般来说，我们在生命的每一阶段里所学的知识体系，应该与那个阶段中的智力相平衡。童年时期和青年时期，应把主要时间放在资料的积累上，获取关于个别和具体事物的专门知识。要在这个时期就大量形成各种观点未免太早了，应该让他们到将来再做最终的辨别。不应在青年时期就使用判断力，这时没有成熟的经验，判断力不可能发挥出作用，要顺其自然不能勉强；还有，不要在使用判断力前就先灌输偏见，因为偏见会使判断力永远发挥不出作用。

另外，青年时期应充分使用记忆力，因为这个时候的记忆力是最旺盛也是最牢固的。当然，在选择应记忆的事时，也应格外小心，要有远见，因为青年时代学到的东西永生难忘。我们要精心耕作记忆的沃土，让它能尽多地结出丰硕的果实。想想看，你在12岁前认识的人是那样深深植根于你的记忆里，那些岁月给你留下的印象又是如此深刻，你对别人的教诲与告诫的回忆竟如此清楚，那么，把那个时期里头脑的灵敏性和牢固性作为教育的基础，似乎是很自然的事。只要严格遵循这种方法，系统地调节反映到头脑里的印象，就有可能成功。

人的青春很短，所以记忆也囿于狭小的范围内，个体的记忆更如此。既然事实是这样，那么特别重要的就是要记忆任何体系中的精华和实质，无须顾及其他非重要点。但哪些是精华和实质呢？取决于各个学科的权威人士，他们应在深思熟虑后做出抉择，这种抉择必须是坚定的、成熟的，并通过筛选的方式进行。首选的是一般情况下一个人应该通晓和必须通晓的知识，其次是从事具体工作或职业所必备的知识。前者应按百科全书的方法分类，划分为循序渐进的学程，使之适应一个在自己所处环境中应该具有的一般文化水平。初始阶段，这种知识应限制在作为初级教育必要条件的课程中，以后再逐步扩大到所有哲学思想的分支所涉及的科目；后者留给那些真正精通各分类学科的人去判别。这样一来，整个知识体系就为智力教育提供了细微的规章，不过，每10年就应当更新这种规章。按照这样的安排，就能使青年时期的记忆力得到最最充分的利用，并为判断力在今后发挥作用提供极有利的材料。

当人的全部抽象概念和他自我感觉的事物间完全取得一致时，人的知识才可以说是成熟的，即他达到了一个个体所能达到的完美的境地。也就是说，他的每一种抽象概念，直接或间接地建立在了观察的基础之上，只有它才赋予概念以真正的价值；还说明他能够把他的每一种观察归纳到它应隶属的抽象观念中。成熟是经验的结果，且需要时间。通过自己的观察所获得的知识，与通过抽象概念的媒介所获得的知识，一般说来是有差距的。前者是自然取得，后者则是从他人处获得的。从所受教育中得到的东西，不管是有用还是有害，我们都全盘接受，结果就是：年轻时，抽象概念与真实知识间缺乏一致的联系。这里的所谓抽象概念亦即头脑里的词句而已，真正的知识却需我们自己通过观察而获取。两种知识只有以后相互纠正谬误，才能逐渐结合。这种结合一旦实现，知识才可称为成熟。不管是高级的还是低级的，这种知识的完善与另一种完美的形式没有密切关系，我指的是个人能力的完美程度，这后者并不能用两种知识是否一致来加以衡量，却是由每一种知识所达到的完美程度来决定。

要处理好各种关系，所需要的是有关世道常情知识的正确与深邃。它虽必要，但也是所有学问中最枯燥无味的，导致一个人即使到寿终也无法完全掌握这门知识，但他在科学领域里，即便年轻，却也能掌握较重要的事实。当一个人尚不了解世界，也就是还处于童年或青年时代时，接受这种常识的艰难的课程就开始摆到眼前，而且常常是到了晚年，还觉得有数不完的常识应该学习。

学习这种知识本身就很困难，而小说又加大了这种困难。小说里所表现的，实际上是不存在的人生和世界的状态。但年轻人却轻信并易于接受小说中所说的人生观，并成为他们思想中的一部分，他们所面临的并不是纯粹消极的无知，而是百分之百的谬误。这种谬误会引起一系列的错误概念，这种错误概念对人生经历却起不到应有的教育作用，还会对经验所传授的东西进行曲解。如果年轻人在这以前没有一盏明灯指明道路，那他现在就会被鬼火引入歧途，对少女同样如此。不管是男孩还是女孩的头脑中，都充斥了一些从小说中得来的糊涂概念，其结果是导致永难实现的期望。那些观点通常会对他们的一生产生极恶劣的影响，在这一方面，年轻时无暇阅读小说的人——多半是从事体力劳动的人，倒处于较为有利的地位了。当然，其中也有极少数的小说无可指责，有的甚至还产生了良好的影响。比如说，我们要首先提出《吉尔布拉斯》① 以及勒萨日的其他作品（确切说是取材于西班牙原本），其次就是《威克菲牧师传》② ；某种意义上还可以提及瓦尔特·司各特的小说；而《堂·吉诃德》，则可以作为对我所指错误的讽刺性的揭露。

---

① 《吉尔布拉斯》是法国小说家、剧作家勒萨日的作品。
② 《威克菲牧师传》是英国作家哥尔斯密的作品。

（二）论女人

席勒曾写过一首诗，名叫《女人的尊严》，是赞美女性的。作者在写此诗时，精心选词、推敲，有独到的比喻，颇动人心弦。可是我却认为，要论对女人确切而又恰当的赞美，当论焦易的这几句：若无女人，我们的降世将不堪设想，中年将失去欢乐，暮年将没有慰藉。拜伦在他的名为《萨那培拉斯》的剧作里，有几句表白亦感人肺腑：

人类的生命，

在女人胸腔里孕育，

从她的柔唇上你咿呀学语，

她拭去你最初的泪滴，

当生命摆脱羁绊，

当弥留尘世之际，

往往也是在女人面前，你倾吐出临终的叹息。

——第一场·第二幕

以上对女人的这些评价都是公正的。

只要稍微观察一下女性的构成，你就会看到，女人并不是命中注定要负担沉重的劳动，无论是脑力劳动还是体力劳动。她也并不一定要以这种劳动来偿还生命的债务，而是以她所遭受的艰辛、生儿育女的痛楚及抚育他们的辛劳、对丈夫的屈从来偿还。对于丈夫，她是应该忍让，应是她丈夫的令人欢乐的伴侣。那种痛不欲生的悲怆、欣喜若狂的欢乐并不属于她个人所有，因此她不必处处显示自己的种种力量。女人应比男人更加温和、沉静并平凡，亦即既不能比男人欢乐，也不能比男人更痛苦。

女人最适宜的职业是看护和教育儿童，因为她们本身实际上就很幼稚、轻佻漂浮、目光短浅，一句话，她们的毕生实际就是一个大儿童——是儿童与严格意义上的成人的中间体。看吧，一个姑娘整天与儿童为伍，跟他们一起跳舞、唱歌。回过头来想想，一个男人即使想诚心诚意这样去做，但让他处于那个姑娘的位置，他怎能忍受呢？

自然之神对于少女似乎具有这种眼光，以为必定要使她们成为戏剧中所谓的"能叫座者"。因此在有限的岁月里，自然之神赋予她们貌美的财富，毫不吝惜地赐予她们魅力却又不惜牺牲她们生活中的其余部分。其结果就是，在这短短数年中，妙龄少女总是要让男子想入非非甚至发狂，以致对她们关怀备至、照顾周到，千方百计博取女子的好感，终生为她们所倾倒——如果一个男子的理智尚能支配其思想的话，就没有充分的理由要走到这一步。所以，自然之神还以其他武器及工具来装备她们，一旦她们不需要的时候也可解除其装备，就像对其他生物一样，自然之神所赋予女人的也是有限的。举例说，母蚁在受孕之后就失去了双翅，因为孕育期双翅毫无用处，弄不好还会危害其生育，同样道理，女人在生了一、二胎之后就失去了少女时的美丽。

因此，我们发现年轻女子并不把家务事当作是一件正经的事，或至少认为不是首要的。唯一能使她们倾心注视的就是爱慕，是获得爱情和与此相关的一切其他事——服饰、舞会之类。

越是杰出美好的事，就越成熟得缓慢。一个男子的推断力和智力，很少能在28岁前就达到成熟的地步，而一个女子在18岁时就已显成熟了。再有，对于女人，勉强可称作理智的东西几乎没有。这就是女人为什么在其一生中始终保留着孩子般稚气的原因，她们所注意的只是她们眼前的事情，留恋的也是这些，并把表面现象当做事物的本质看待，津津乐道于些微小事而重大事情却可不管不问。而男子的推断力使得他们不像动物那样只顾及眼前，他们会观察周围的世界，考虑它的过去和将来，这些便是男人深谋远虑的根源，是谨慎和焦虑的根源，这种谨慎与焦虑在许多人身上都有表现，包含着有利和不利因素。但这些对女人的影响甚微，这是因为女人缺乏强大的判断力。实际上，女人可以被描述为理智上的目光短浅者，尽管女人也可以凭直觉去理解眼前的事物，但毕竟视野狭窄且顾及不到远处。所以，那些表面上不存在的、逝去和将来的事情对女人的影响，远比对男人的影响要小，这就解释了女人为什么更能接受奢侈的生活，而她们的嗜好有时会达到疯狂地步的缘由。在女人心中，男人就是挣钱、干事的，消费才是女人自己的事。丈夫在世时，为了维持家用，把薪俸交给妻子，至少在丈夫死后就是这样的，所以才更使她们坚定了自己上述想法。

虽然女人的目光短浅有诸多不利的方面，但起码有一点可以肯定，就是女人比男人更注意眼前，而且只要眼前生活还可以的话，她们就会尽情地享乐。这就是女人所特有的欢乐的源泉，也使她们能在男人休息娱乐时给他们以欢乐；只要需要，当男人被烦恼压垮时，她们同样会给他们以安慰。

跟女人商议棘手的事并非是坏事。古代德国人就是这样做的，这是由于女人看待事物的方法与男人截然不同：女人为了达到目的，总是寻找捷径，把眼光盯在目前的事情上；男人相反，一般常把目光投向远处，看不到或者也想不到事情可能就在我们眼前。所以在这种情况下，男人需要被带回到正确的立场上来，以重新获得近在咫尺的简单的观点。

再有，女人判断事物显然比男人还冷静，所以她们看到的就是实际存在的事物；男人则不然，只要感情冲动了，就会夸大其事，或是陷入不切实际的冥想之中。

为什么女人比男人会对不幸者寄予更多的同情心，会更格外地关心他们？这是由于她们判断力的微弱。但也正说明了她们为什么不如男人更能主持正义，不如男人光明正大，不如男人那样认真负责。还是由于她们判断力的微弱才被眼前的事物限制了自己的视野，眼前的具体事物才可能对她们施展威力，其结果是抽象的思想原则、固定的行为准则、坚定的信念以及对过去的回忆、对未来的展望都无法抵挡这些威力。所以，女人具有形成美德的首要因素却缺乏形成美德的必要手段，尽管这不重要。

在这里，我们发现了女人的秉性中缺乏的是正义感，根本原因就在于我们上面所述的女人缺乏判断力和思考力，当然也在于她们所处的地位，在于她们性别的孱弱。女人不依赖力量，而是依赖诡计，亦即依赖她们狡黠的本能和虚伪的本性，就像雄狮有尖爪利齿、象与野猪有獠牙、牛有角、乌贼有黑烟样墨汁那样，自然之神赋予女人防卫的武器就是掩饰的诡术。而自然之神赋予男人的则是强壮的体魄和理智。掩饰是女人的本能，无论是聪明的女人还是愚蠢的女人均如此。女人随时随地都在运用这种本领，这也是天经地义的，就好像是受到袭击的动物一定用自卫的方式一样，她们觉得这样做就是她们的权力。不要企图会有忠心耿耿的女人，但也不会有不善掩饰的女人，也正因为是这样，女人才能迅速地识破别人的掩饰，想对女人施展这样的诡计毫不明智。可是就是因为这样的缺陷，才会引起虚假不忠、变节、负恩等问题。在法庭上，犯有伪证罪的人中，女人显然多于男人，能否让女人出庭作证都是令人怀疑的事。人们还能经常发现，有些丰衣足食的贵妇人竟然会在无人注视的情况下拿走柜台上的商品悄然逃去。

自然之神把人类繁衍的任务交给了身强力壮、漂亮的年轻男子，以避免人的退化。这是大自然对于人类的坚定意志和目的，充分体现在女人的情欲中。这也是最古老、最有力的法规，男人的权力与利益若跟这种法规相抵触的话，就要受难。无论男人有什么样的言行，都将被初次的邂逅无情地打碎，这也是支配女人行动的天规在起作用。虽然它神秘、含混不清且在冥冥中奏效，我们还是可以将它描述出来：那些蔑视个人、蔑视女人并且自以为可以有权凌驾于全人类之上的人，我们就有正当理由去欺骗他们。人类的体魄直到人类的欢乐、健康都是掌握在我们手里的，是我们的责任，进一步说，是我们控制着下一代，他们的生命是从我们这儿得以继续，让我们去履行自己的职责吧！但是，女人却没有一点有关这种主要天规的抽象知识，她们仅仅是在具体事实中意识到这种道理，她们也绝对没有其他办法将这种天规付之言辞，只好等待机遇的到来再去遵守这种天规；再者，她们也不像我们所想象的那样会受到良心的骚扰，因为在她们漆黑一团的内心深处，尽管也感受到损害了个人，然而对于伟大的人类，她们也还是尽到了自己的责任的。

由于女人的生存，基本上就是为了人类的繁衍，所以她们一般是为人类而生，并不是为个体而生。在她们的心目中，对全人类事务的重视远胜过对个人的事务。一般说来，女人的性格爱好与男人根本不同。正因为如此，才会引起婚后生活的不合，这种事常发生，差不多就是常家便饭了。

男人间的自然情感顶多表现为相互冷漠，而女人间则充满了敌意。原因在于同类的嫉妒心。对于男人来说，其嫉妒心绝不会超过自己的职业范围；女人就不同了，其嫉妒之心无所不包，因为她们就只有这件事可做。即使女人们在街上相遇，也会像归尔甫党派与吉伯林党派一样相互凝视。显然，两个女人初次相识时所表现出来的拘谨与虚伪，绝不是男人在相同场合下所表现的，即使是两个女人的互致问候也会比男人间的更为可笑。另外，一般情况下，男人在和别人交谈时总是彬彬有礼、温文尔雅，即使是对地位较自己低下的人亦如此。那么我们看到一个贵妇人在对下层人——我指的还不是她家中的女佣人——说话时，表现出来的却是倨傲不可一世的神情，这简直让人难以容忍。究其原因在于，对女人而言，地位的不同关系重大；男人就不这样想，他们的想法有千千万万。女人有一虑，就是想寻找一个宠爱她的男人。还有就是女人间的相互关系比起男人来要密切得多，因为她们的职业具有片面性，也进一步让她们看重社会地位的不同之重要性。

只有当性冲动时，男人才会失去理智地认为矮小、窄肩、肥臀与短腿的女人是美好的性，女人的美都与性冲动紧密相关。与其说女人是美丽的，还不如把她们描述为没有一点美感的性。纵使她们真有理智、具敏感性，也不可能在音乐、诗歌、美术之中表现出来。她们真要是为了取悦他人而假冒风雅的话，也只能是简单模仿而已，必然不会对任何事情表现出完全客观的兴趣。依我看来，原因就在于男人试图直接地控制事物，要是采取了解事物的方法，就是迫使自己适应它们的意志了；女人却是不得不间接地控制事物，所谓间接，亦即通过男人来控制。女人即使有直接控制事物的能力，也不过是相对某个男人而言。所以，女人总把一切都看做是控制、征服男人的手段。如果说女人还对别的感兴趣的话，那也不过是一种伪装而已——是以其媚态来达到其目的又要装腔作势就是了。

连卢梭都这么说：一般来说，女人绝不会热爱艺术；她们根本不具有任何专业知识，也没有任何天才。但凡能透过事物表面来观察事物本质的人就都能注意到这一点。可是你只需要观察一下女人对音乐会、歌剧、戏剧所表现出来的兴趣——例如在演到一部名作的最优美的章节时，她们仍会在那儿喋喋不休地闲聊，显得是那样幼稚又单纯。要是古希腊人真的禁止女人进入剧场的话，我相信，这种做法完全是正确的，只有这样，人们才可能听清楚台上的对白。今天，除了说教堂要肃穆，所以女人得静默外，还应在剧院里的帷幕上用赫然醒目的大字写着：女人务请安静！

女人最卓越的全部才智，也难以在极伟大的、真实的、有独特优雅性的艺术中创造出杰出的成就来，难以在任何领域内向世界贡献出极具永恒价值的著作来。你想到了这一点，就不会期望女人能有什么作为了。尤其在美术中，表现得更为突出。女人所掌握的技巧，可以说跟男人不相上下，而且她们自己也在努力地培养这种才能，但是，她们仍然没有一件值得自傲的艺术作品。原因就在于，女人的头脑中缺乏客观性，可这就是绘画艺术不可缺少的东西。女人绝对受主观观点的限制，所以，一般的女人对艺术毫无真正的敏感性。自然是按照严格的规律变化的，决不能被贸然僭越。休俄特在他的《对于科学的头脑试验》的著作中——这本书享誉300年——否认女人具有任何高级的才能。总的来说，女人是平庸的、不可救药的腓力斯人。因此，出于这种荒谬的安排，就让女人去享受丈夫的地位和爵位，使她们成为男人的野心勃勃的刺激物。更进一步说，正因为女人的平庸，才致使现代社会处在如此的困境之中，她们在这个社会中起着表率和决定社会风气的作用。我们应该采用拿破仑的名言"女人决无地位"来作为决定她们社会地位的正确立场。至于女人的其他能力，尚弗特说得中肯：女人注定只是与我们的弱点和愚蠢交换，而不是我们的理智。女人与男人间的交感是表面的，不触及到思想、感情以及性格。男人要是对女人表现出无比的崇敬，那真是荒唐之事，也让女人贬低了男人。自然之神在划分两性时，男女人数并非平衡。确实，两性的区分就只在男女性别的不同，这不仅是质的不同，也是量的不同。

这就是古人看待女人的观点，现在的东方人仍持这种观点，他们对女人应处地位的判断远比我们正确。我们则还保留着古老的法兰西式的作风：向女人献殷勤，对女人怀有令人可笑的敬仰之情，这是日耳曼式的基督教愚蠢的最高产物。向女人献殷勤，助长了女人的傲气，这让人偶然想到贝那拉斯的猿猴，当它们意识到自己的尊严和神圣的地位时，就认为自己可以随心所欲了。

相反在西方，女人，尤其是那些贵妇人，已经发现自己处于不相适宜的地位，这些被古代人正确地称为次等性别的女人并不是我们所尊敬、钦佩的对象，也不能比男人高出一头或者至少跟男人并驾齐驱。这样的不相适宜的地位所产生的结果也是显然的。要是女人在欧洲也降回到它应有的自然位置上的话，就不存在令人生厌的贵妇人了，这真是求之不得的事。贵妇人不仅在亚洲成为笑柄，在古希腊与古罗马也受到同样的嘲笑。这样的变化，将会在我们的社会结构、内政安排及政治制度上产生不可估量的良好效果。到那时，《赛利科法律》就要失去其作用了，就必然成为累赘而最终消失。在欧洲，本不应该有什么贵妇人的存在，她们就应该是家庭主妇，或是想成为家庭主妇的女性；她们不应该养成什么傲慢的性情，而是应该节俭的，是柔顺的。在欧洲，就是因为有这样的贵妇人的存在，才使下层社会的女人，即大多数女人比东方女人更为不幸。甚至连拜伦勋爵都说：古希腊女人的地位，在当时是适宜的，但是，作为骑士制度及封建时代不文明的残余来说，现在女人的地位却是人为的、非自然的。由于男人已使她们不愁吃穿，所以她们应该在家操持家务而不是参加社会活动；她们应该受到良好的宗教教育但不用阅读诗歌、政治书籍，她们应该读的只是宗教敬神的书和有关烹调的书；当然，她们也可以适时地听听音乐、绘绘图画、跳跳舞、种种花草等。我就曾见过女人们在爱比勒斯修路还取得了成功，所以她们为什么不能翻晒干草、挤挤牛奶呢？

在欧洲各国盛行的婚姻法认为男女平等——这意味着此

种婚姻法一开始就是错误的。而在实行一夫一妻制的地方，结婚则意味着男、女分享同一种权力，承担双重义务。既然法律给男人和女人都赋予了相等的权力，那么女人也应有与男人相同的智慧。可在事实上，由于法律所给女人的名誉及权力超越了自然的恩赐，所以，真正能享受这种名誉和权力的女人相对来说就减少了，其他本应享受的人却被剥夺了这种权力，而那些僭越这些权力的人却过多地享受他们应得的部分。正因为把女人放到了与男人完全平等的位置上，所以一夫一妻制的建立和体现这种制度的婚姻法给了女人非自然的权力，但事实并不这样。正因为如此，那些聪明过人的男人常常会踌躇不前，不愿为此作出巨大牺牲，只好默许这种极不合理的安排。

在实行一夫多妻制的民族里，任何一个女人都能得到赡养；而在实行一夫一妻制的民族里，结婚妇女的人数有限，使得多数女人得不到归宿，缺乏生计。上层社会的这种女人变为郁郁寡欢的老处女，她们的生活寂寞乏味。下层社会的这种女人则在做着极艰辛的工作，并且会因不胜任而避之，有的则沦为烟花女子，其生活毫无欢乐，且很不光彩。

可是，就是因为这种情况，才不能缺少妓女。人们公认，这些女人的地位足以抵御另一些幸运女人的诱惑，这些幸运者或已婚配或正等待婚配。光是伦敦就有 8 万妓女。那么生活在一夫一妻制下的女人的命运除了悲惨外还能有什么呢？这是一种可怕的命运：她们是一夫一妻制的祭坛上的牺牲品。这些不幸的女人，被如此描述着，必然会成为傲慢而虚伪的欧洲贵妇人的反衬。推广来说，一夫多妻制反倒让女人获得益处。另外，要是妻子患了慢性疾病，或不能生育，或日渐衰老，丈夫就有理由纳妾，没有任何理由可反对他这样做。看起来，导致众多的人皈依摩门教的动机与反对非自然的一夫一妻制的动机是一致的。

再有，在赐予女人非自然权力的同时也给她们强加了非自然的职责，而渎职则导致了她们的不幸。让我来解释一下吧，一个男人也许会时常想，他要是结了婚，他的社会和经济地位就会下降，除非其联姻很英明。为此，他选择女人时，并不仅仅以单纯的婚姻为条件，会同时附带一些别的条件，以保证妻、子的地位。不管这些条件有多公平、合理且很适宜，女人一旦自动放弃因结婚而带来的不适当的权力，那从某种意义上说，她最终是丧失了自己的名誉。结婚是市民社会的重要事项，她会因此过着不幸的生活，且人类的本性中就有这样的特点，即注重别人的议论，也许这种议论的本身就没有任何价值。反过来说，如果一个女人拒绝了求婚，她的一生就可能会有这种风险，要不就嫁给一个她不喜欢的男人，要不就如老处女般不受人注视，因为一个女人选择终身的时间是相当短促的。从一夫一妻制上来看，托马西斯一篇立意深刻的学术论文《论纳妾》很值得一读。文中指出，在路德教改革运动前，无论什么民族，无论在什么时代，男人纳妾一直是合理合法的，并在一定程度上受法律的保护，绝无耻辱可言。就是路德教的改革运动才使得纳妾声名狼藉，由此更进一步证明，听从牧师的婚配是正当的，天主教从此也再不会怠慢这种事了。

争论一夫多妻制的问题是没有什么用的，因为事实俯拾皆是，唯一的问题在于如何控制。哪儿才有真正的一夫一妻式的婚配呢？

我们，至少是暂时的，而大多数则是常常过着一夫多妻式的生活。既然一个男子需要许多女人，那最公平的事莫过于让他们妻妾成群，甚至将此看做是义不容辞的事。这样做，能使女人处于真正而又自然的地位，即做男人的附属品。这样一来，欧洲文明和日耳曼基督教里愚蠢的怪物——贵妇人就会销声匿迹，剩下的就是女人而不是不幸的女人。在现在的欧洲，到处都有这种不幸的女人。

印度的女人是不自由的，按照《摩奴法典》的规定，她少小从父，出嫁从夫，夫死从子。孀妇殉夫自焚固然可憎，可妻子和情夫共享亡夫的财物更使人难以容忍，因为钱财是她丈夫操劳一生得来的，饱含着他的自我安慰，可以用这些钱来抚养其子女。只有中庸之道才是真正的幸福。

最初的母爱完全是出于本能，无论是低级动物还是人类均如此。一旦孩子能自食其力时，这种爱就不复存在，而最初的爱则为习性和理性这种基础的爱所代替，并且，这种爱往往难以表现出来，尤其是当母亲已不爱父亲的情况下更是如此。父爱则相反，是经久不衰的，它的基础是，父亲在自己的子女身上找到了内在的自我，因此说，父爱在本质上是形而上学的。

不论是远古社会还是现代社会，甚至连霍屯督族在内的几乎所有民族里，遗产都要由男性后代来继承，只有在欧洲出现了有悖于常理的现象，当然，达官贵人家应另当别论。那些凝结着男人一生辛劳和心血、经历了重重困难而获得的财产，后来竟然落到一个缺乏理智的女人手中且很快被挥霍一空，固然令人愤慨，可又屡见不鲜。所以，应该从限制女人的继承权入手来杜绝这类现象的发生。依我看，最好的方法莫过于让女人，不管她是遗孀还是弃女，都不能够接受并终生享有从抵押财产到利息的任何东西，唯一的能得到全部遗产的情况就是，找不出一个男性继承人来。挣钱的是男人而不是女人，所以，女人本来就没有正当理由绝对占有财产，也不是保管财产的适当人选。所谓财产，是指款项、房屋、田地等，一旦作为财产为她们所有，也不应允许她们有随意处置的权力，为此，应指定一个监护人，而且，只要可以避免，女人也不许随意支配其子女。女人的虚荣心，尽管可以证明不像男人那样强，但危害仍然很大，虚荣心把她们导向完全的物质享受。她们以自身的美丽为资本，尔后又以华贵的服饰大出风头，还以富丽堂皇而自豪，这也就是她们之所以能在社交界处处得心应手的原因，也正因为如此，她们才沉迷于奢侈挥霍。她们的判断力越是低下，就越容易表现出上述的种种来。由此我们还发现一位古代的作家将一般的女人描绘为具有奢侈的本性。但男人的虚荣心所追求的，通常是诸如才智、学识、胆略一类的非物质利益。

亚里士多德在他的《政治学》一书中讲得很清楚，由于斯巴达人给了女人以世袭权和继承权，还有过多的自由，对女人唯唯诺诺，才日渐滋长出众多不利因素，而这种种不利因素正是斯巴达衰亡的原因之一。法国不也是这样吗？从路易十三起，妇女的影响日趋增长，最终导致宫廷和政府的腐败而引起了1789年的法国大革命，还结下了连续不断地骚扰的苦果，这难道不是女人要负的责任吗？也许就是建立了贵妇人制度，才更证明女人占据了错误的社会地位是我们现行社会结构的一种根本的缺陷，它源于社会结构本身，却在四处传播其恶劣的影响。

虽然每一个女人都处于完全独立的非自然的地位，但一结了婚，就要依附于某个男人，受他的支配，为他所统治。从这个角度看，女人的天性就是服从。女人就是要求被主宰：年轻时，主宰是情人；年老时，主宰就是牧师了。

（三）论噪音

康德曾经写过一篇名叫《活力》的论文，可我却要为此唱挽歌。我的一生中，每时每刻都在为这种以捶打、碰撞的形式出现的精力过盛而感到痛苦。当然有些人或者有许多人对此报之一笑，这是因为他们对噪音十分不敏感，其实他们同样是在辩论、思想、诗歌或艺术等一切脑力活动方面表现得很不敏感的人，其根本原因就是他们的大脑组织太粗糙。对知识分子来说，噪音是一种苦刑。在几乎所有伟大作家的传记或个人言论集中，我都发现了他们对噪音的抱怨，像康德、歌德、利希滕伯格、让·保尔等人均如此。如果真有哪个作家没提及过此事的话，也只是还没找到机会罢了。

我对噪音是很反感的。比如说，当你把一颗宝石分割成若干小块时，这块宝石就失去了作为整体的价值；而一支大部队被分成若干小分队之后，威力就大大减小了；杰出人物的思路一旦被打扰，他的注意力就被分散或打乱，他的智力随之会降到普通人的水平之上。智力得以发挥，完全在于精力的集中，亦即所有的智能都集中在一个主题上，也就像照射在凹透镜上的光束都聚在一点上一样。而噪音就妨碍了精力的集中。为此，有杰出才智的人对任何形式的扰乱深恶痛绝，因为扰乱转移了或分散了他们的思路，尤其是噪音，普通人对此倒没有什么不安的。欧洲一个最聪慧、敏捷的民族，颁布了"严禁打扰"的法规，还作为第十一条写进了宪法。在所有的打扰的形式中，噪音是最不礼貌的一种，它不仅打扰了思路，而且还具有破坏性。而且即使在无其他打扰之时，噪音也会让人痛苦难言。偶然也会有一种轻微但持续不断的噪音在打扰我，过了一段时间我就清楚地感觉到，我的思路越来越困难，就好比是腿上负了重却还要尽力行走一样费力，最终我意识到了问题的所在。

现在，我具体地谈谈噪音问题，其中最难以容忍和饶恕的噪音就是抽打马鞭的声音，在共鸣性很强的巷陌里，抽打马鞭是真正可恨的事情。我谴责这种噪音，它使人不得安宁，中断人们沉静的思绪。我认为，对抽打马鞭这种噪音不加以禁止，足见得人类本性中的愚蠢自私、麻木不仁到了何种地步。那些有思想的人，对这种突如其来的尖厉鞭声定会感到真正的痛苦，它使人头脑麻痹，思绪中断，严重的会扼杀人的思想。每当马鞭声响起，定会有大约100个专心从事各项工作的人受到影响。对于思考着的人来说，一旦受到影响就是灾难性的，因为这中断了他的思路，使他感到像是被刽子手的屠刀斩得身首异处了。没有任何声音会像鞭声那样尖厉，那样刺痛人的大脑，使人觉得大脑里有一种灼痛，其影响不亚于触摸含羞草所产生的效果，连时间的长短都差不多。

可是我也搞不明白，因为我一向是敬重高尚的公共事业的，但一个赶着装满沙砾或粪便的车子的小厮，竟然有权扼杀可能是从千百万颗头脑里迸发出来的思想，他驱车在小镇上穿行半个小时，就可以一个接一个地干扰如此多的人。铁钟的碰撞、犬吠、婴儿的啼哭，让人听起来都觉得烦，可是真正会断送思路的就是马鞭声，也许鞭声的存在，就是为了破坏人们享受沉浸在思绪之中的愉快时光的吧！如果车夫除了弄出这种声音外没有其他办法来赶车的话，尚可原谅，问题是恰恰相反，这种鞭声毫无必要，也没有任何作用。抽鞭子的目的在于对牲畜的智能产生一种效果，可是滥用后又使牲畜对此习以为常反而麻木不仁了，所以才不起作用，牲畜也不会因此而加快速度。我们常见到一个出租马车夫频频地甩响鞭子，那招揽乘客的空马车仍一如既往地缓缓向前，这就是一个有力的说明。要是他只是轻轻地用鞭子触触马，可能会产生较大的效果。真的需要不停地用鞭子来驱赶牲畜的话，你也完全只使出鞭声的 1% 就足够了。大家都知道，动物的视觉、听觉是很敏感的，即使是很细微的迹象或人类难以觉察到的事情，它们也能感受到。这方面，警犬和金丝雀已经为我们提供了令人吃惊的例证。

显然，我们在这里所见到的纯粹是一种恶作剧，是体力劳动者对脑力劳动者的一种无理挑衅。都市里竟会容忍这种丑事的存在，简直是一种暴行、一种罪过。实际上，要解决问题也很简单，只需利用"鞭梢必须打结"之类的治安告示即可。应该提醒群众注意，他们上层的人物是用脑子劳动的，这没害处，任何一种脑力劳动对于下层人民来说都是一种烦恼。该将那些赶着马车在人口稠密区穿城镇走街巷、时不时还甩上几鞭子的人拖下来，狠狠地抽上五棍子才好。

世界上所有的慈善家与立法者都主张废除体罚，可是他们却

六 论生存

很难说服我。还能碰到比上述更为可耻的事呢。你常常可以看见马车夫在街上闲逛，身边既无马也无车，独自一个人，却仍然不时地甩响鞭子，可怜的人们却以毫无理由可讲的容忍态度来对待这种事，似乎已习以为常了。当今，人们的肉体及其需求到处都可受到优待，难道就不能采取一些哪怕是一个小小的措施来保护一下从事脑力劳动的人吗？他们真的不该受尊重吗？车夫、脚夫、邮差是人类的"驮兽"，对他们应该公正、亲切、宽厚，但并不意味着他们就可肆无忌惮地发出噪音来妨碍人类的高度智能的活动。我真想了解一下，有多少伟大而又光辉的思想就这样被鞭声葬送掉了。我要是有权力的话，一定要让这些人在挥动自己手中鞭子的同时，想起自己被鞭打的滋味。

我们希望那些智慧而又高雅的民族能为此开拓出一条道路来，更希望德国能照此办理。在这里，我想引用托马斯·胡德的一句话："我所遇到的音乐民族中，只有德国是最噪乱的。"他们对此习以为常并不是说他们比他人更乐于发出噪音——你要是真问他们，他们立刻就会矢口否认的——而是因为他们的感觉迟钝，即使听到一种噪音也毫无反应。因为他们不思考，所以噪音不会影响到他们的阅读和考虑。他们一味地用抽象来代替思考。对于极无礼貌又缺乏教养的砰然作响的关门声，德国人忍受的程度直接证明了他们大脑的习惯是迟钝且缺乏思考。在德国，似乎没有人去专门注意发出的噪音，比方说，有的人不停地击鼓又毫无目的。

最后，关于本节主题的主要文献，我只推荐一本书，是一本极好的书，它是著名画家布朗杰那写的《第三韵律》式的书信体诗文，题为《DeRomart：aMesserLuca》。它详细地描绘了意大利一个小镇上，各种各样的噪音给人们带来的痛苦，以悲剧的风格写成，因此妙趣横生。可以在《伯尼·爱尔梯诺等人的笑话集》第二卷中找到这部诗篇，该书 1771 年在乌得勒支问世。

（四）论自杀

据我所知，除了迷信一神论者，即犹太教徒外，没有人认为自杀是犯罪。尤其使人惊异的是：无论是在《旧约》里，还是在《新约》中，都找不到任何有关自杀的禁条来，或者是不赞成自杀的言论。所以，宗教教师不得已而判自杀为有罪的理由，建立在杜撰的哲学基础之上。然而，这些基础又是如此的荒诞不经，为掩盖其议论的弱点，就使用强硬措词，表示深恶痛绝的感慨。换句话说，对于自杀这样的事情，无须鸣鼓而攻之。所谓自杀，乃最怯懦的行为，唯有疯子才会犯这样的错误，或对此加以同样无谓的言论，或使用无聊之词直指自杀为罪过。其实，人生在世，具有把握自己生命与肉体的权力，这是无可非议的事情。

如上所述，自杀已被认为是犯罪。尤其是在粗俗偏执的英格兰尤其如此，对自杀而亡的人使用了极不光彩的下葬仪式，而后还没收他的私人财产。正是因为这种原由，所以当自杀案件发生时，陪审官们几乎常常附以精神病犯罪的判决书。现在，请读者以自己道德上的情感来决定自杀是否是犯罪的行为。试想，若有消息传来，说一个我们平素相识的人犯杀人或盗窃罪，或有迫害、欺诈行为的罪过，那么我们定会对此人产生一种印象；与此相比较，当听说他自杀了，你又会作何感想呢？对于前一个案件，你必有憎恶之情油然产生，且有极端的愤恨兴起，或者高声大呼，认为必须对此做出处罚，使之受到报应；而在后一案件中，想必你会产生悲悯与同情之心，且会有较复杂的想法，甚至对他的胆略表示赞同，但又不会在道德上对于他的罪恶行为表示出恶感。谁无相识？谁无朋友？谁无亲属？当他们以自由意志弃此尘寰之时，我们会对这样的行为心怀怨恨，如对待罪犯那样吗？不！这简直是无稽之谈。我认为，应该让各位牧师受质问并且必须加以说明，他们有什么权利上讲坛布道，或握笔以书，将我们所爱慕、所敬仰的人列为有罪之人？有什么权力拒绝自愿抛弃尘寰的人以礼下葬呢？他们既无《圣经》上的证据可出示，亦无任何哲学上确凿的理论可持，却认为对自杀的判罪是正当的。要知道，我们所要求的是争论，而绝不是允许他们用空言或妄语来进行搪塞。若刑法禁止自杀，那么这个理由，用在教堂就无效。并且此种禁条又是何等滑稽！人自己既不畏死，又怕什么惩罚呢？若法律可罚试行自杀的人，则正好可以罚他缺乏技术而导致这种试行归于失败。

古人对于此事的见解则大不相同，普林尼[1] 说过："生命并非

---

[1] 普林尼（Pliny，公元前 23 年—公元 79 年），古罗马作家、博物学家。不仅一神教，即犹太教的牧师们，就连那些竭力想与这种宗教相适应的哲学家们也提出了攻击自杀的理由，只是他们这种微不足道的诡辩不值一驳而已。休谟在他的那本《自杀论》中，对这些所谓的理由进行了淋漓尽致的批驳，使之体无完肤。遗憾的是，这本书只是在他死后才产生出影响，它的出版随即受到查禁。之所以会这样，要归罪于英格兰那可恶的偏执和蛮横无理的基督教会的残酷。所以，只有少量的几本书被秘密地卖出，且售价昂贵。今天，我们从巴塞尔得到了这位伟人的著作和另外一篇论文，它们能被再版，我们真是感激不尽。这是英国的莫大耻辱：一篇由英国先驱思想家和作家所作、旨在无情地驳斥那些攻击自杀的世俗论调的纯哲学的论文，居然在本土都难见天日，好像它是一个下流的产物，需要到欧洲大陆去寻找庇护所才行。仅这一点，就可以说明教会在这方面具有多少良心善德！

是令人快意的，我们不必费任何代价去延长它。无论什么人，必有一死，虽然他的生活充满着憎恨与罪恶。心境烦恼的人，有一个主要的救济，即大自然所授予人的最崇高的幸事适宜而死，此法的最佳之处，就是每个人都能利用它。"他又指出："上帝也并非能使一切事物都成为可能，因为他即使情愿去死，他也决定不了自己的命运。在充满辛酸的人世间，死亡便是上帝给予人的最令人心满意足的恩赐。"在玛西里亚和科斯岛，那些为弃世而提出了正当理由的人，当地行政官便赐给他一杯毒汁，并且是当众进行的。在远古时代，有多少英雄豪杰和聪慧俊士都死于自愿。确实，亚里士多德曾宣称自杀是对国家的冒犯，尽管这不是对个人的冒犯，而亚里士多德派的斯托贝斯在他自己的诠释中是这样说的："最不幸的善人和最幸运的恶人都应该了此一生。""所以，他要择偶婚配、生儿育女、参与国家事务。而且一般说来，他还要行善并且维持其生命。可是，一旦必要，即当贫困向他袭来时，他也就只能到墓穴里寻找自己的庇护所。"我们发现，斯多噶派学者事实上把自杀称赞为崇高和英雄般的行为壮举，这论点在他们的著作中俯拾皆是。首先是在塞尼加的著作中，作者对自杀极尽赞扬之辞。大家都知道，印度教徒们把自杀看作是一种宗教行为，尤其是孀妇自焚以殉夫，也有的是委身于主宰毗瑟拿的御车轮下，或者是在恒河里为鳄鱼所吞食，或者在神殿的圣水池中结束其一生，等等。同样的事也发生在戏剧舞台上——这是生活的镜子。例如有一出著名的中国戏剧，名叫《赵氏孤儿》，该剧中的几乎所有的杰出人物都以自杀了结了一生，既没有哪怕是一点点的暗示，也没有任何可留给观众的、他们犯罪的印象。无独有偶的是，在我们的戏院里，还有一些如《穆罕默德》中的主人公

六　论生存

275

帕尔米拉、《玛利·斯图亚特》中的摩提墨尔，以及奥赛罗和迪尔茨克伯爵等，都是自杀而亡的。难道说，哈姆雷特的独白是一个罪人的冥思苦想吗？他仅仅宣称：如果我们必然受到戕害，那么，死去比留在这个人世间更可取，这就是真理！

在我的主要著作中，我已经阐明了在道德上反对自杀的唯一正当的理由，即自杀阻止了最高道德目的的实现。这是因为，在实际上，自杀是为了真正从这个悲惨的世界里解脱出来，并以此代替那种表面上的解脱。但是要知道，谬误与罪恶大相径庭，基督教的牧师们只是希望我们把自杀看做一种犯罪而已。

基督教的核心就是痛苦——十字架——为生命真正的终结与目的，正因为自杀阻止了这种终结，所以基督教便大兴问罪之师。古人的看法很肤浅，他们赞同自杀，甚至可以说是崇尚自杀。然而如果这就是反对自杀的正当理由的话，那就等于承认禁欲主义了，也就是说，它的正当只是由于比欧洲的道学家们所采取的伦理观点高出那么些许来。如果放弃了这种观点，谴责自杀也就不存在道德上的坚实理由了。一神教的牧师们以异乎寻常的热情和精力去围攻自杀，既不是出于某些《圣经》中的章节，也没有权威性的援助，看来其中定有某种秘不可宣的理由在作祟。对于那种声称万事万物皆为尽善尽美的人来说，自愿弃世简直是一种天方夜谭——难道不是吗？如果确实如此，那正是为这些宗教所持的愚钝的乐观主义论点提供了例证——他们攻击自杀，以求免受自杀的攻击。

当生活的恐惧超过了死亡的恐惧，那这个人就会立即了其终生，这种情况屡见不鲜。可是，死亡的恐惧又是如此的顽固，它就像是守卫生命这个门户的哨兵一样。要是这种终结纯粹是消极的，是生存的突然终止的话，倒会使没有了其终生的人寥寥无几了。幸好还有积极的那一面，那就是肉体的毁灭。人之所以会畏惧死亡，就是因为人体是生命意志的表现形式。

然而与死亡哨兵的搏斗，一般说来，并不像远远看去那样艰难、辛苦，这是由于肉体疾病与精神疾病相抗衡的缘故。如果我们身患沉疴，奇痛难忍且经久不愈，我们就会漠视其他的痛苦烦恼，因为我们所想的只是要让身体痊愈。同样的，精神上巨大的痛苦使我们对肉体的痛苦感到麻木了，我们蔑视肉体上的痛苦。当然，要是肉体上的痛苦大于精神上的痛苦，就会分散我们的思绪。所以，我们总是以肉体上的痛苦来分散精神上的痛苦，也正是这种情感使人容易自杀，因为那些相携而至的肉体痛苦对那些备遭精神痛苦的人来说是微不足道的。极度忧郁的人往往容易自杀。在这些案例中，他们对肉体痛苦的蔑视尤其明显。任何企图驾驭他们情感的努力都是不必要的，就他们自己而言，也没有做这种努力的要求。一旦旁边没有人守护，他们就会毫不犹豫地结束自己的生命。

在阴森可怖的梦魇中，极度的恐惧就会让我们惊醒，因此也就祛除了全部因黑暗而生的阴影。生活就是一个噩梦，当那极度恐惧瞬间迫使我们惊醒时，世界上的暗影便不复存在了。

也有人把自杀看作是一种实验——这是人类向大自然女神发问并迫使她应答的问题。这个问题就是：究竟死亡会给人的生存以及事物本质的洞察力带来什么样的变化？这真是一个愚蠢的实验，因为提出问题并期待答复的意识，因死亡而毁灭。